a verdade por trás do google

Alejandro Suárez Sánchez-Ocaña

a verdade por trás do google

Tradução
Sandra Martha Dolinsky

Planeta

TÍTULO ORIGINAL *Desnudando a Google*

PREPARAÇÃO Lorena Vicini
REVISÃO Cátia de Almeida
DIAGRAMAÇÃO S4 Editorial
CAPA Studio DelRey

CIP-BRASIL. CATALOGAÇÃO-NA-FONTE
SINDICATO NACIONAL DOS EDITORES DE LIVROS, RJ

S352v
Sánchez-Ocaña, Alejandro Suárez
A verdade por trás do Google/Alejandro Suárez Sánchez-Ocaña; [tradução Sandra Martha Dolinsky]. – São Paulo: Planeta, 2013.
304 p.

Tradução de: Desnudando a Google
ISBN 978-85-422-0018-8

1. Google (Firma) 2. Tecnologia da informação 3. Privacidade 4. Segredos comerciais. I. Título.

12-8175 CDD: 338.76102504
CDU: 338.45:005.94

2013

EDITORA PLANETA DO BRASIL LTDA.
Avenida Francisco Matarazzo, 1500 – 3º andar – conj. 32B
Edifício New York
05001-100 – São Paulo – SP
www.editoraplaneta.com.br
atendimento@editoraplaneta.com.br

Bem-vindo.

Agora você se sentirá um pouco como Alice caindo pela toca do coelho. Posso ver isso em seus olhos.

[...]

Esta é sua escolha. Se tomar o comprimido azul, fim da história. Vai acordar em sua cama feliz e acreditará no que quiser acreditar.

Se tomar o comprimido vermelho, vai ficar no país das maravilhas, e eu vou lhe mostrar até onde chega a toca do coelho.

The Matrix, Warner Bross, 1999

Dedicado a todos que renunciam à plácida felicidade que oferece o comprimido azul.

Sumário

Introdução

O Google é uma empresa peculiar. E o livro que você tem nas mãos provavelmente também é.

Apesar de há muito tempo ter a ideia de escrever sobre o Google, eu nunca soube – nem sei agora – se é certo fazê-lo, nem que consequências isso pode acarretar. Não me considero em posse da verdade absoluta. Todas as interpretações dos dados, as opiniões e ideias que você está prestes a ler não deixam de ser apenas MINHA opinião e MINHA verdade. No entanto, é muito possível que, quando você acabe de ler, descubra coisas novas. Já aviso que algumas delas serão surpreendentes.

A história do Google tem muitos contrastes. Sim, eu sei, como em todas as empresas! Isso – que em si não é ruim e acontece com qualquer firma que atinge um certo tamanho – ocorre com mais força quando as empresas são, literalmente, monstruosas (neste caso, um verdadeiro império, como eu a qualifico). Ninguém fica multimilionário sem deixar um rastro de corpos escondidos nos armários. Isso chega a ser quase compreensível no mundo empresarial, mas há outras coisas, desconhecidas para o grande público, que podem não ser tão habituais e que se mostrarão insólitas.

Vamos descobri-las juntos. Apenas permita que, para começar, eu jogue uma ideia no ar: se você acha que o Google é um "buscador da Internet", está enganado. E se você acha que o Google é "o buscador" por antonomásia, devo lhe dizer que continua enganado. O Google é, na realidade, uma das empresas mais ambiciosas, enormes e poderosas do mundo. É um gigante ocasionalmente descontrolado, que não só domina a seu bel-prazer a rede das redes, como também tem interesse em muitos outros setores. Isso, por si, poderia não ser ruim. Ou talvez seja. Mas não vamos antecipar acontecimentos.

Quem melhor definiu esse gigante foi Andy Grove, CEO da Intel, quando declarou que se trata de "uma empresa bombada com esteroides, com um dedo em cada setor".

Quero estabelecer desde o começo um compromisso com o leitor: posso prometer que este não será o típico livro gentil promovido por um departamento de comunicação para exaltar, ainda mais, a imagem que a companhia projeta, segundo a qual dois jovens brilhantes e apaixonados vencem e realizam seus sonhos, para depois explicar como uma empresa dinâmica, inovadora e moderna fez o bem e, assim como uma ONG, organizou a informação do mundo para deixar todos felizes. Se isso é o que você espera dos próximos capítulos, feche este livro, devolva-o à livraria e troque-o por alguma coisa de Walt Disney. Assim não o inquietarei e você será feliz. Do mesmo modo, se você espera com esta leitura aderir à teoria da conspiração e se convencer de que o Google é, na realidade, a Matrix, devo lhe dizer que essa também não é minha intenção. Por outro lado, se estiver disposto a pensar, a reavaliar algumas ideias, a analisar e avaliar alguns elementos que podem não ser como parecem, você será bem-vindo. Vou tentar não o decepcionar e mostrar a minha visão das coisas.

Minha história com o Google começou há muito tempo. Lembro que em 1999 dei de cara pela primeira vez com um estranho domínio na Internet que me surpreendeu por sua simplicidade e utilidade. Tratava-se do Google.com. Desde então, e até agora, não parei de utilizá-lo todos os dias da minha vida.

Um pouco depois, em 2001, entraram em contato comigo. Na época, era uma empresa jovem, com menos de 200 funcionários, muito diferente do que é hoje. Acompanhei (e sofri) sua evolução. De fato, um dia (que inocência!) cheguei a considerar essa empresa como a principal parceira ou aliada de minhas companhias. Tempos depois acordei e descobri algo muito diferente. Se hoje pudesse escolher, acho que ficaria com aqueles tempos distantes em que eu era um fã incondicional daqueles jovens *cool* que iam trabalhar de patinete e davam festas nas tardes de sexta-feira.

Lembro que, naquela época, recebi com certa perplexidade um e-mail do Google.com. Foi escrito por uma garota chamada Kristen Jessopp, de Mountain View, quando o Google mal era conhecido na Espanha. Em sua mensagem, ela me pedia para entrar em contato com ela, pois gostaria de me fazer uma proposta comercial. O fato de o convite ter partido do buscador em que eu estava viciado e que utilizava com tanta frequência fez com que eu mostrasse um interesse especial pela proposta. Naquele momento, uma das minhas empresas de Internet tinha vários portais com 3 milhões de usuários mensais na Espanha e na América Latina. O Google se interessava por ela, oferecendo algo que, naquela época, parecia incrível e que representava para mim um cenário de sonho. Queriam me propor um acordo anual mediante o qual comprariam, a preço fixo garantido, toda a publicidade que eu pudesse lhes oferecer. Isso implicava não ter de me preocupar em comercializar em longo prazo, bem como ter renda garantida durante a vigência do contrato. Recordemos que era o ano de 2001 e a "bolha pontocom" (que tempos, aqueles!) já havia estourado. Eram momentos em que vender publicidade na Internet na Espanha e na América Latina era bem complicado. Quase não havia anunciantes. Assinar um contrato de compra total garantia que não fosse por comissão de resultados. Definitivamente, era o melhor dos meus sonhos. Tudo era tão atraente que devo reconhecer que desconfiei. Passei grande parte do verão falando com Kristen e procurando o "truque", sem, no entanto, encontrá-lo. Enquanto isso, meus advogados revisavam aquele enorme contrato, de mais de 20 páginas e em inglês, repleto de cláusulas, que garantia minha renda durante um ano, talvez ainda mais. É curioso pensar que, o que hoje em dia o Google resolve com dois cliques, naquela época era um enorme e complexo contrato que devia ser assinado e enviado por fax aos Estados Unidos. Enfim, o Google estava lançando e expandindo o que no futuro seria o embrião do programa AdSense, e propondo a alguns potenciais sócios comerciais que esse acordo não se baseasse em um modelo comissionista[1] (conhecido como *Revenue Share*), e sim em uma modalidade *premium* garantida.

Alguns anos se passaram desde então, e não creio que muitas pessoas no mundo tenham chegado a admirá-lo, a defendê-lo e a apostar nele tanto quanto eu. Sim, meu caro. Eu era um *Googlefan* com todas as letras. Talvez por isso mesmo tenha chegado a ressaca, e reconheço que há alguns anos minha relação com o Google é diferente, como uma mistura de amor e ódio em relação a tudo que faz, e que mantenho cada vez maior distância daquilo em que se transformou. Ficou maior e se transformou em algo diferente. Está preso a um monte de interesses criados, uns mais obscuros que outros, aos quais precisa satisfazer de forma irremediável. E isso, às vezes, me decepciona, pois nesses momentos abandonam o espírito e a essência da companhia.

Como você acompanhará ao longo das páginas a seguir, a história do Google é a do verdadeiro rei da selva, que era tão forte, poderoso e querido pelos outros animais que acabou acreditando que "ele" era a selva.

---

1. Modelo de negócio em que se compartilham benefícios.

Voltando ao escopo deste livro, nos próximos capítulos tentarei ser objetivo. Espero expressar meu ponto de vista de maneira equânime e não alimentar nenhuma teoria da conspiração. No entanto, também desejo me distanciar dos que louvam Larry Page e Sergey Brin sem fazer perguntas. O Google não é o causador de todos os nossos males, tampouco é uma fundação beneficente, cuja máxima fundamental é a nossa felicidade. Este último cenário, em que às vezes nos querem fazer acreditar, incomoda-me especialmente. Entendo que nem todo mundo compartilhará das minhas opiniões, algumas das quais talvez pareçam exageradas ou desconfiadas demais. Assumo o desafio.

Antes de começar, gostaria de agradecer aos meus colaboradores, María Peña e Dann Anthony Maurno, que, na Espanha e nos Estados Unidos, me ajudaram no intenso trabalho de documentação desta obra. Nós três, juntos, entrevistamos muitas pessoas, dos dois lados do oceano, tanto presencialmente quanto por telefone e videoconferência, para obter uma visão melhor do fenômeno e contar com todos os pontos de vista para escrever a história que aqui se inicia.

1

Nasce um império

Para compreender o monstro, é preciso conhecer suas origens

Era o ano de 1998 quando, quase sem querer, se gestou o germe daquilo que pouco depois seria o buscador mais importante da Internet e, posteriormente, uma das empresas mais poderosas e inovadoras do mundo. Seus criadores foram dois rapazes, Sergey Brin e Larry Page, que tinham na época 23 e 24 anos, respectivamente. Conheceram-se na Universidade de Stanford enquanto faziam doutorado. A princípio, assim que se conheceram não gostaram um do outro, e de fato não se davam muito bem. Não paravam de discutir, talvez porque tivessem muitas coisas em comum: eram filhos de professores, a paixão de ambos era a informática e a matemática e, curiosamente, os dois eram de origem judaica. No entanto, o que mais os uniu com o passar do tempo foram as mesmas inquietudes acerca da informação e da tecnologia.

Larry Page se formou em engenharia de computação. Por sua vez, Sergey Brin se graduou com louvor em ciências matemáticas e em engenharia de computação. Eram dois *freaks*, sim, dois brilhantes *freaks* da tecnologia, e digo isso sem intuito depreciativo. Aliás, eles se sentiriam, hoje em dia, plenamente identificados com esse adjetivo. O que acontece é que agora muita gente não os vê assim. Tiveram um sucesso tão grande, e conseguiram empregar tanta gente e ganhar tanto dinheiro, que perderam a essência do que são de verdade, do que realmente os levou ao sucesso. O perfil deles é tão peculiar que, se não houvessem alcançado o sucesso, hoje, possivelmente, seriam retratados de outra maneira. Um sujeito bastante sensato chamado Bill Gates, fundador da onipotente Microsoft, disse em certa ocasião que um dos conselhos fundamentais que daria a seus filhos é que não debochassem, nem fossem cruéis, nem humilhassem os *freaks* no colégio ou na universidade, porque muito possivelmente acabariam trabalhando para um deles. Bill Gates também foi outro grande *freak* da tecnologia. Embora à primeira vista não pareça, os fundadores do Google e da Microsoft têm muitas coisas em comum.

Naquela época, a Internet era um mundo novo que devia ser descoberto. Não estava presente em nossa vida como está na atualidade, mas nas universidades, especialmente nos Estados Unidos, seu uso já era habitual. Como parte de seu programa de doutorado, Larry Page começou a estudar a estrutura da *World Wide Web* formada por nós (servidores e sites) e pelos *links* entre eles. Sua obsessão (com certeza muito ambiciosa) era organizar toda a informação do mundo. É bem provável que, se naquela época Page tivesse expressado abertamente suas aspirações, as pessoas teriam achado que ele era maluco ou, no mínimo, um rapaz pretensioso. Sem nenhuma sombra de dúvida, hoje podemos dizer que seu sonho era viável e que está prestes a ser realizado; mas, como veremos, para isso muitas pessoas e empresas acabaram sendo "atropeladas".

Avançando um pouco na história, e para que você possa ter uma ideia da magnitude desse sonho e do caminho percorrido, basta destacar que o primeiro índice do Google de 1998 tinha a enorme quantidade de 26 milhões de sites indexados (isto é, gravados e catalogados em sua base de dados). Dez anos depois, os engenheiros do Google afirmavam com orgulho que o buscador havia alcançado a incrível cifra de um bilhão de sites registrados. Quantos zeros tem isso? Muitos: 1.000.000.000.

Em 1998, o diretório Yahoo! e o buscador AltaVista eram os que forneciam os resultados de maneira mais eficaz. Estamos falando da pré-história dos buscadores, momento em que a informação era acumulada e ordenada de forma muito básica. Naquele momento, não só os buscadores eram pouco inteligentes. A inteligência coletiva dos usuários também estava muito limitada pela falta de conhecimento do novo meio. Geralmente as buscas eram realizadas por conceitos muito simples, ao contrário do que acontece na atualidade. O usuário aprendeu com o meio, e agora refina mais suas perguntas. Devemos isso, em grande medida, ao Google, que consegue nos oferecer dados mais específicos do que os buscadores de outrora. Assim, ele dá respostas não só a perguntas que envolvem conceitos básicos, mas também a questões mais detalhadas, até quase os mínimos detalhes, o que representa uma enorme diferença na busca de informação.

Antes do surgimento do Google, os buscadores não eram um grande negócio, e não se investia muito em seu desenvolvimento. Eram concebidos como ferramentas secundárias, não como um elemento-chave do desenvolvimento da Web. Não representavam mais que um serviço subordinado aos grandes portais da época, como o Yahoo!, por exemplo, que pretendia oferecer um serviço global no qual passássemos boa parte do nosso tempo consumindo publicidade. Aqueles portais eram enormes ninhos de ratos, que incluíam milhões de sites mal interpretados pelos primários robôs de buscas que os armazenavam. Por isso não podiam oferecer ao usuário respostas corretas e específicas a suas necessidades cada vez mais evoluídas.

Sergey e Larry não estavam sozinhos no início dessa jornada. Craig Silverstein, outro jovem estudante de Stanford, que acabaria sendo o primeiro funcionário do Google, acompanhou-os e trabalhou lado a lado com os fundadores desde o início. Hoje, Craig continua sendo uma pessoa acessível. Após explicar-lhe minha ideia de escrever este livro, tive a oportunidade de conversar com ele sobre seu papel na companhia nos primeiros anos e sobre como tudo se desenrolou.

> Basicamente, naqueles momentos iniciais todos nós fazíamos de tudo. Eu escrevi o código do servidor Web inicial, que denominamos Google Web Server [GWS, que mais adiante foi substituído, mas que mantém o nome inicial]. Em primeiro lugar, Larry e Sergey escreveram o código-fonte do buscador enquanto ainda estavam em Stanford. Eu colaborei com eles e sou, de certa maneira, coautor do código do buscador. Após abandonar nosso projeto inicial – o endereço http://google.stanford.edu –, tivemos de torná-lo mais escalável, enfim, refazê-lo por completo. Eu me lembro desses tempos como uma época de enorme trabalho de design e de implementação.
>
> Naquele momento, o AltaVista era o buscador mais conhecido, mas havia muitos outros. A dúvida então era: vale a pena investir nisso se existem uns outros dez buscadores em atividade? Mas nós estávamos fazendo algo diferente. Larry estava fazendo uns testes ao mesmo tempo. Intuía que poderia ser um protótipo muito melhor que o AltaVista, e decidiu comercializá-lo.

Não existia só o AltaVista. Naquele momento destacava-se também o Yahoo!, que geria suas buscas de maneira muito diferente. Havia contratado um grupo de editores que selecionavam os sites um a um, de forma manual, formando um diretório por ordem alfabética. Isso fazia com que, para os criadores de conteúdo, estar listado no Yahoo! fosse mais complicado. O editor aceitava ou rejeitava as páginas segundo sua qualidade, e também seguindo seus próprios critérios pessoais. Além disso – e isso é muito importante –, esse modelo era imensamente caro. Não era escalável e não permitia listar os milhares, ou centenas de milhares, de páginas que um domínio Web pode ter, visto que só a página principal era adicionada ao índice. Nessas buscas, obtinham-se resultados mais ordenados que não reuniam todos os dados que a rede oferece. Ficavam muitas lacunas a serem preenchidas, e gastava-se muito tempo para obter o resultado desejado.

Desenvolver um método para classificar a importância de cada página representava um verdadeiro desafio. Foi assim que Page e Brin começaram a desenvolver um algoritmo baseado em fórmulas matemáticas para a busca de dados. Esse algoritmo seria posteriormente chamado de PageRank, em homenagem a Larry Page. Com ele, pretendia-se ordenar as páginas que existiam na rede por meio da valoração objetiva da importância de seus *links* entre si. Tudo isso fez surgir um método que, anos depois, acabou se tornando padrão, revolucionando, assim, o conceito da informação na Internet.

A Google Inc. ainda não existia. Como parte de seu projeto de pesquisa, Larry criou o *software* que rastreava a rede. Obtinha informação dos *links* de determinada página e guardava essa informação em uma base de dados. Segundo afirmou anos depois, esse algoritmo funcionou porque ele sempre procurou "pensar como um internauta, resolvendo suas necessidades e adaptando a resposta da tecnologia ao que as pessoas realmente necessitavam".

Ambos consideraram que haviam encontrado o caminho perfeito para começar sua tese de doutorado, e logo colocaram as mãos na massa. Começaram com o primeiro projeto, denominado Backrub, um buscador para a Universidade de Stanford, que acabou sendo um protótipo de motor de busca. O buscador baseava-se na tecnologia convencional dos motores de busca existentes, mas, por sua vez, aplicava à base de dados o hoje célebre algoritmo PageRank para ordenar e segmentar os resultados ordinalmente atendendo a sua relevância. Finalmente acharam o que procuravam: classificar os resultados por ordem de importância, o que melhorava enormemente a experiência dos usuários.

No outono de 1997, decidiram que o motor de busca que haviam projetado precisava de outro nome. Dentre as possibilidades que cogitaram, decidiram por Google. Foi inspirado no termo *googol,* que descreve, em matemática, um número composto de um 1 seguido de 100 zeros, ou seja, dez elevado a cem. Tratava-se, de fato, de um nome realmente *freak* para algo que hoje todos consideramos um padrão, e que não achamos estranho utilizar nem nomear com desenvoltura todos os dias. A escolha do nome define, por si só, a personalidade peculiar de seus criadores.

Pouco depois saiu a primeira versão do Google, sob o domínio google.stanford.edu. Inicialmente foi de uso exclusivo de alunos e professores da Universidade de Stanford, que, pouco tempo depois, deixaram de usar os demais buscadores do mercado e deram preferência a esse motor de busca devido a sua eficácia e rapidez.

Como design básico da Web, o logo foi colocado de maneira visível no centro da página, e suas letras preenchidas com cores primárias sobre um fundo branco. Isso contrastava enormemente com os sites do momento, que estavam cheios de rótulos chamativos e de publicidade, muito carregados de conteúdo que acabavam sendo agressivos para o usuário por causa do excesso de gráficos e de letras.

À medida que a base de dados e o número de usuários aumentavam, foram sendo necessários, de forma exponencial, mais servidores Web para atender à crescente demanda. Procuravam economizar o máximo possível. Além disso, eles mesmos montavam os computadores, geralmente comprados por peças para reduzir custos. Ainda as-

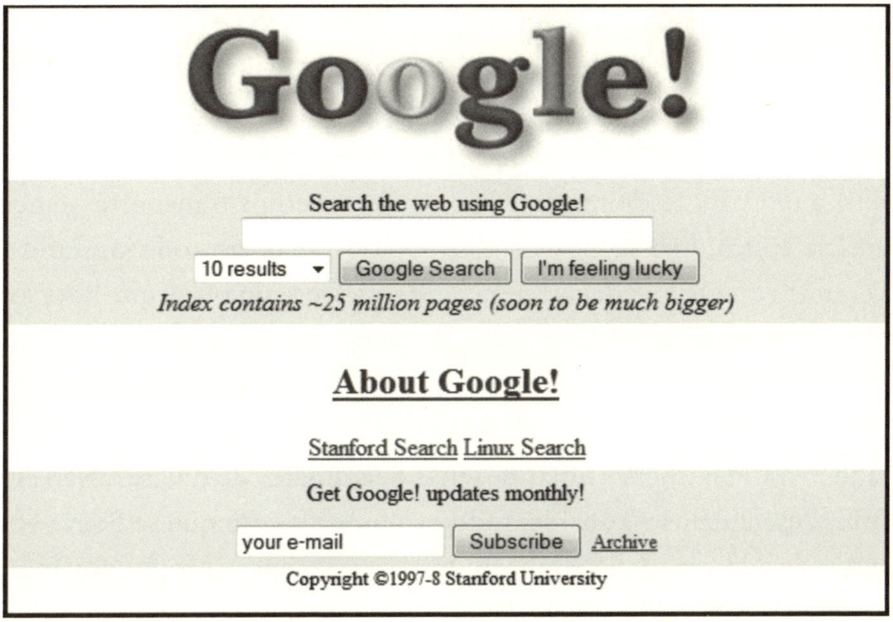

Página inicial do Google, 1997.

sim, precisavam de mais equipamentos para dar continuidade ao projeto, de modo que, dada sua utilidade para a universidade, seus tutores lhes concederam 10 mil dólares do projeto de Bibliotecas Digitais de Stanford.

Um caso curioso: Brin e Page eram célebres entre os professores, visto que sua necessidade por equipamentos de informática fazia com que eles frequentemente "pegassem emprestados" dos laboratórios da universidade dispositivos que não lhes pertenciam – como discos rígidos, processadores, memórias. Achavam que poderiam pegar esses materiais emprestados se estivessem armazenados, sem uso, até que alguém desse falta deles. Essa mania de pegar emprestado o que não é seu ainda faz parte do DNA da Google Inc., como você descobrirá ao longo deste livro.

Em 1998, decidiram vender sua tecnologia de negócio a outras empresas. Para isso, estabeleceram um alto preço: 1 milhão de dólares. Fazia sentido esse preço? Bem, difícil saber. Se levarmos em conta que essa tecnologia foi o germe de uma das principais companhias tecnológicas do mundo, hoje em dia pareceria uma pechincha. Naquele momento, o preço poderia ter sido considerado temerário por uns, e um padrão de mercado por outros. Se nos transportássemos àquela época, não só nos Estados Unidos, mas em todo o mundo, veríamos que se vivenciava uma moderna febre do ouro, que hoje todos recordamos como a já mencionada bolha pontocom. Digamos que em 1998 era preciso pagar 1 milhão de dólares pela licença de um produto nascido de um projeto universitário, no qual haviam sido investidas apenas umas dezenas de milhares de dólares. Não era muito escandaloso, considerando os números com que se lidava em um mercado em plena ebulição. A questão é que o projeto foi apresentado inicialmente a Paul Flaherty, um qualificado engenheiro do AltaVista. Esse buscador possuía naquele momento 54% da cota de mercado. Se conseguissem vender seu sistema a essa empresa, além de fazer caixa, poderiam ter acesso à base de dados de endereços Web mais ampla do mercado e crescer rapidamente ao lado dos melhores. Mas, naquele momento, o AltaVista não mostrou muito interesse, e alegou que não queria incorporar ideias de terceiros a sua companhia. Inteligente opinião de Paul Flaherty, que desde então é mencionado com frequência nas escolas de negócios de todo o mundo como o homem que não enxergou além do nó de sua gravata. Ele compartilha seu duvidoso privilégio com os lendários gestores da Decca Records, que em 1962 tiveram a infeliz ideia de rejeitar uns jovens chamados The Beatles porque, segundo eles, seu som "estava defasado"; ou com o treinador de basquete da Laney High School, que expulsou de seu time um tal de Michael Jordan, afirmando que o achava "muito baixinho".

Após aquela primeira tentativa, os garotos do Google bateram à porta da segunda opção: o Yahoo!. Depois de examinada, porém, a proposta do Google foi rejeitada por considerarem que seu modelo de negócio se baseava em um fato que pode nos parecer trivial: o tempo que os usuários investem em sua página usando o e-mail, fazendo compras e jogando enquanto consomem publicidade. Definitivamente, acharam que melhorar as buscas seria uma distração e que, além de tudo, um algoritmo matemático não seria uma boa contribuição para o trabalho de seus editores profissionais.

Ainda sem saber, Page e Brin já tinham naquele momento inicial duas coisas que os tornavam especiais. A primeira, uma ideia baseada no estudo das necessidades e do comportamento dos usuários. Isso os diferenciava enormemente do que fazia a principiante indústria tecnológica, que não se preocupava em resolver necessidades reais do usuário, e sim em um jeito de viciá-lo para que permanecesse mais tempo nos sites e consumisse a maior quantidade de publicidade possível. A segunda, o desenvolvimento de um produto, o PageRank, que mesmo em um estado muito básico e inicial já era muito mais poderoso e adaptado aos novos tempos que o da concorrência. O que Page e Brin não sabiam nesse momento era que haviam acabado de receber seu bilhete premiado, o que os transformaria em milionários no futuro e os faria entrar para a história da tecnologia. Felizmente para eles, sua ideia de negócio foi rejeitada reiteradamente, e eles não encontraram clientes. O que naquele momento lhes pareceu uma desanimadora desgraça seria, no fim, o maior golpe de sorte da vida deles.

Dessa forma, Brin e Page, meio desanimados pelo fracasso na tentativa de venda, decidiram pedir uma licença na universidade e deixar de lado a elaboração da tese para reconduzir o projeto e constituir sua própria empresa. Já que os potenciais clientes os rejeitavam, eles mesmos seriam o cliente e desenvolveriam seu produto, que, neste caso, seria o próprio buscador baseado no algoritmo PageRank. Tal como ocorre hoje, para fazer isso eles precisavam de financiamento. Assim, lançaram-se em busca de investidores.

No verão de 1998, Sergey e Larry conheceram Andy Bechtolsheim, cofundador da Sun Microsystems e vice-presidente da Cisco Systems. Após uma conversa sobre o projeto, Bechtolsheim assinou no mesmo dia um cheque de 100 mil dólares em nome da Google Inc. Devemos levar em conta que naquela época nascia uma companhia pontocom em cada esquina do Vale do Silício, e que vergonhosas quantias de dinheiro eram gastas em publicidade que só escondia a carência de bons produtos e serviços das empresas tecnológicas de outrora. Mas Andy viu naqueles garotos um padrão de comportamento diferente do habitual.

Ele não podia imaginar que acabava de entregar um dos cheques mais frutíferos da história. Em outubro de 2011 aqueles 100 mil dólares haviam se transformado em 1,7 bilhão de dólares.

Como não poderia ser diferente, na história oficial da Google Inc., dirigida e manipulada de modo genial pelos responsáveis pelo marketing e pela comunicação da companhia, fala-se muito de seus fundadores para sua maior glória. É justamente aqui que gostaria de pôr meu primeiro "senão" à história oficial. Quanto ao fato de Page e Brin terem um mérito extraordinário não resta a menor dúvida. No entanto, e sem que isso os desmereça, suas qualidades são similares às de centenas de jovens com talento, ideias e conhecimento, com fome e vontade de devorar o mundo, que a cada ano nos Estados Unidos se aventuram a empreender no mundo da tecnologia. Muitos deles não conseguem financiamento ou, apesar de conseguir, fracassam. O mérito dos sucessos empresariais acaba sendo capitalizado pelos empreendedores. Ainda assim, sempre há um ponto de inflexão. Na história do Google, esse ponto é representado pelo aparecimento de Andy Bechtolsheim, que é a pessoa que hoje em dia denominamos "anjo investidor" ou *business angel*. Em outras palavras, um louco que acreditou na história e que apostou seu dinheiro em uma ideia descabelada com remotas possibilidades de sucesso. Objetivamente, conceder a esses garotos que estavam em plena licença universitária um cheque de 100 mil dólares por um produto como tantos outros, e que além de tudo havia sido rejeitado por seus possíveis compradores, poderia ser qualificado, de forma sutil, como um tanto audacioso. De alguns desses movimentos absurdos nascem companhias que conquistam o mundo, e este foi um desses casos raros. O primeiro "louco" que confiou neles, e que desconhecendo o futuro real do projeto lhes concedeu um cheque, é o homem que realmente merece ser valorizado e lembrado, junto com os próprios fundadores, como pedra angular do projeto. Porém, não costuma ser assim, visto que é mais comercial e vistosa a ideia de jovens românticos que querem conquistar o universo que a do voraz tubarão executivo de Wall Street tentando ganhar dinheiro em uma futura companhia tecnológica.

Em vez de levantar dinheiro para gastar em publicidade inútil (como faziam todos naquela época), Larry e Sergey queriam-no para comprar o equipamento de sua empresa. A única publicidade de que necessitaram foi o "boca a boca", a recomendação e o entusiasmo dos usuários que haviam experimentado seu buscador e que, por considerá-lo de grande utilidade e superior aos existentes, o recomendavam a seus colegas no entorno de Stanford. Evidentemente, a voz se propagou como rastilho de pólvora. Então era simples! Tinham apenas de sair de seu ecossistema e conseguir esse efeito em escala mundial. "Basicamente, os garotos precisavam de máquinas e servidores para testar seu novo conceito e pagar os advogados que os ajudariam nos assuntos legais", afirmou Bechtolsheim mais tarde. "E eu queria garantir que faria parte dessa companhia." E acertou! Tiro meu chapéu para ele. O momento da empresa era tão inicial que vale destacar o caso. Aquele cheque ficou em cima da mesa durante mais de uma semana, até que, por fim, puderam formalizar legalmente a constituição da Google Inc. para poder descontá-lo.

Graças ao apoio financeiro, Brin e Page conseguiram a confiança e a credibilidade necessárias para que seus familiares contribuíssem com algum dinheiro. Estes não entendiam nada do que os garotos estavam fazendo, mas como não os apoiar?! O setor estava na moda, e o fundador da Sun Microsystem havia lhes dado um cheque! Por fim, conseguiram 1 milhão de dólares, que não era uma quantia nada desprezível, mas também nada exorbitante em plena bolha tecnológica. De fato, era difícil competir com companhias que estavam mais bem capitalizadas que a deles. Utilizariam esse dinheiro sobretudo para comprar equipamentos, e assim continuar avançando no projeto.

Em 1998, Brin e Page abandonaram definitivamente a Universidade de Stanford para se dedicar ao desenvolvimento do buscador. No outono desse mesmo ano, instalaram-se em um escritório em Menlo Park (Califórnia). Aquilo era um luxo comparado com a situação em que estiveram até então: uma garagem alugada de uma mulher, Susan Wojcicki, por cerca de 1.700 dólares mensais. Ficaram em Menlo Park apenas cinco meses, por falta de espaço. Finalmente se mudaram para um escritório na University Avenue, no centro de Palo Alto, Califórnia.

A propósito, quero mencionar um detalhe para os mais românticos. Anos depois, em 2006, nossos garotos se deram ao luxo de comprar a garagem (casa inclusa) onde nasceu seu projeto com a intenção de transformá-la em um museu. Hoje em dia, sua antiga proprietária, a sra. Wojcicki, trabalha no Google como vice-presidente de gestão de produtos, cargo que lhe permitiu ficar milionária.

A história é excêntrica e nos mostra uma analogia entre o início do Google e o do gigante Yahoo!, que estava em pleno esplendor competindo com a Microsoft pela hegemonia dos portais da Internet. Assim como o Google, o Yahoo! foi gestado na Universidade de Stanford, e também foi fundado por dois brilhantes alunos, David Filo e Jerry Yang, em 1994.

Em 1998, o incipiente projeto Google recebia 10 mil visitas diárias somente da Universidade de Stanford. Os usuários mais habituais pertenciam a seu círculo mais próximo da universidade, uma vez que era extremamente útil para os alunos e os professores. Pouco a pouco, o Google foi ganhando popularidade. Conseguiu uma menção na revista *PC Magazine*, que o situava entre os cem melhores sites. Como o número de usuários aumentava, o Google ampliou seu quadro de funcionários, empregando mais oito pessoas.

Uma das características que acompanha os fundadores desde o início é um velado sigilo em torno dos avanços e da tecnologia que desenvolvem. Trata-se, aliás, de uma dupla moral, já que a companhia que pretende "organizar a informação mundial para que possa ser acessível para toda a humanidade" não tem muito interesse em que essa mesma humanidade tenha acesso aos dados de sua própria empresa. Acha que estou exagerando? Permita-me lhe dar um exemplo.

O que a empresa não costuma mencionar é que, para ela, existe informação de primeira e de segunda divisão. Basicamente, poderíamos dizer que a da própria empresa tem um status especial, e que deve permanecer oculta, ao passo que a dos outros é uma *commodity*.[2]

Vamos analisar um dos serviços da empresa. Trata-se do Google Trends for Websites. Com base em toda a informação que a empresa coleta (da barra de ferramentas, das buscas, do Analytics, de seu navegador Chrome etc.), é possível ter uma estimativa muito exata do tráfego e da evolução de cada site. Desse modo, qualquer pessoa pode acessar um endereço da Internet[3] e ver a estimativa de visitantes de qualquer página do mundo. De todas? Não, claro! A informação da Microsoft, do Facebook ou de qualquer outro rival está disponível, como podemos ver a seguir:

---

2. Termo utilizado em economia que designa qualquer produto destinado a uso comercial.
3. http://trends.google.com.

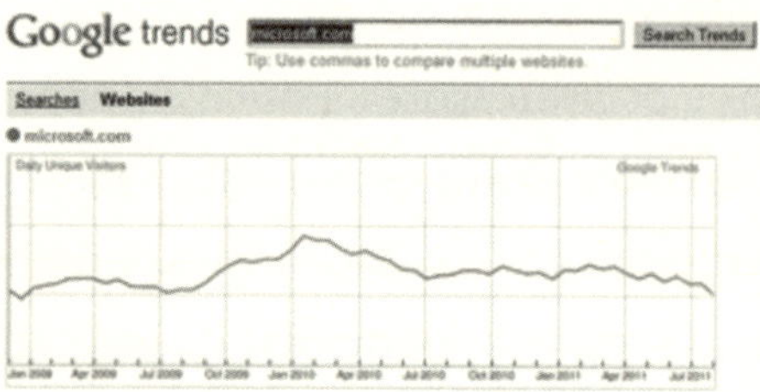

Mas o que acontece se procurarmos dados do próprio Google.com? Eles os ocultam zelosamente e evitam fornecer qualquer tipo de informação!

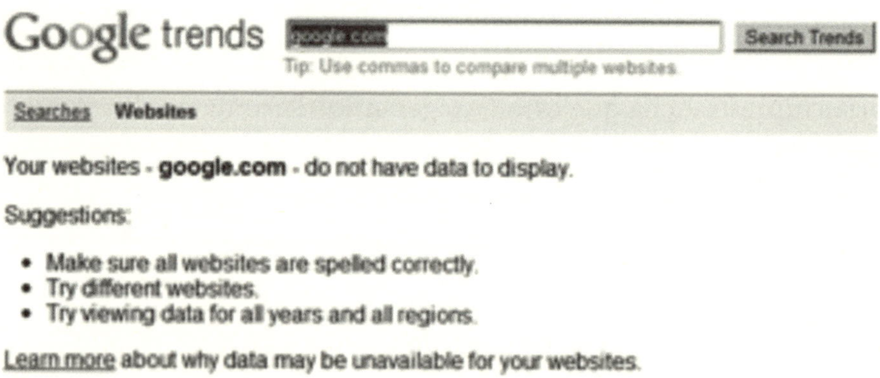

Não é um curioso exemplo de dupla moral? Estão muito à vontade expondo os outros, mas jamais expõem a si mesmos.

Esse sigilo sempre acompanhou o Google e proporcionou-lhe, em inúmeras ocasiões, uma enorme vantagem na hora de se posicionar à frente do mercado em termos de inovação tecnológica, sempre muito adiante de seus competidores mais próximos.

A maquinaria estava em funcionamento. Chegara a hora de continuar crescendo de maneira mais rápida. Para isso, precisavam obrigatoriamente de mais capital para reinvestir na melhora de sua tecnologia, bem como para novas contratações. Durante a primavera de 1999, optaram por pedir financiamento às principais sociedades de capital de risco norte-americanas, naquele momento ávidas de novos projetos de Internet.

Larry e Sergey apresentaram seu projeto a dois grandes investidores do momento: John Doerr, da Kleiner Perkins Caufield & Byers, e Michael Moritz, da Sequoia Capital. Esta última era a empresa de capital de risco que mais investia em projetos de Internet nos Estados Unidos. O resultado foi magnífico, e conseguiram surpreender os dois investidores. Eles estavam acostumados a receber milhares de propostas de financiamento. Mas o Google era diferente. Naquele momento, representava uma aposta muito mais concreta e organizada em comparação a que encontrou aquele primeiro anjo investidor. Representava uma tecnologia de motor de busca superior a todas as que haviam visto até então.

O dia 7 de junho de 1999 representou um ponto de inflexão para o projeto, que naquele dia recebeu 25 milhões de dólares procedentes da Sequoia Capital e da Kleiner Perkins Caufield & Byers. A única condição que ambos os investidores impuseram era que a Google Inc. contratasse um CEO, um profissional com experiência no setor, que os ajudasse a transformar seu motor de busca em um negócio rentável. A condição era bastante sensata. Pôr 25 milhões de dólares nas mãos de dois jovens engenheiros (e muito *freaks*!) sem nenhum tipo de experiência nem formação empresarial era um tanto temerário. Precisavam de alguém que pudesse transformar aquela ideia em um produto rentável. Desse modo, controlavam os fundos e se asseguravam de que seria desenvolvido um modelo lucrativo de negócio. Parecia um pedido razoável, de modo que Brin e Page concordaram sem nenhuma objeção. No entanto, para desespero dos investidores, a decisão seria postergada durante anos.

Superados os primeiros obstáculos, a Google Inc. começava a competir nas grandes ligas com uma capitalização importante. Conseguiram se mudar para a atual sede central da companhia, em Mountain View (Califórnia), conhecida popularmente hoje em dia como Google

Campus ou Googleplex. Seu crescimento havia se baseado no "boca a boca" de seus contatos por e-mail. Em fevereiro de 1999, com uma capitalização de 25 milhões de dólares e escritório novo, enviaram um e-mail a todos os seus contatos informando que o projeto de pesquisa havia se transformado na empresa Google Inc., e explicando em que consistia seu sistema de busca.

Havia terminado o verão de 1999 e o festival anual *Burning Man*, realizado no deserto de Black Rock (Nevada), estava sendo organizado. Gente de todo tipo ia ao festival: especialistas em tecnologia, artistas e poetas que transformavam, por alguns dias, uma parte do deserto em uma cidade temporária onde não se vendia nem se comprava nada etc. As pessoas iam só para aproveitar uns dias "fora da lei" em completa liberdade. No final da festa um boneco de madeira era queimado, o denominado *Burning Man*. Tanto Larry quanto Sergey eram habituais seguidores do festival, de modo que foram, como todos os anos, curtir o deserto em liberdade. Em setembro de 1999, colocaram no design do logo do Google um sinal que identificava o festival; com isso, pretendiam comunicar aos usuários: "estamos no *Burning Man*". O design fez tanto sucesso que, a partir de então, em cada data significativa, o logo habitual do Google é trocado por um logo alegórico. São os denominados *Doodles*.

Os logos alegóricos aparecem de surpresa no lugar do habitual logotipo do buscador. São muito celebrados pela comunidade virtual, que os comenta e coleciona. Constituem uma maneira de posicionar a companhia, assim como de opinar ou homenagear personalidades e momentos históricos.[4]

Novos e importantes clientes começaram a chegar. A AOL e a Netscape escolheram o Google como seu serviço de buscas, fazendo com que superasse a barreira dos 3 milhões de buscas por dia. O que

4. É possível ver todos os *Doodles* em http://www.google.com/doodles/.

começou como um projeto universitário já era uma grande empresa com crescimento vertiginoso. Em setembro de 1999, desapareceu definitivamente do Google.com o rótulo que o identificava como uma versão beta.

Larry e Sergey já tinham muito claro em sua mente um dos princípios que os caracterizariam. Tratava-se de um lema que regeria os princípios da companhia, mas é possível que tenha ficado, com o tempo, como uma desgastada ideia alegórica, nem sempre respeitada: *Don't be evil* ("não seja malvado"). Essa frase foi cunhada como uma declaração de princípios por parte de um dos primeiros funcionários, Paul Buchheit, que antes de uma reunião da equipe comercial, na qual se devia decidir como explorar publicitariamente as buscas, decidiu deixar escrito o famoso *Don't be evil* em um quadro branco da sala onde iam se reunir. Para Karen Wickre, gerente sênior de comunicações corporativas, essa frase não se refere a algo que deve ser gravado na entrada do edifício principal do Googleplex como um compromisso moral e empresarial. Significa um alerta interno, algo que chama a atenção dos funcionários sobre a linha mestra da empresa.

Lembro quando comentei com Craig Silverstein minha opinião sobre o famoso *Don't be evil*. Craig se surpreendia e ao mesmo tempo achava engraçado ver como uma frase espontânea tomou, mais de 12 anos depois, vida própria. Craig me confessou que não havia parado para refletir muito sobre isso, mas que "o fato de se ter um lema como esse faz com que as pessoas, quando ouvem algo sobre o Google que não lhes agrada, nos acusem de fazer o mal". A interpretação correta de Craig acerca do arquiconhecido lema é simplesmente pensar e refletir em cada momento se estamos fazendo o certo. Você vai se surpreender ao ver nos próximos capítulos a quantidade de vezes que um gigante como o Google é capaz de ignorar seu lema.

No final de 1999, o Google recebia uma média de 7 milhões de visitas diárias. Ainda assim, nem tudo era alegria. As receitas que recebia por suas patentes eram muito baixas. O resultado das buscas era gratuito e planejavam fazer entrar dinheiro oferecendo às empresas publicidade em formato de texto, de maneira discreta e sempre relacionada com o resultado das buscas. Por um lado, não queriam abandonar o design limpo de publicidade que caracterizava a página, mas precisavam de receitas e tinham medo de ficar estancados (ou, o que é pior, sem fundos). Então idealizaram um jeito de obter benefícios com a venda de publicidade. Criaram um sistema de resultados patrocinados que é o que hoje em dia conhecemos como Adwords. Representava uma medida nada agressiva e esteticamente parecida com os tradicionais anúncios classificados da imprensa escrita. Além disso, estava longe dos coloridos *banners* publicitários e dos desagradáveis anúncios emergentes conhecidos como *pop-ups*, que começavam a invadir a rede abrindo janelas nos navegadores dos usuários.

O quadro de funcionários ia tomando forma, com engenheiros que, em sua maior parte, ganhavam um salário medíocre. Como compensação, tinham participações com milhares de ações com a esperança de que, em algum momento, alcançassem um valor considerável quando a empresa definitivamente decolasse. Esse sistema, englobado no *American Way of Life* do mundo empresarial, não costuma funcionar. A participação acionista dos funcionários de uma *startup*[5] normalmente não gera frutos. Mas esse não foi o caso. Todos os funcionários do Google que naquela época tinham participação acionista são, hoje em dia, multimilionários.

Desde o início a empresa já era peculiar. Dispunha de instalações atípicas, e até para a seleção de funcionários a entrevista era feita diretamente pelos dois fundadores. Às sextas-feiras organizavam festas sob o lema TGIF (*Thank God it's Friday*) [Graças a Deus é sexta-feira]. É particularmente divertido ver alguns vídeos que circulam na Internet

---

5. Negócio recém-criado, mas com grandes possibilidades de crescimento.

sobre essas festas. Neles podemos ver as incipientes salas de uma empresa emergente do Vale do Silício, com menos de 60 funcionários em 1999, onde se comemoravam aniversários, afastando para isso as mesas e as cadeiras de trabalho, com a participação direta de Page e Brin, com os doces, as Heineken e os chapeuzinhos circulando sem parar, guerras de serpentina e diversão saudável. Vendo as imagens, parece compreensível a preocupação que sentiam os provedores dos fundos de capital de risco – que haviam investido a nada desprezível quantia de 25 milhões de dólares – de acrescentar à equipe de trabalho uma "supervisão adulta" na forma de um CEO profissional que dirigisse a nave.

Em 2000 ocorreu a grande decolagem da Google Inc., visto que esse ano foi marcado por grandes inovações tecnológicas. O ritmo de visitas crescia sem parar. Recebiam, em média, 15 milhões de buscas diárias e dispunham de um quadro de funcionários de 85 trabalhadores. Além disso, o Google não precisava de financiamento adicional. Graças ao lançamento do programa de publicidade Adwords, suas receitas aumentaram.

Durante esse ano, o Google e o Yahoo! assinaram um pacto fundamental mediante o qual o Google se transformava no novo provedor de buscas do Yahoo!, o que aumentou ainda mais o prestígio do buscador na rede. Esse movimento, analisado hoje, é considerado um grave erro da parte do Yahoo! Naquele momento, quase sem perceber, o Yahoo! cedeu diante da força da tecnologia da nova companhia. Mais adiante vou explicar melhor as consequências dessa aliança. Para fazer uma analogia, seria algo como se a Pepsi-Cola decidisse abandonar seu próprio produto e não o desenvolver mais nem melhorá-lo, não o defender no mercado, e começasse a vender Coca-Cola porque é mais gostosa e porque a compra barato. Mais tarde, quiseram consertar isso, mas o mal já estava feito. O Yahoo! como motor de busca estava mortalmente ferido. Reanimar o doente já era quase impossível.

Além desses extraordinários acordos, eram momentos comercialmente muito intensos. Foram assinadas outras alianças em diversas frentes com o portal chinês NetEase e o BIGLOBE, do Japão, que incorporaram a busca do Google a seus sites. Quase sem perceber, de Mountain View eles estavam começando a conquistar o mundo.

Já em 2001, diante das pressões cada vez mais intensas das sociedades de capital de risco, que se mostravam nervosas e preocupadas com a demora na contratação de alguém para a gestão da companhia, o Google contratou o ex-presidente da Novell, Eric Schmidt, como CEO e presidente. Eric Schmidt investiu 1 milhão de dólares de seu bolso na compra de ações da companhia. Desde então, até meados de 2011, esteve à frente da empresa em um funcional triunvirato com seus fundadores.

Reconheço que sou um grande fã de Schmidt. Em minha opinião, não se pode entender o desenvolvimento do Google, sua estreia na Bolsa e o que é hoje em dia sem a presença de Schmidt. Ele é o verdadeiro cérebro na sombra, e conseguiu que em pouco mais de dez anos uma promissora empresa de Internet (como existem centenas no Vale do Silício) se transformasse em uma das principais empresas do mundo, com receitas acumuladas durante 2010 de mais de 29 bilhões de dólares. Para dar um exemplo, essa quantia é similar ao Produto Interno Bruto (PIB) de países como o Iêmen ou a Jordânia.

No gráfico da página seguinte, baseado nos dados públicos da companhia, podemos ver suas receitas nos últimos anos.

Voltando aos acordos com terceiros, eles adquiriram tal volume que conseguiram disparar as receitas com publicidade, sem necessidade de desperdiçar enormes quantias de dinheiro em promoção, como faziam seus rivais! Dessa forma, o Google já registrava a impressionante marca de 100 milhões de buscas diárias.

Além de tudo, estabeleceram laços com diversas empresas, entre as quais estavam a Lycos, na Coreia, e a UOL (Universo Online),

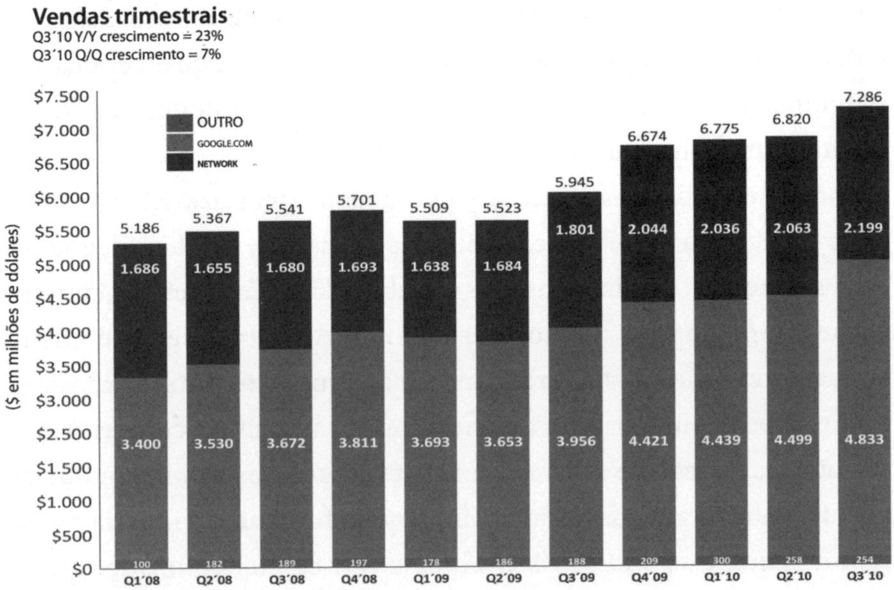

o que fez com que o Google fosse o primeiro buscador na América Latina. Dado o crescente interesse mundial nos programas de publicidade, abriram escritórios em Hamburgo e em Tóquio. Por sua vez, foram incorporadas opções de novas codificações de idioma, como o árabe, o turco e outras 26 línguas. Também incorporaram ao seu site o serviço Image Search, assim como o Google News. Este último foi projetado por um dos engenheiros da companhia, Krishna Bharat, e seu funcionamento é parecido com o sistema PageRank. Mediante um algoritmo denominado StoryRank, os resultados de buscas de notícias no Google eram hierarquizados e publicados em ordem de relevância.

Em 2002, o emergente programa Google Adwords, que permitiu ao Google dar o salto de receitas de que necessitava, sofreu mudanças importantes. Para citar um exemplo, foi introduzido o modelo de preço "custo por clique" (CPC), com o objetivo de dar ao anunciante mais controle sobre seus gastos em publicidade. Era um produto vivo, em permanente desenvolvimento desde então até nossos dias, que incorporava constantes e significativas melhoras. Naquela época era, sem dúvida, a melhor maneira de os anunciantes obterem resultados de suas campanhas na Internet.

Naqueles anos, as agências de publicidade organizavam as vendas de anúncios em sites por canais (sites de carros, mulher, negócios) sem segmentar detalhadamente a publicidade. Isso era justamente o que o Google fazia melhor por meio do Adwords. Lembro que os anunciantes levavam sua preocupação aos suportes publicitários e às agências por conta da falta de eficácia das campanhas convencionais na Internet. Longe de ser atual, o debate sobre se os *banners* publicitários, tal como eram conhecidos, tinham um formato que nascia morto remonta quase ao ano 2000. O Google conseguiu demonstrar que se tratava apenas de um problema tecnológico e que, se bem segmentada, a publicidade *on-line* é algo único, de baixo custo, mensurável e eficaz. Até então, matavam-se as moscas com tiro de canhão com a publicidade gráfica, e lançavam-se campanhas de publicidade para *targets* inadequados. Como exemplo, lembro-me de dezenas de promoções de produtos femininos, como perfumes e maquiagem, que apareciam em meu caminho ao entrar em alguns sites. Evidentemente, lançar esses impactos publicitários em mim, que não era o consumidor potencial, era jogar dinheiro pela janela, e aquilo nunca funcionaria. E, por outro lado, o Google aprendia a segmentar ao máximo. Tinha uma enorme base de clientes e oferecia exatamente o que sabia que estávamos procurando. Esse é, ainda hoje, o segredo de seu sucesso econômico. Por exemplo, se você procurar viagens a Moscou, ele poderá lhe oferecer publicidade das agências de sua cidade que vendem esse tipo de viagem, fazendo um uso eficaz da publicidade e evitando anúncios irrelevantes para seus interesses.

A constante inovação tecnológica os fez ganhar um voto de confiança da gigante America Online (AOL), que escolheu o Google como provedor de busca e publicidade para seus (naquela época) 34 milhões de membros e dezenas de milhões de visitantes dos sites de sua rede de portais. Essa aliança significou o primeiro grande enfrentamento com a Microsoft, que havia anos tentava riscar a AOL do mapa mediante um forte investimento em seu portal MSN, que oferecia e-mail gratuito em sua filial Hotmail para competir com eles. No entanto, a batalha com a Microsoft estava apenas começando. É uma constante ao longo da história da Google Inc. De fato, mais adiante vou dedicar um capítulo inteiro para descrevê-la e analisá-la.

Durante 2003, nasceu o programa Google AdSense, que oferecia a sites de terceiros, de todos os tamanhos, receitas adicionais para incluir publicidade em seus próprios portais, a qual era fornecida pelo Google. Esse programa, que representa a segunda linha de receitas da empresa em volume de faturamento, foi um enorme avanço na Internet global. Como se fosse um enorme comerciante, o Google fornecia os anúncios relevantes em sites de pequenas empresas ou particulares, permitindo, assim, que todos eles rentabilizassem seu tráfego na Web. Isso era, até então, algo reservado às grandes companhias, que firmavam acordos com agências de representação comercial.

Sem dúvida alguma, vale situar em 2004 um dos pontos de inflexão do futuro império, ano em que a Google Inc. estreou na Bolsa de Valores Nasdaq. Esse fato propiciou à empresa o capital necessário para continuar sua expansão. Naquele dia, aquilo que era uma jovem e emergente *startup* de sucesso, que crescia vertiginosamente, transformou-se em uma realidade econômica difícil de prever com antecedência. O prêmio seria compartilhado entre seus fundadores, o CEO, seus investidores e os próprios funcionários, e dotaria o gigante de Mountain View, como veremos depois, de uma potência de caixa quase ilimitada para adquirir companhias interessantes e rivais. Definitivamente, para continuar crescendo como império.

Show me the money!

Larry e Sergey retardaram o máximo possível a estreia da Google Inc. na Bolsa. Não queriam que concorrentes como o Yahoo! e a Microsoft conhecessem com antecedência o alcance das operações da companhia e, principalmente, suas dimensões econômicas reais. Mas o dia tinha que chegar, porque, entre outras coisas, no início da empresa haviam recebido financiamento de duas companhias de capital de risco, assim como de familiares e investidores privados, e todos eles pressionavam para que o Google entrasse na Bolsa. Queriam recuperar seu investimento, e previam uma enorme valorização. Além disso, todos os funcionários poderiam ver a valorização de suas ações no mercado e receber o prêmio por anos de esforço frenético. Na realidade, a empresa não precisava de dinheiro para o dia a dia. Diferentemente do que acontecia no Vale do Silício, não fora necessário contrair dívidas graças à sua capacidade de se autofinanciar, ou, em outras palavras, graças ao sucesso social entre os usuários, ao seu motor de busca e ao seu incipiente sucesso econômico. A estreia na Bolsa era tão promissora que lhes permitiria dispor de mais recursos para continuar crescendo. Os fundadores sonhavam com uma estreia espetacular, nunca antes vista, não só pelo montante econômico da operação, mas também pelo número de compradores daquelas primeiras ações.

Devemos entender Wall Street como uma reserva fechada. As principais agências de valores controlam todo o processo de estreia na Bolsa, fixam o preço inicial das ações, decidem para quais investidores serão distribuídas e cobram elevados honorários por seus serviços. Do mesmo modo, favorecem determinados compradores depreciando inicialmente as ações para depois disparar o preço, tirando, assim, uma fatia para seus melhores clientes. Por esse motivo, Larry e Sergey decidiram fazer as coisas do jeito deles. O sistema existente lhes parecia obsoleto e, de certa maneira, corrupto. Por isso, em vez de pagar os usuais 7%, que é o que cobravam as agências, comunicaram sua intenção de pagar a metade! E não só isso: também o fariam reservando-se o direito de cancelar a operação no último momento se julgassem oportuno.

Na realidade, o que seus fundadores não queriam era perder o controle da empresa. Sabiam que as grandes fortunas ou os especuladores podiam adquirir um enorme poder de decisão. Para evitar isso, tentaram de todas as formas que as ações não caíssem nas mãos de grandes investidores. Buscavam dezenas de milhares de pequenos acionistas! Não só desafiaram os critérios preestabelecidos de Wall Street, como também levaram esse enfrentamento até as últimas consequências. Confiaram em sua estratégia. Tinham em mente o intuito de gerar uma enorme quantidade de pequenos compradores conhecedores do serviço e desejosos de participar dele. Como se fosse uma religião; não seriam clientes, e sim crentes. Esses crentes são conhecidos hoje em dia pelo apelido de *Googlefans*.

A estreia na Bolsa foi controversa, e quase não aconteceu. A comissão do mercado de valores norte-americano abriu uma investigação. Alegava que um grande número de ações havia sido emitido sem controle, e que grande parte delas estava nas mãos dos funcionários da própria empresa. Naquele momento, pendia sobre o Google uma ação judicial movida por seu concorrente Yahoo!, que o acusava de roubar uma importante patente que significava o próprio *core business*[6] da companhia, que era a base inicial sobre a qual foi construído o programa Adwords, a principal fonte de receitas do Google.

Por fim, o preço inicial das ações foi de 85 dólares, e rapidamente atingiu os 100 dólares. Mais tarde, em apenas três anos, multiplicou-se por sete, alcançando a marca de 600 dólares. É difícil encontrar um crescimento tão vertiginoso no mercado de valores, e é ainda mais

6. Negócio principal de uma companhia. É a atividade capaz de gerar valor e que é necessária para estabelecer uma vantagem competitiva benéfica para a organização.

complicado o fato de ter sido repartido não em grandes pacotes de acionistas, e sim em dezenas de milhares de pequenos investidores particulares. Talvez por esse motivo os *Googlefans* que compraram ações serão sempre crentes, aconteça o que acontecer, e não se preocuparão com nada além de aproveitar os benefícios obtidos com seu investimento. A questão é que, para entrar na Bolsa, os acionistas da empresa decidiram abrir o capital ao público. Venderam 19,6 milhões de títulos, dos quais 5,5 milhões saíram de suas mãos e 14,1 foram de nova emissão.

Essa é a história de um enorme chute certeiro. Mas nem tudo foi um mar de rosas. A empresa teve de transigir com certas concessões para assegurar o sucesso da ação. Entre elas, encerrar o pleito com o Yahoo!, reduzir consideravelmente o volume de ações reservadas para venda e, acima de tudo, aplicar um severo corte ao preço estimado, que inicialmente ficava perto de 108-135 dólares.

Todo aquele enorme esforço para cotar na Nasdaq resume-se a um dado objetivo: no dia seguinte ao de sua estreia na Bolsa, a empresa adquiriu um impressionante valor de 28 bilhões de dólares, situando-se acima de empresas similares e históricas da Internet, como a Amazon, ou de gigantes industriais, como a General Motors.

Eram dias de júbilo. Com as ações a 100 dólares, calculava-se que cada um dos dois fundadores já tinha uma participação na empresa de 3,9 bilhões de dólares. Devido a esses números, os dois empreendedores avançaram muitas posições na lista dos bilionários da revista *Forbes*, que, em 2004, os colocou na posição número 552, com uma fortuna (calculada erroneamente) de apenas um bilhão de dólares. Contemplados hoje, esses números estratosféricos parecem "trocado" se comparados ao patrimônio atual dos empreendedores.

Eric Schmidt, CEO da empresa, comprou ações pela importância de 1,5 bilhão de dólares. Calcula-se que cerca de mil dos 2.500 funcionários que a empresa tinha naquela época fizeram fortuna graças à revalorização das ações que receberam como complemento de seus salários. Segundo cálculos do *The New York Times*, entre 700 e 800 desses funcionários poderiam ter na carteira, naquele momento, mais de 2 milhões de dólares. Ninguém pode negar que a boa sorte (e, por que não, a fortuna) foi bem distribuída. Sem sombra de dúvidas, essas centenas de pessoas foram elementos-chave no sucesso da empresa.

A estreia do Google trouxe à memória dos operadores imagens de meados dos anos 1990, quando, em plena euforia tecnológica, multiplicavam-se na Bolsa as empresas de Internet, muitas das quais já nem sequer existem. Esse dinheiro desapareceu pelo caminho quase tão rápido quanto chegou. Quando isso ocorre, o pequeno investidor, que é o último a entrar no barco, é geralmente quem não consegue pular antes que ele afunde.

Em oito anos, o valor dos títulos passou de 100 a 700 dólares em 2012, alcançando seu maior valor em outubro desse ano, quando chegou a ser cotado por 768 dólares.

Enfim, os fundadores atingiram seu propósito. Conseguiram se financiar, fazer caixa e, de quebra, deixar felizes seus principais investidores, funcionários e muitos compradores particulares que adquiriram ações durante a estreia da empresa na Nasdaq. Bateram na mesa e mostraram ao mundo que eram mais que uma simples companhia da moda. Haviam se transformado em uma poderosa realidade econômica. Além disso, o controle da empresa continuava protegido, visto que a composição acionista era distribuída entre dezenas de milhares de pequenos acionistas. Embora o preço de saída não tenha sido o desejado, foi muito valorizado com o passar dos anos. Tiro o chapéu para nossos jovens empreendedores que queriam conquistar o mundo!

Até aqui, parece impossível melhorar as coisas. Só podemos sentir grande inveja por suas conquistas. Essa história foi fonte de inspiração para milhões de empreendedores no mundo. Lamentavelmente, a trajetória da companhia, até então irrepreensível e brilhante, só iria piorar.

Só vou acrescentar uma nota inquietante. Quase sem que tivessem ciência disso, aquele foi também o dia em que a empresa começou a mudar, a perder seu insultante frescor e estilo próprio, a evoluir – deixando de lado o *Don't be evil* – para tempos melhores. É que, de certo modo, quando alguém toma emprestado tanto dinheiro, enche-se de obrigações econômicas de rentabilidade e deve satisfações a seus acionistas. A partir desse momento, não pode tomar as decisões com um critério pessoal, como havia sido o caso. De certo modo, haviam vendido parte da alma ao diabo ou aos mercados, se é que não é a mesma coisa. E venderam-na a um preço altíssimo!

Expansão do império

Hoje em dia, devemos concordar que o Google é muito mais que um buscador. É a maior e mais diversificada empresa tecnológica do mundo. Para alcançar esse status, aproveitou toda a tecnologia que tinha a seu alcance, permitindo-se comprar o que o ofuscasse. Antes de sua estreia na Bolsa, a empresa havia adquirido dez companhias. Pouco depois, em 2004, investiu quantidades astronômicas na compra de mais 109 empresas até outubro de 2012. De fato, a Google Inc. representa o império da Internet. É o maior gigante tecnológico e a empresa que melhor nos conhece no mundo, visto que analisa nossos hábitos e prevê nossos comportamentos. Entre as muitas estratégias que utilizou para se colocar na primeira linha destaca-se a de "comprar pessoas e ideias, desde que sejam boas".

O caso mais impactante de uma compra feita pelo agora capitalizado gigante, armado com todo tipo de advogados e *lobbies*, talvez por ser a primeira, foi a do YouTube. De certo modo, essa é a história de um desamor, da primeira desilusão entre a comunidade de usuários da Internet e sua, até hoje, idolatrada empresa tecnológica. Ao detectar em Mountain View o foco da Web no mundo multimídia (os sites mal incluíam vídeos, algo compreensível devido à deficiente velocidade das linhas domésticas), e vendo o sucesso emergente do mais popular portal de vídeo criado por três promissores jovens (Chad Hurley, Steve Chen e Jawed Karim), o Google tentou competir com eles criando um serviço. Tratava-se do Google Video. Como não iria funcionar se, com toda a certeza, milhões de *Googlefans* de todo o mundo iriam recebê-lo com entusiasmo? No entanto, mais de um *Googlefan* deve ter ficado surpreso e desiludido. Nada dura para sempre, especialmente no mundo da tecnologia, que evolui rápido, onde a fidelidade não é eterna, e o usuário está sempre disposto a ir embora com a mais bonita da classe. Assim, de forma surpreendente, o Google Video nem fez sombra para o YouTube, o que levou o Google a acreditar menos na romântica relação com seus usuários que vinha de longe e a pôr a mão no bolso. Definitivamente, para isso tinha dinheiro. O Google adquiriu o YouTube pela nada desprezível quantia de 1,6 bilhão de dólares, e acabou com o problema com uma tacada só. Estavam temerosos de que a Microsoft pudesse fazer o mesmo e obscurecesse a estrela emergente da companhia.

Lembro-me daquela época com certo contentamento. Destacados analistas de Wall Street prediziam uma nova bolha pontocom e teorizavam acerca dos novos ricos que haviam ficado loucos. Anos depois, muitos dos que achavam desproporcional o dispêndio contemplam como o YouTube pode gerar, nos Estados Unidos, mais tráfego de usuários que o Google.com. Foi caro ou barato? Difícil saber. Em minha opinião, se você pode pagar, as coisas só são caras para quem fica para trás. Sob esse critério muito pessoal, a compra do YouTube foi caríssima para a Microsoft. Para o Google, não sei. Só o tempo e os balanços do negócio da venda de publicidade no YouTube nos próximos anos vão nos dizer.

Esse exemplo evidencia que o crescimento da companhia não se baseou somente no uso da inovação; utilizou mais vias para sua expansão:

uma via evolutiva, mediante o uso dos avanços tecnológicos de que dispõe, contando com um quadro de funcionários de reconhecido prestígio, que é um dos ativos fundamentais da empresa; e outra via, a econômica, mediante a compra de uma infinidade de projetos que agora fazem parte do monstro, o que amplia sua cobertura dentro e fora da Internet.

Com o passar do tempo, o YouTube não seria a compra mais astronômica realizada pelo Google, nem a de maior repercussão. A DoubleClick era uma das principais empresas de publicidade dedicada a desenvolver e oferecer serviços de publicidade gráfica na Internet (a publicidade tradicional, conhecida como *display*, em contraposição à publicidade contextual, que a empresa já explorava com o Adwords e o AdSense). Essa empresa foi fundada em 1996. Em julho de 2005 foi adquirida pelas empresas Hellman & Friedman e JMI Equity, até que em março de 2008 foi comprada pelo Google pela incrível quantia de 3,1 bilhões de dólares. O Google comprava, assim, um dos requisitos que lhe faltava em seu particular jogo de dados: nesse momento, era líder indiscutível das buscas e, portanto, dos usuários, controlava toda a publicidade contextual em escala mundial e adquiria a maior companhia do outro tipo de publicidade existente, assim como toda sua tecnologia... Só lhe faltava pular para fora do computador, e fez isso anos depois com os celulares Android.

A compra da DoubleClick deu trabalho à sua recém-criada e muito populosa corte de advogados, assessores e grupos de pressão. Começavam a surgir suspeitas, principalmente por parte da Microsoft, de que o Google havia criado um verdadeiro monopólio, deixando ao resto do setor um papel secundário. Vamos pensar friamente. A rede tem de ser neutra, e isso é garantido por muitos governos e exigido por milhões de usuários em todo o mundo. Simplesmente ninguém discute isso. Então, faz sentido que uma única empresa domine todos os tipos de publicidade existentes? Que espaço de concorrência isso deixa a seus rivais?

Nos próximos capítulos vou argumentar mais profundamente sobre esse assunto. Por ora, devo reconhecer que eu era daqueles que pensava que as leis antitruste (antimonopólio) nos Estados Unidos eram muito rígidas, que não haveria duplas leituras e que aquela operação do Google estava destinada a ser detida imediatamente pelo governo norte-americano com a lei na mão. Ainda hoje me espanto ao ver que me enganei. Desde então, acredito menos no rigor da legislação norte-americana, ou melhor, acredito que, efetivamente, os *lobbies* que ali operam são algo a mais que um supérfluo gasto com relações públicas para empresas que não sabem muito bem o que fazer com tanto dinheiro. A propósito, os movimentos do Google deram seus frutos na forma de um resultado magnífico para seus interesses.

Em dezembro de 2007, a Comissão Federal de Comércio aprovou a compra da DoubleClick por parte da empresa liderada por Schmidt, Page e Brin, um triunvirato que, à medida que o tempo passava, já não só parecia menos jovem, como, além de tudo, era cada vez menos romântico e mais voraz. Em um exemplo de transtorno de personalidade, a comissão antimonopólio alegou que, após analisar de forma cuidadosa as provas, chegou à conclusão de que era "pouco provável que a aquisição da DoubleClick pelo Google diminuísse a concorrência". Em março de 2008, os reguladores da União Europeia, seguindo o rastro norte-americano, fizeram o mesmo, e nesse mesmo mês a compra se concretizou. Assim, de uma só vez, o Google estava passando, quase sem que notássemos, de império da Internet a império do monopólio.

A compra mais cara veio em 2011, quando adquiriram um fabricante de *hardware*, a Motorola, por 12,5 bilhões de dólares.[7]

---

7. A lista completa de empresas adquiridas pelo Google desde 2001 está disponível em espanhol em http://www.desnudandoagoogle.com.

Mesmo sem tempo de digerir o que engole, o Google continua crescendo a passos de gigante. Em 2008, durante o período de recessão, não compraram nenhuma outra empresa. O maior número de aquisições ocorreu em 2010 e em 2011, com 26 novas empresas em cada ano. Nos dez primeiros meses de 2012 absorveram outras dez, o que lhes permitiu controlar o mercado da Internet.

Independentemente disso, e apesar de ter comprado tudo que atravessou seu caminho (e em grande estilo), em 2009 a companhia ainda declarava ter em caixa... 24,5 bilhões de dólares! Não é de estranhar que com essa enorme quantidade de dinheiro começassem, nesse mesmo ano, movimentos de milhares de acionistas que tentavam pressionar a companhia, sem sucesso, para que distribuísse aos acionistas seus dividendos. Para que o Google quer tanto dinheiro em caixa? Essa é uma das perguntas de 1 milhão de dólares. Diversos círculos financeiros acham que o Google está acumulando esse enorme tesouro porque não sabe muito bem onde investir todos esses fundos. Ainda assim, certamente é estranho e inquietante.

Assim funciona a fórmula do sucesso

O PageRank foi evoluindo ao longo dos anos. Graças à contínua melhora operada pelos engenheiros do Google, hoje em dia não mantém muito mais que o espírito e o design inicial de seu fundador. Para compreender o funcionamento do buscador, que definitivamente é o serviço estrela da companhia, devo mencionar o Googlebot, o robô tipo *spider*, ou aranha, utilizado para rastrear os sites da Internet. Todas as páginas abertas extraem informação sobre o texto escrito nelas (palavras específicas), e são incorporadas à base de dados das buscas. Dessa forma, não só se indexam sites (HTML), como também se extrai informação de diferentes formatos: PDF, PS, XLS, DOC, dentre outros. Tudo fica armazenado em uma completa base de dados.

O robô opera como motor de busca. Isso significa que o uso do Googlebot é imprescindível para seguir cada *link* e revistar a rede em busca de sites escondidos. Desse modo, ele armazena e enriquece sua base de dados, o que permite mostrar respostas muito mais específicas às perguntas dos usuários. Essa tecnologia guarda os dados e depois executa o algoritmo para colocar os resultados mais relevantes em primeiro lugar da busca. Mede de forma objetiva a importância dos sites, e calcula-se que resolve uma equação de 500 milhões de variáveis e mais de 2 bilhões de termos. Estamos falando de uma capacidade de processamento de dados desconhecida até então, visto que são avaliados e ordenados mais de um trilhão de páginas por temática, conteúdo exato e critérios de popularidade.

Esse sistema de busca está disponível em mais de cem idiomas, entre eles inglês, castelhano, catalão, francês, português, alemão, chinês, árabe, japonês, coreano etc. Como tudo que fazem os engenheiros, para ser *cool* precisa ter um toque *freak*. Isso é o que os distingue do resto dos mortais. Talvez por esse motivo ele ofereça a possibilidade do uso do Google não apenas nos idiomas mais difundidos que todos temos em mente, mas também em Pig Latin[8], Klingon[9] ou Leetspeak[10].

A tecnologia oferece ainda inúmeras vantagens ao usuário, como corrigir a ortografia das buscas. E, além de tudo, faz isso de um jeito educado, e cada vez que perguntamos uma barbaridade procura não nos constranger com a pergunta "você quis dizer..." (reconheça, ele foi mais rápido que você!). Em funções de busca avançada permite, entre

8. Idioma inexistente que consiste em finalizar as palavras do inglês com terminação do latim.

9. Idioma fictício falado pelos klingons nos filmes da saga *Jornada nas estrelas*.

10. Difundido no mundo *hacker*, é um alfabeto alternativo do inglês, substituindo as letras por caracteres ASCII (*American Standard Code for Information Interchange*, ou "Código Padrão Americano para o Intercâmbio de Informação").

muitas outras coisas, explorar quais sites têm *links* para outro determinado, ou em quais aparece mencionado um site específico. Praticamente todos os serviços do Google, desde a classificação de páginas até a inserção de publicidade, funcionam sem intervenção humana. Ainda assim, há humanos que intervêm ocasionalmente em determinadas penalizações e análise do motor de busca.

Um dos principais segredos do sucesso e do frescor do Google é que ele cria constantemente novos serviços para melhorar a experiência da busca. Desse modo, permite aos usuários ter acesso e utilizar ainda mais informação do que a que está disponível.

Além de sua constante inovação, a companhia conhece o usuário com perfeição. Sabe que o que mais irrita é a publicidade maciça, irrelevante, mal segmentada e com formatos agressivos. Por esse motivo a página inicial é branca. A escolha não é casual, visto que é muito rápida para carregar, motivo pelo qual o usuário não a costuma abandonar. Tudo é pensado para agir de forma imediata.

Os anúncios do Google não dificultam o acesso aos resultados, como ocorre no Yahoo! e no MSN, que têm *banners* e *pop-ups* e, às vezes, publicidade pouco relevante para o que buscamos ou para quem somos. Eles não nos conhecem como o Google.

Graças a esses serviços, o Google começou a conquistar um público muito leal. Pôs ordem no caos infinito da Internet, ofereceu-nos dezenas de serviços gratuitos e – algo muito mais incrível ainda – nos anos do "grátis total" da rede fazia tudo isso gerando enormes quantidades de receitas.

Em 2010, um total de 620 milhões de pessoas (um pouco mais da metade dos usuários da Internet que havia no mundo) realizavam mensalmente 87,8 trilhões de buscas por meio do Google Search, motivo pelo qual o Google responde a aproximadamente 300 milhões de buscas diárias. Essas magnitudes não apenas são extraordinárias, como ainda, devido à cota de mercado que a empresa alcançou em poucos anos, a concorrência ficou relegada, em muitos mercados, a um papel meramente testemunhal. Por exemplo, na Espanha, o Google monopoliza 97% das buscas. Na França e Alemanha, cerca de 90%. E nos Estados Unidos, 65%, sendo este, além de tudo, um mercado extremamente competitivo. De fato, é nos Estados Unidos e na Europa que a empresa obtém mais lucros.

A estrela do Google se espalha em várias sedes centrais na forma de bases de operação no mundo. Uma fica na Califórnia e outra em Dublin, inaugurada em 2003. Além dessas bases, a Google Inc. conta com escritórios por quase toda a superfície mundial. Ninguém pode negar que, em poucos anos, sua expansão e domínio dos mercados de buscas na Internet foram extraordinários.

Papai, estou viciado no Google!

Para milhões de internautas em todo o mundo, possivelmente para os menos especialistas, o Google "é a Internet" em si mesma. Por isso não é estranho escutar comentários confusos como "vou entrar no Google", quando, na realidade, referem-se a se conectar à rede.

Gostemos ou não, o Google é a ferramenta imprescindível que nos guia no labirinto da Internet: notícias, lazer, imagens, dicionários, livros etc., em meio a muitas outras informações que se pode acessar de maneira instantânea por meio dos serviços da empresa de Mountain View. Praticamente quase tudo pode ser feito por meio de seus serviços, que funcionam como base de dados e até como biblioteca de fácil manejo.

Além de tudo, a empresa possui a iconografia perfeita, começando por seus fundadores, Sergey Brin e Larry Page, que sempre aparecem nas fotos oficiais como sorridentes e descontraídos garotos de sucesso, longe da imagem clássica de um executivo canibal de companhia multinacional. Oferecem ao público uma imagem de sonhadores, jovens e gentis, assim como a empresa. Essa imagem é projetada também na hora de escolher seu quadro de funcionários, no qual abundam os jovens e inteligentes engenheiros de sucesso com um domínio absoluto da Internet e das novas tecnologias.

Algumas pessoas dariam quase a vida para trabalhar nos idílicos escritórios centrais da Califórnia, o complexo Googleplex, onde mais de 26 mil funcionários se deslocam de patinete e dispõem gratuitamente, em seus restaurantes, de comida dos cinco continentes, áreas de lazer, piscina ou creche. É quase que um pátio de recreação para adultos. Definitivamente exporta o conceito "jovem e descontraído" de uma companhia dinâmica, uma mistura de diversão e trabalho que evoca mais a imagem da Disneylândia que a de uma empresa real. No entanto, é mesmo assim? De certo modo, sim, mas não devemos nos deixar deslumbrar tão facilmente pelas luzes coloridas. Como veremos adiante, por trás de tudo isso existe uma importante carga de marketing astutamente manejada pelos responsáveis da própria empresa.

Todo esse sonho, e o mito do que significa trabalhar para o Google, faz com que a cada ano milhares de pessoas viajem até a sede central para admirar o entorno da empresa. Milhares de turistas que visitam os Estados Unidos se imortalizam em lugares emblemáticos como a Estátua da Liberdade. Do mesmo modo, as fotos nas placas de entrada do Googleplex fazem furor. Isso não é ruim. É simpático. Mas deveria ser visto apenas como algo turístico, para que não aconteça como com Ícaro, cujas asas derreteram por ele ter se aproximado tanto do sol incandescente.

Foi assim que o Google começou a conquistar milhões de adeptos: oferecendo muitos serviços próprios gratuitos para o usuário e, ao mesmo tempo, melhorando a experiência do uso da rede. Sem outro interesse aparente que não o de organizar a informação mundial, ofereceram a todos sua maçã. Embora você esteja esperando, não direi que estava envenenada, mas acho que não era tão gratuita como todos acreditávamos naquele momento.

Apesar de seus novos serviços espetaculares e úteis, foi o Gmail, o e-mail do Google, que o aproximou de um maior número de internautas. Trata-se de um serviço de correio eletrônico rápido que conta com a tecnologia de busca do Google, cuja capacidade de armazenamento é de mais de 7 GB. Começou a funcionar em abril de 2004. Inicialmente só se podia ter acesso a uma conta Gmail por meio de um convite, de modo que as primeiras contas foram outorgadas a funcionários e usuários de serviços do Google. Em meio a uma intensa campanha de marketing viral, os convites chegaram a ser leiloados por centenas de dólares. Evidentemente, havia muitos outros serviços de e-mail, mas não eram do Google! Desde 2007, as ansiadas contas do Gmail podem ser registradas livremente, sem convite. E não exagero quando falo dos leilões em portais especializados como o eBay.com para poder chegar antes dos outros e conseguir um convite para o Gmail. Sem ir muito longe, eu mesmo comprei em um leilão, por uns duzentos dólares, um convite para desfrutar minha conta antes dos outros, e com isso evitei que alguém pudesse se registrar com meu nome. Se parar para pensar um pouco, não sei se me envergonho ou me sensibilizo por minha inexperiência. Que se há de fazer?! Em 2004 eu era mais um *Googlefan*. Mas acordei, e a inocência acabou.

Enquanto isso, os até então grandes provedores de e-mail, como o serviço Hotmail da Microsoft, o Yahoo! ou a AOL, limitavam a capacidade de armazenamento dos usuários, aumentavam a publicidade intrusiva e não ofereciam opções realmente úteis, pois estavam empenhados em rentabilizar seus serviços quanto antes. Podemos dizer que o setor estava estancado, e foi naquele momento que o Google lançou o correio eletrônico que todos sonhávamos ter. Não inventaram nenhum serviço novo, mas nos deram o que necessitávamos. De quebra, jogaram por terra as ilusões da Microsoft de rentabilizar o Hotmail, um dos seus serviços estrela, já que não fazia sentido pagar para ter mais capacidade em um sistema de e-mail que já tinha seus dias contados. Era pior que o Gmail e, além de tudo, era da Microsoft! – a empresa que suscitava ódios e representava o contrário do "espírito Google". Definitivamente, era iminente a mudança justo onde mais podia surpreender a empresa de Bill Gates: em um serviço no qual até aquela época eram líderes indiscutíveis. Hoje, milhões de pessoas conservam sua conta no Hotmail possivelmente por uma questão de comodidade, para não ter de mudar o endereço de correio eletrônico. Alguns a conservam por outros serviços agregados, como o Live Messenger. Apesar disso, muitos têm e utilizam como endereço principal o e-mail do Gmail, motivo pelo qual o crescimento de ambos é inversamente proporcional. Como podemos comprovar na tabela seguinte, o serviço da Microsoft decresce anualmente em número de usuários, e o do Google avança com duplos dígitos a passos largos.

No mundo todo	**Total de usuários únicos (números em milhares)**		
	Fev. 2010	**Fev. 2011**	**% mudança**
Total Internet: Total audiência	**1.203.547**	**1.339.496**	**11**
E-mail	781.507	817.315	5
Windows Live Hotmail	347.072	330.607	-5
Yahoo! Mail	271.313	275.756	2
Google Gmail	163.409	217.057	33
AOL e-mail	34.829	31.758	-9

Fonte: ComScore.

Um dos benefícios agregados para o usuário do Gmail é que ele pode ter acesso a outros serviços exclusivos *made in Google* somente dispondo de uma conta de e-mail. Além disso, os desenvolvimentos da época dourada do Google não iam ficar nesse ponto. Ainda haveria outros serviços, alguns deles comprados, outros desenvolvidos do zero, que chegariam com maior ou menor sucesso.

O Blogger é uma ferramenta para criar e publicar blogs mediante modelos de design predeterminados. Foi lançado em 1999. Em 2004, renovou-se, e desde esse momento conta com novos modelos de design, arquivo individual de postagem, comentários e por e-mail.

O Orkut, rede social adquirida pela Google Inc. em janeiro de 2004, serve tanto para manter as amizades já estabelecidas quanto para fazer novos amigos ou realizar contatos comerciais. Também é possível criar e manter comunidades que agrupam pessoas segundo seus gostos e interesses. Essa ferramenta foi criada por Orkut Büyükkökten, atualmente funcionário do Google. Trata-se de um dos grandes fiascos da companhia. Sua aposta em redes sociais pretendia que o Orkut se impusesse e fosse o que, lamentavelmente para eles, não chegou a ser: o Facebook. A aventura nas redes sociais foi o grande fracasso do Google, assim como um dos poucos motivos de esperança para os muitos usuários que querem uma Internet livre do jugo de uma única empresa.

Em 2011, talvez para se restabelecer desse fracasso, e quase inesperadamente, o Google anunciou o lançamento de uma nova rede social, o Google+. Em sua fase beta teve uma boa acolhida entre os *heavy users*,[11] visto que oferecia algumas novidades que o diferenciavam das demais redes sociais mais utilizadas, como o Facebook ou o Twitter. No final de 2012, já superava 400 milhões de registros, pouco mais de um ano depois de seu lançamento. Minha percepção inicial é que não tem um uso constante até o momento, e muitas contas foram criadas, mas estão abandonadas.

O Google também propõe serviços para os profissionais da Web. Um dos mais destacados, que tem grande importância econômica, é o Google AdSense. Já havia comentado algo sobre ele anteriormente:

---

11. População que utiliza um produto ou serviço de maneira maciça e habitual.

é um serviço de publicidade para editores Web. Em 2010, estimava-se que mais de um milhão de editores participavam do programa.

O programa AdSense é a melhor solução de publicidade para milhões de sites no mundo. Já o utilizamos há algum tempo em algumas de minhas empresas, e em determinados casos com notável sucesso. Nunca mensurei com exatidão, mas acho que não exagero se disser que devemos ter faturado, em colaboração com o Google, cerca de um bilhão das antigas pesetas espanholas nos últimos anos. O maior problema que essa colaboração publicitária nos gera é a insegurança, por ser, como todo bom produto nascido no seio de Mountain View, totalmente opaco.

Vou dar um exemplo. Com o Google AdSense, transformamos o Google em nosso sócio publicitário preferencial, mas desconhecemos que importância temos para eles. É o estranho caso, que beira o intolerável, de trabalhar lado a lado com uma empresa que cobra dos anunciantes e que lhe reverte uma quantidade mensal, sem seu conhecimento das condições do serviço. Em outras palavras, você nunca sabe o que o Google ganha com essa solução em suas páginas. Você sabe que divide benefícios, mas não como são divididos. Não sabe se o Google ganha 40% ou 80% das receitas do seu site. Você só sabe o que recebe a cada mês. Eles controlam tudo.

Há diversos rumores, bem ou mal-intencionados, que falam de uma distribuição de 60% para o Google e 40% para o dono do site. Na verdade, é difícil saber. A empresa nunca confirmou esses rumores. Como são os donos da máquina de fazer churros, é humano pensar que a qualquer momento (se o site começar a ganhar muito dinheiro, ou se for preciso dar mais benefícios por qualquer outro motivo) será muito fácil apertar um botão e pôr mais peso no seu lado da balança.

Eu sofri mais especialmente em 2006. Algo aconteceu em uma de nossas contas, que havia mantido receitas muito estáveis durante cinco anos. Não sei muito bem o motivo, mas sem diminuir o número de visitantes e o número de cliques que faziam na publicidade, devemos ter recebido algum tipo de castigo divino, porque em dois meses nossas receitas se reduziram em mais de 50%, e jamais se recuperaram até hoje. Desde então, com a lição aprendida, tentamos minimizar nossa dependência das receitas publicitárias compartilhadas com o Google.

Trabalhar dez anos lado a lado com alguém, especialmente se você desconhece as condições em que o faz – e, portanto, não sabendo se elas foram mudando ao longo do tempo ou se podem ser abusivas – é muito parecido a ir para a cama com a mesma pessoa durante dez anos e ainda não saber seu nome.

A principal ferramenta publicitária da empresa é o Google Adwords. Junto com o AdSense, representam mais de 95% das receitas totais do Google. Foi criada para anunciantes e permite adquirir anúncios de custo por clique (CPC) ou custo por mil impressões (CPM) corretamente orientados, independentemente de qual seja seu orçamento. Os anúncios do Adwords são publicados simultaneamente com os resultados das buscas realizadas no Google, assim como nos sites de busca e de conteúdo da companhia.

Além de tudo, a Google Inc. criou um navegador Web, ou *browser*, denominado Google Chrome, que desde 2008 se posicionou como o terceiro navegador mais usado na Internet graças a sua rapidez, estabilidade e segurança. Em 2011 já possuía uma cota de mercado de 17,13%. Está disponível de forma gratuita e, por ora, há versões em mais de 59 idiomas para a plataforma Microsoft Windows. Os sistemas Mac OS X e Linux dispõem de versões beta. O lançamento do Google Chrome deve ser entendido como outro cutucão à Microsoft, que domina o mercado dos navegadores desde a pré-história da Internet com o Microsoft Internet Explorer. O resultado é muito similar ao sucesso do Gmail. Podemos apreciar como em poucos anos milhões de usuários decidiram trocar seu navegador habitual. Se continuar nessa velocidade de crescimento em detrimento do Internet Explorer, em poucos anos o Google Chrome possivelmente será o navegador mais usado do mundo. Outro duro golpe para a Microsoft.

Um dos principais serviços que mais entusiasmou os administradores de sites foi, sem dúvida, o Google Analytics. Trata-se de um serviço de estatísticas por meio do qual é possível obter relatórios de acompanhamento de usuários exclusivos, assim como do rendimento de segmentos ou dos resultados das campanhas de marketing. É uma ferramenta poderosa e versátil que nos oferece todo tipo de informação para medir e conhecer nossos visitantes ou clientes. Ninguém é perfeito, e talvez por isso eu me considere um enorme fã dessa ferramenta. O Google Analytics é o resultado da compra, por parte do império, de uma empresa chamada Urchin[12]. Lembro que naquela época éramos clientes da Urchin, que já era uma ferramenta versátil e poderosa. Vi com surpresa a compra da Urchin pelo Google. Mas a surpresa foi imensa quando nos informaram que essa ferramenta, pela qual pagávamos religiosamente nossas licenças de uso, seria gratuita. O Google a adquiria para injetar dinheiro, melhorar o desenvolvimento e oferecê-la a seus clientes sem custo algum. Pensei que isso só poderia ser um truque. E de fato era, como você irá descobrir ao longo do livro. Ainda assim, o Google Analytics melhorou demais desde então e oferece um serviço magnífico. O único porém, para mim, é que pertence ao Google. Essa companhia já tem bastante informação sobre nós, e, além de tudo, temos de lhe entregar as estatísticas do nosso negócio. O barato sai caro, e ninguém dá seu trabalho de presente. O Google o troca por estatísticas do nosso site.

Também lançaram outros serviços menores, no mínimo curiosos, como o Google Health (disponível nos Estados Unidos), que permite a qualquer usuário guardar seu histórico médico na Internet. É possível arquivar perfis médicos, acrescentar resultados de exames, nomes

12. Site de estatísticas de análise desenvolvido pela Urchin Software Corporation, utilizado para analisar o tráfego de servidores Web com base nos dados de registro.

StatCounter Global Stats

Top 5 navegadores de abril de 2010 a março de 2011

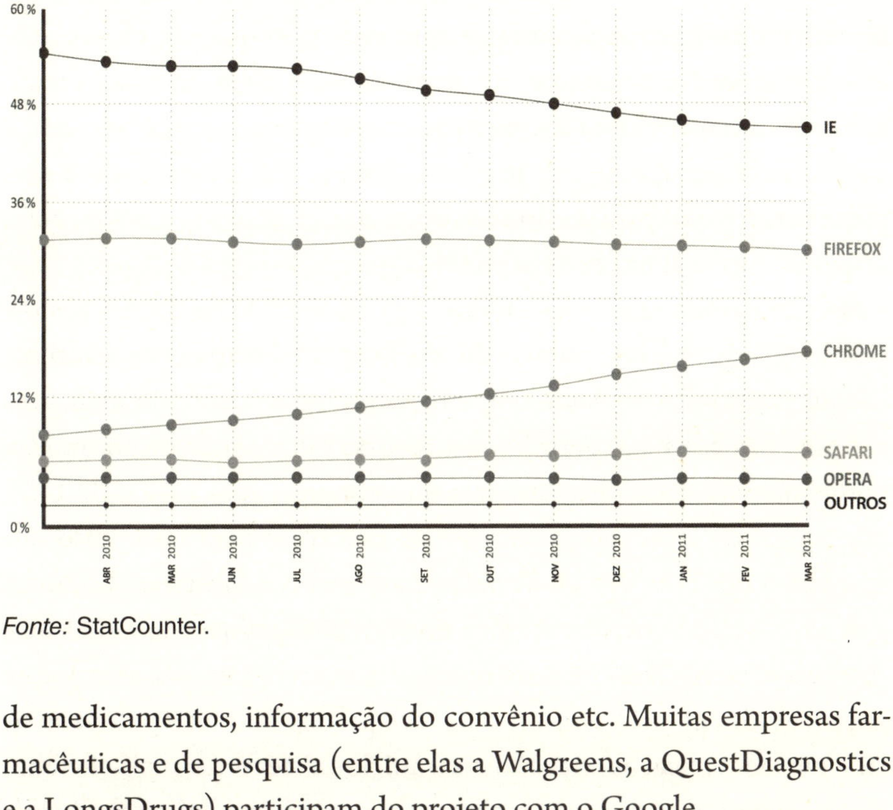

Fonte: StatCounter.

de medicamentos, informação do convênio etc. Muitas empresas farmacêuticas e de pesquisa (entre elas a Walgreens, a QuestDiagnostics e a LongsDrugs) participam do projeto com o Google.

Existem, ainda, dezenas de projetos em fase de desenvolvimento, como o Google Chrome OS, que tem por objetivo desenvolver um sistema operacional gratuito para notebooks. A empresa anunciou em julho de 2009 que será um sistema desenvolvido em código aberto (GNU/Linux), projetado somente para notebooks. Investir em um sistema operacional é muito caro. É claro que o entregar teoricamente grátis ao usuário faz com que uma companhia seja, no mínimo, apreciada. No entanto, esse tipo de manobra esconde outras motivações, como a capacidade do Google de estar literal e fisicamente em seu computador sem que isso seja uma opção pessoal, e sim uma imposição, o que prejudica gravemente as licenças do sistema operacional Windows, da Microsoft, que hoje em dia mantém uma cota de mercado de 96% em notebooks em todo o mundo. Esse número muito possivelmente se verá reduzido quando oferecerem aos fabricantes uma alternativa gratuita, que, além de tudo, provavelmente oferecerá benefícios pelo consumo da publicidade que o cliente fizer no uso de seu produto. Trema, Bill Gates! Quase sem perceber, você passou de dominador a dominado, e o novo império tem uma especial fixação em você!

O serviço Google Docs oferece a possibilidade de acesso aos dados de qualquer lugar. Trata-se de um conceito muito em voga ultimamente. Denomina-se *cloud computing* ou, simplesmente, "trabalhar na nuvem". Em essência, permite-nos compartilhar arquivos em muitos equipamentos. Para citar um exemplo simples, com o Google Docs não temos de levar o computador do escritório para casa, visto que dispomos dos arquivos atualizados e acessíveis na Internet. Também podemos realizar em um mesmo documento qualquer tipo de trabalho colaborativo com pessoas que se encontrem em qualquer localização. O Google não criou o *cloud computing*, mas o popularizou ao desenvolver aplicações de *software* tradicional de forma mais eficiente. Dessa maneira, você pode melhorar sua produtividade trabalhando em qualquer equipamento. O Google nos oferece um serviço que inclui o processador de textos, um programa para apresentações e folhas de cálculo, e tudo isso de forma gratuita. Assim, ganha pontos e novos crentes. Além disso, dá um golpe em outro nicho quase exclusivo da Microsoft, o pacote estrela da companhia de Redmond, que oferece exatamente o mesmo. Trata-se do pacote de *software* Microsoft Office, que para eles representa uma importante fonte de receitas, apesar de ser um conceito mais antigo, geralmente *software* residente em um computador (mas, pressionada pelo Google Docs, a Microsoft também se viu obrigada a lançar uma versão "na nuvem").

Contudo, se existe um serviço promissor para o futuro, é o sistema operacional Android para telefones celulares. Foi anunciado pela primeira vez em 2007 e dirige-se a fabricantes de *smartphones*, que podem instalá-lo em seus aparelhos gratuitamente. Sua primeira versão surgiu em setembro de 2008. Desde então, os fabricantes de dispositivos celulares têm várias opções: primeiro, integrar a seus produtos esse poderoso sistema operacional desenvolvido com *software open source*,[13] que faz com que o celular do usuário se transforme em um computador; segundo, desenvolver seu próprio *software*, que possivelmente será de pior qualidade, o que significa competir com o Android ou com o iPhone; terceiro, licenciar, assumindo o custo, sistemas operacionais como o Windows Mobile, da Microsoft. O resultado é previsível. O Android é o sistema operacional que mais cresce no mundo. E não é só isso: também representa um salto qualitativo em nível físico, pois passou do computador ao bolso do usuário, acompanhando-o onde quer que vá.

Os resultados dos numerosos serviços que a Google Inc. desenvolveu não foram só enormes receitas, mas, além de tudo, inúmeros prêmios, como o Webby, ou a maior distinção da Espanha, o prêmio Príncipe de Astúrias, em seu ramo de Comunicação e Humanidades (2008), por ser "o melhor buscador da história da Internet". O júri até afirmou que o buscador "tornou possível, em apenas uma década, uma gigantesca revolução cultural, e propiciou o acesso generalizado ao conhecimento". Desse modo, o Google contribui de maneira decisiva para o progresso dos povos além de fronteiras ideológicas, econômicas, linguísticas e raciais. Mais ou menos, viria a ser uma ONG, não acha? Claro que não! A resposta é evidente. O Google não é uma ONG, embora eles mesmos tentem vender essa ideia o tempo todo.

13. O *software open source* garante a qualquer pessoa o direito de usar, modificar e redistribuir o código livremente.

Vou provar isso nos próximos capítulos. Eles não pensam em nos fazer felizes, nem em nos oferecer coisas sem se preocupar com o custo, nem em organizar a informação mundial para nosso uso e desfrute pessoal. O Google é uma empresa e se move por motivações empresariais. Não querem nos ver felizes. O que querem é simplesmente ganhar mais dinheiro. E isso é lícito! Mas é preciso averiguar se, às vezes, age como um monopólio, que limita os concorrentes com atitudes imperialistas que pretendem prejudicar outras empresas ou feri-las mortalmente, e se cumpre a lei ou se está agindo de forma leal conosco, seus usuários.

Você deve ter percebido que jamais utilizo a palavra clientes. Você, que lê estas linhas, e eu, como indivíduo, não somos clientes do Google. Somos usuários. Clientes são os grandes e pequenos anunciantes que investem no Adwords seus orçamentos de publicidade. É importante partirmos desta base: você não é o peixe, é a isca!

2

Welcome to the jungle!

No primeiro trimestre de 2011, a Google Inc. contava com a bagatela de 26 mil funcionários. Isso é muito ou pouco? Bem, depende do ponto de vista. Esse número representa uma quantidade enorme de massa cinzenta, mas há companhias menores com um quadro de funcionários muito maior. O que de fato surpreende é a velocidade de crescimento e de contratações a partir de 2006, quando a companhia contava com apenas 9.700 funcionários. Ou seja, em poucos anos o Google triplicou seu quadro de funcionários. O crescimento foi especialmente intenso, superior a 20%, nos anos anteriores à crise econômica mundial, quando se reduziu drasticamente o ritmo de contratação, que chegou a ser negativo em 2009.

	Ano			
	2008	**2009**	**2010**	**2011***
Total funcionários	20.222	19.835	24.400	26.316
Crescimento percentual em número de funcionários	20%	–2%	23%	8%

** (Não auditado) Primeiro quadrimestre.*

Fonte: Google.

Todos nós admiramos e vimos com certa inveja as fotos do Googleplex como exemplo de local de trabalho ideal. O Google foi considerado pela revista *Fortune* a melhor empresa para trabalhar nos Estados Unidos nos anos de 2007 e 2008. Em anos posteriores, caíram para a quarta posição na classificação. E não só isso. Segundo uma pesquisa publicada no *The Wall Street Journal* em 2011, o Google era a empresa ideal para os jovens de até 25 anos. Vinte e cinco por cento dos pesquisados gostariam de trabalhar no Google, contra 13% na Apple ou na Disney. A lista completa pode ser vista no site da revista *Fortune*.[14]

Ranking		Crescimento de funcionários	Funcionários nos EUA
1	**SAS**	3%	5.629
2	**Boston Consulting Group**	2%	1.713
3	**Wegmans Food Markets**	6%	39.255
4	**Google**	ND	ND
5	**NetApp**	9%	5.455
6	**Zappos.com**	37%	1.843
7	**Camden Property Trust**	0%	1.719
8	**Nugget Market**	–2%	1.240
9	**Recreational Equipment (REI)**	–1%	9.380
10	**DreamWorks Animation SKG**	10%	1.994

Fonte: Fortune.

É curioso ver que o Google foi a única empresa da qual nem a própria *Fortune* conseguiu obter dados em relação ao número de funcionários nos Estados Unidos. A companhia só comunica o número de funcionários globais, talvez obrigada pelas normas de cotização da Nasdaq. Se quiser descobrir quantos funcionários ela tem nos Estados Unidos, no Brasil ou na Espanha, a resposta será sempre a mesma: os necessários. Esse sigilo contrasta abertamente com outras empresas

14. http://money.cnn.com/magazines/fortune/bestcompanies/2011/full_list/.

do setor, que não consideram esse tipo de informação como algo estratégico, muito menos prejudicial. Além de tudo, trata-se de um pouco de transparência. Vindo da organização cujo lema é organizar e pôr à disposição de qualquer pessoa a informação mundial, parece que se esqueceram de incluir essa máxima em seu lema.

Como já acontecera nos anos 1990 com a Microsoft, a maioria dos jovens engenheiros gostaria de trabalhar na Google Inc. De fato, existem muitos fóruns, sites e páginas em redes sociais intituladas "Quero trabalhar no Google". Um ex-funcionário do Google que trabalhou na unidade de Dublin comentou que "é um lugar maravilhoso para começar a carreira profissional em novas tecnologias. Existem muitas razões, como a cultura de dar oportunidades a projetos que venham de qualquer pessoa, a satisfação de estar trabalhando em produtos que milhões de pessoas utilizam ou conhecer gente extraordinária tanto em termos humanos quanto profissionais". Esse ex-funcionário preferiu permanecer no anonimato, apesar de sua opinião não ser em absoluto negativa.

É tamanha a febre do Google que existe um mercado de todo tipo de assessórios com o logo da companhia. Xícaras, camisetas para crianças, pratos, pulseiras; até o boneco do *software* para celulares, o Android, pode ser adquirido por qualquer fã. O fato de uma empresa poder vender todo tipo de *merchandising* é um indício de seu sucesso.

Fazer parte do Google tem uma idiossincrasia especial. Temos os *googlers*, que é como são conhecidos os funcionários; os *nooglers*, que são os novos, os últimos a entrar na empresa; e, finalmente, os *xgooglers*, nome com o qual são denominados os ex-funcionários da empresa.

Conheço o caso de um grande amigo que, aos 33 anos, tendo trabalhado anteriormente somente para uma empresa, renunciou a uma oferta de trabalho muito interessante, com um salário quase 30% superior, para viver a aventura *The Google Way of Life*. Passou-se um ano desde então, e, como muitos prevíamos, ele se arrepende de não ter escolhido racionalmente.

Eric Schmidt, que foi CEO do Google até 2011, gabou-se em público em várias ocasiões dizendo que as pessoas queriam trabalhar no Google não por um salário, mas pelo desejo de mudar o mundo. Em diversos fóruns da Internet, alguns ex-funcionários da companhia criticavam essa atitude soberba recordando que é muito fácil ser trilionário (sim, com T) e pensar assim. No entanto, o fato é que ainda hoje esse conceito continua vigente, de certo modo.

Nossa percepção inicial pode nos levar a enganos. Nem tudo é cor-de-rosa. As principais queixas que a companhia recebeu se referem ao longo processo de seleção. Outros falam da vontade que tinham de trabalhar no Google, mas, uma vez lá dentro, percebem que os salários são baixos se comparados com empresas similares. Alguns falam de pouca organização e de excessiva preocupação em conservar uma imagem externa. Sempre me chamou a atenção o fato de os funcionários descontentes falarem em fóruns da Internet de forma anônima, e que só uns poucos se atrevam a fazê-lo publicamente. Por que razão têm medo e não se arriscam a revelar sua identidade?

No fim, o que fica evidente é que existem dois motivos principais pelos quais os funcionários abandonam a empresa. Em primeiro lugar, o "excesso de qualificação": contratam pessoas extremamente preparadas que logo se veem frustradas por desempenhar tarefas que os desmotivam. Em segundo lugar, a burocracia, que é cada vez maior. Certos diretores ou chefes não se encaixam na cultura que a empresa implantou, que restringe as iniciativas criativas e inovadoras e se mostra mais interessada nos resultados do que nas pessoas. É que a empresa, guardadas as devidas proporções, age como se fosse uma seita. Enquanto alguém está inserido na dinâmica do grupo, não fala, não há comentários fora da linha oficial. Todos são entusiastas e ninguém tem opiniões negativas.

A Google Inc. define a si mesma como o paladino da liberdade e da democracia que pretende proporcionar livre acesso à informação. Mas não a todo tipo de informação. A que existe em seus escritórios deve ser de um tipo especial, e por isso permanece restrita. Por esse motivo, quando os visitantes entram em suas instalações têm de assinar um NDA [*non-disclosure agreement*], ou seja, um contrato de confidencialidade geralmente digital, por meio do qual se comprometem a não revelar nada do que possam ver ou ouvir no recinto, a não comentar ou reproduzir nada do que ali aconteça, nem a tirar fotografia alguma de suas instalações. Vou esclarecer: eu mesmo assinei um desses contratos de confidencialidade. Considerando o que vi lá dentro, não me restam muitas dúvidas de que uma das coisas que pretendem proteger é essa auréola de *glamour*, a incerteza sobre o que deve haver lá dentro, o que alimenta sobremaneira o mito e a imagem idílica da empresa. Aliás, esse tipo de contrato é tão inocente quanto infantil. É como quando você vai para os Estados Unidos e os oficiais de plantão lhe perguntam coisas intencionalmente infantis, como: "Alguém que não seja você mexeu em sua mala?". Ou melhor ainda: "Pertence a algum grupo terrorista com algum plano para assassinar o presidente dos Estados Unidos?".

Mas voltemos ao quartel-general de Mountain View. O objetivo de seus fundadores era conseguir que o espaço fosse mais parecido ao campus de uma universidade que a uma multinacional, como se fosse uma extensão dos anos universitários, quando eles se divertiam enquanto trabalhavam. Larry e Sergey, desde o início, esforçaram-se de todos os modos para conservar a imagem de inovação e tecnologia que caracteriza a empresa. Com isso, pretendiam que a sensação transmitida por suas instalações fosse uma mistura de lazer, talento, diversão, tecnologia e juventude.

Depois de visitar o Googleplex no final de 2010, o colunista norte-americano e especialista em mídias sociais Chris Brogan[15] contou-me

---

15. Coautor de *Trust Agents*, *best-seller* do *The New York Times*, e colunista da revista *Entrepreneur Magazine*. O blog de Chris (www.chrisbrogan.com) é um dos cinco primeiros no conhecido *ranking* de blogs de marketing *Advertising Age Power150*.

que suas impressões foram, em linhas gerais, positivas. Ainda assim, segundo explicava, "você tem a sensação de estar em um lugar onde tudo é muito grande. Você está cercado de engenheiros, e com essas instalações tão impressionantes se sente pequeno". Sobre o ambiente que cerca a companhia, ele explicou:

> Todo mundo fala da lanchonete e das bicicletas que estão por todos os lados. Quando você está no campus, tem a sensação de que algo o captura, como se fossem algemas de seda. Permite que você vá embora, mas você quer ficar para continuar trabalhando mais e mais. Definitivamente, você está preso.

A empresa declarou em mais de uma ocasião que trabalhar nesse complexo tecnológico implica inúmeros benefícios a seus funcionários, comodidades e luxos que poucos podem desfrutar em seu local de trabalho. Entre eles está o serviço de lavanderia, que devolve no próprio escritório da pessoa a roupa limpa e passada. Também há serviços de cabeleireiro, ou um serviço de massagens, tudo isso gratuito. Existem, ainda, bicicletas ou patinetes para se locomover de uma área a outra, poltronas de massagem e bolas infláveis enormes. Os *googlers* podem dividir tendas gigantes e salas de reuniões de todo tipo. Os notebooks estão por todos os lados, assim como os quadros brancos, para que qualquer pessoa possa pintar o que quiser, desde um boneco a uma ideia genial para um projeto. Também há pebolins, mesas de bilhar, quadras de voleibol, diversos videogames, pianos, mesas de pingue-pongue, bem como academias com sessões de ioga e aulas de dança. Se um *googler* tiver um cachorro, há pessoas para cuidar dele. E ainda pode mantê-lo dentro da empresa e passear com ele por onde quiser. Os funcionários podem ir ao trabalho vestidos como quiserem (se for sem gravata, melhor). Não há um horário estabelecido e existe a opção de *home office*.

Não pude deixar de perguntar a Bernardo Hernández, diretor mundial de produtos emergentes do Google, quanto de marketing tiveram de dispor em instalações mais parecidas com um salão de jogos para adultos que com a sede central de uma companhia multinacional. Ou seja, em que medida tudo isso funcionava como um gigantesco ímã para atrair jovens e novos talentos, e quanto de realidade e utilidade tinha no dia a dia. Para Bernardo, "no Googleplex as salas são geralmente muito funcionais, com pouca carga de design. O atrativo vem mais da criatividade e da espontaneidade na hora de construir um espaço de trabalho do que de uma estratégia de marketing".

É curioso, e naturalmente não por acaso, ver que a empresa estimula e incita os funcionários a formar grupos relativos a todo tipo de hobbies, como meditação, cinema, degustação de vinhos ou danças latinas. Fazem incontáveis almoços e jantares saudáveis para os funcionários em seus vários restaurantes, que são como enormes salas de descanso repletas de aperitivos e bebidas para recuperar as forças.

Essas condições de trabalho, tão diferentes do que vemos em nosso dia a dia profissional, não seriam uma armadilha? Segundo comentava um *xgoogler* que trabalhou na filial europeia,

> o ambiente no Google se caracteriza por ser jovem e descontraído. Todo mês contratam uma grande quantidade de pessoas, e seu plano de acolhida é muito trabalhado e gentil. Com o grupo de novos funcionários realizam uma grande quantidade de atividades que visam à integração deles tanto na equipe como na companhia.

Pode parecer idílico, mas nem todos os funcionários do Google estão tão contentes nem tão de acordo com a ideia de que essa imagem reflete suas condições de trabalho. Em uma entrevista publicada no

No2Google,[16] um antigo funcionário argumentava que não havia espaço suficiente, apesar de existirem cubículos e espaços abertos de design ultramoderno. Segundo ele, as instalações não estão preparadas para o crescimento que a empresa vivenciou nos últimos anos.

Tão popular quanto as instalações são os 17 restaurantes do Googleplex, onde os funcionários podem comer de graça. Assim, atinge-se um objetivo duplo: em primeiro lugar, e como meta principal, uma maior produtividade, visto que ideias e opiniões são compartilhadas. Os funcionários não saem da sede da empresa para comer, o que representaria uma evidente perda de tempo e de produtividade. Em segundo lugar, é uma interessante ferramenta de marketing que faz com que trabalhar no Google seja imensamente desejado. Longe de ter custos relacionados com sua vida pessoal, você tem até boca-livre!

Definitivamente, a empresa pretende que você não abandone o trabalho, que se relacione mais com seus colegas e que centralize em suas instalações até mesmo seu lazer, para que eles se transformem em seu núcleo existencial. Não é a mesma coisa que pretendem, e muitas vezes conseguem (guardando as devidas proporções), algumas fábricas em países comunistas, que fazem com que a empresa seja o centro da vida do trabalhador? Sim, eu sei que pode parecer exagero, e que com certeza as condições de trabalho de qualquer funcionário em uma gigantesca fábrica da República Popular da China não podem ser comparadas nem de brincadeira com as de um jovem engenheiro na Califórnia, com seu pebolim e sua lanchonete grátis. Mas, deixando de lado o jeito como se consegue essa maior implicação entre empregados e empregador, o objetivo não é o mesmo? Em ambos os casos exalta-se a imagem da empresa e do líder, inculca-se a necessidade de trazer para ela suas relações pessoais, seu tempo livre, e até se tentam

16. http://no2google.wordpress.com/.

impor limites às relações com terceiros, facilitando, assim, compulsoriamente, as que se dão dentro do limitado círculo de trabalho. O objetivo, no fim, é muito parecido: que você produza mais e melhor, e que se afaste do mundo exterior. O que muda – graças a Deus, e para alívio dos funcionários do Google – é a maneira de fazer isso.

Em seu livro *Estou com sorte*, Doug Edwards, um dos primeiros funcionários da empresa, explica que as normas internas determinadas por Larry Page para os funcionários incluíam jamais delegar trabalho e não se meter nos projetos dos outros se não for para agregar valor. Raras vezes eram feitos elogios na empresa e, em linhas gerais, todo esforço parecia insuficiente para os diretores da companhia. Edwards explica que a situação, que ele qualificou como "gerenciamento do medo", chegou a ser insustentável, pois os funcionários sentiam que nunca eram suficientemente produtivos e que o Google tentava derrubar o muro que separava o trabalho do lar, penetrando em sua intimidade. Ele não estava disposto a permitir isso: "O Google era só um lugar onde trabalhar. Eu já tinha uma casa".

Em certa ocasião, assisti a uma palestra na qual um entusiasmado funcionário do Google tentava explicar por que ele era melhor que nós, por que trabalhava no lugar correto. Ele estava mudando o mundo! Consequentemente, os demais ali presentes eram pobres pessoas que, diferente dele, não haviam conseguido encontrar o caminho fundamental para iluminar nossa vida. Suas razões, enérgicas e apaixonadas, eram tão fracas quanto infantis. Uma delas me pareceu simplesmente genial. Ele nos explicou que em sua sala há refrigeradores cheios de cerveja com um cadeado para que os funcionários não consumam bebidas alcoólicas durante a semana. Mas na sexta-feira, após o almoço, são abertos e eles podem beber cerveja no escritório. Ele explicava isso emocionado.

"Podem imaginar?! Ninguém quer ir para casa!", dizia. Enquanto o escutava, cheguei a imaginar que nesse momento entraria o chefe de Recursos Humanos, escondido nos bastidores, e que talvez o levaria discretamente e bateria nele até a exaustão. Mas não aconteceu nada disso. Em meio ao murmúrio que suas palavras haviam criado, olhei para a esquerda e para a direita tentando adivinhar se o esquisito era eu. Talvez porque o auditório estivesse cheio de profissionais, e não de adolescentes com os hormônios em plena ebulição, fiquei mais tranquilo ao ver que os demais espectadores não pareciam nem um pouco entusiasmados com o fato de uma empresa poder assediar seus funcionários com cerveja nos fins de semana. Aquilo que parecia aproximar nosso emocionado conferencista do êxtase mais profundo não nos afetava em absoluto. Algumas coisas podem ser muito *cool* para um grupo de jovens inexperientes, mas com certeza não serão para profissionais mais qualificados. Com todo o carinho, se eu estiver a fim de uma cerveja, eu mesmo pago, e isso é o que meu trabalho deveria me permitir: pagar minhas despesas. Francamente, aos sábados e domingos não tenho muita vontade, salvo urgência ou necessidade, de ir ao escritório, e me preocuparia enormemente que meus funcionários considerassem suficiente uma coisa tão banal para desperdiçar seu tempo livre trabalhando em vez de passá-lo com amigos ou familiares.

Talvez antes tenha lhe parecido meio temerária minha analogia com as fábricas de produção dos países comunistas – insisto, refiro-me aos fins, e não aos meios. Se assim foi, talvez não devesse sequer me atrever a mencionar que dar balas para captar adeptos e roubar tempo de sua vida pessoal, mesmo que seja em forma de uma Heineken bem gelada, assemelha-se ao que fazem certas seitas. Puxa, não queria falar, escapou! Os Hare Krishna encontram uma grande quantidade de fiéis que se sentem atraídos pela comida grátis, pelas aulas de ioga ou pelos vestidos orientais gratuitos, e vão a seus templos, onde são, às vezes quase sem perceber, abduzidos para uma dedicação maior a Krishna e uma menor a sua vida pessoal. Calma, não acho que o Google seja uma seita, mesmo que sua equipe de Recursos Humanos se empenhe em utilizar técnicas muito baixas capazes de provar o contrário.

Como empresa, são especialistas em tornar fácil o impossível, em levar o funcionário ao seus domínios e fazê-lo trabalhar como e quando eles querem, e, ainda por cima, conseguem que ele faça isso convicto e feliz. Assim, compram talento ao preço mais barato do mercado. Sua história é como a clássica política "pau e cenoura", ou punição e recompensa, e a repetem sem parar com enormes doses de sucesso: com seus funcionários, com os usuários e com outras empresas a quem podem acabar devorando ao se sentirem atraídas e saciadas com a cenoura. A grande diferença da ditadura atual do Google em comparação com outras do mundo da tecnologia, como a da Microsoft nos anos 1990 ou a da IBM nos 1980, é que eles agem de forma mais inteligente. Talvez por esse motivo sejam mais perigosos, visto que não os vemos vir de frente. A Microsoft teve uma posição privilegiada muito parecida à que hoje ostenta o Google. Se pudesse, controlava você abusando de sua posição de força. A IBM fazia quase a mesma coisa dez anos antes. Ambos acabaram sucumbindo com muitas frentes abertas, incluindo os conflitos com empresas e autoridades antimonopólio, que conseguiram limitar seu enorme poderio. No entanto, atrevo-me a prever que o Google durará mais, muito mais, graças a esse domínio "inteligente", sabendo como levá-lo aos seus domínios dando-lhe comida – sim, a citada cenoura. Desse modo, quando estiver de estômago cheio, não perceberá que roubaram sua carteira. Trata-se de faturar, de crescer e de engolir o mais rápido possível. É lícito que assim seja, e não devemos nos escandalizar com isso. Mas também não podemos nos enganar achando que eles são os "bonzinhos". O Google, se atropela você, faz isso com um sorriso nos lábios. Isso faz com que seja difícil vê-los vindo antes que seja tarde demais, e, além de tudo, assim conseguem agir com certo consentimento social. É justamente isso o que ocorre com alguns funcionários do império que, absortos pelas luzes coloridas, pela massagem que ganharam ontem ou pela Coca-Cola grátis na hora do almoço, não percebem as horas que estão trabalhando a mais no escritório e acreditam piamente que chegaram ao máximo, que fazem parte de uma elite mundial que melhora a vida dos outros. Cercados de uma aura especial, estão convencidos de que mudarão o mundo. Alguns, possivelmente os mais jovens e inexperientes, chegam a confundir trabalhar para o Google com ser escalado pelo Los Angeles Lakers. Mas não se preocupe demais. É um mal da juventude que passa com o tempo.

A democracia da qual o Google se orgulha é apenas teórica. É bonita, mas também imperfeita e certamente utópica. Por isso, embora as instalações da Googlelândia sejam espetaculares, nem todos os funcionários são iguais. Até aí podíamos chegar! Em razão da juventude de seu quadro de funcionários, a capacidade de gerar ideias novas mantém a empresa como um exemplo ideal de inovação e tecnologia. No entanto, rejeitam ideias e projetos com argumentos tão abstratos e banais como o de que não são do jeito que o Google faz as coisas, como se fosse uma antiga propaganda do Marlboro, algo assim como *The Google Way of Life*. E isso acaba por frustrar alguns, especialmente os mais criativos e brilhantes.

Como dispõem de escritórios distribuídos por todo o mundo, seus funcionários falam vários idiomas e procedem de diversos países. Ao chegar, relacionam-se somente com outros colegas, já que, sem perceber, não dispõem de vida externa nem de tempo para se relacionar fora do local de trabalho, o que se traduz em uma maior união entre eles, uma forma endogâmica de "fazer equipe". Essa união "pseudoforçada" faz com que a produtividade seja ainda maior e, do mesmo modo, fomenta a confusão entre tempo livre e trabalho. Segundo contava meu amigo, na sede europeia de Dublin, a maioria dos funcionários é expatriada, de modo que existe uma "família" de *googlers* à qual é muito fácil se integrar. O fato de a maioria das pessoas viver no conhecido "Google Ghetto" de Dublin, para dar um exemplo, contribui para que seus amigos na cidade sejam obrigatoriamente seus colegas de trabalho.

Sem dúvida, misturar vida privada e trabalho tem suas vantagens e inconvenientes, mesmo que se tente conseguir um ambiente descontraído no escritório.

Para Bernardo Hernández, as fotos e informações que vazam sobre as sedes e a forma de trabalho no Google "são o componente de uma política de retenção de talento, necessário, por outro lado, em um mercado tão competitivo e dinâmico como é o da Internet. Os engenheiros são um bem muito escasso que é preciso saber atrair e reter". É justamente essa retenção de talento que está saindo especialmente cara nesses últimos anos. Os funcionários com mais formação e experiência começam a avaliar outros ativos além da massagem grátis que podem ganhar no escritório.

Há ainda mais analogias com os sistemas de produção comunista. O melhor método de controle que se pode exercer sobre um funcionário é outro colega, em parte pela necessidade constante de se destacar para ser abertamente premiado. Isso não somente faz com que se fomente a competitividade entre eles, como também evita tentações e vazamento de informação.

O organograma, em termos de Recursos Humanos, tem certas particularidades. Como me explicava Marisa Toro, diretora de comunicação do Google Espanha,

> a organização interna é complexa. O departamento de comunicação nada tem a ver com o departamento comercial, embora estejamos nas mesmas instalações, na sede da Espanha. Nossos superiores podem estar na Itália e nos dar instruções de lá. A hierarquia é diferente da de outro tipo de empresas. Em uma mesma localização física, podemos depender de outros países sem relação direta entre nós.

Existem duas chaves fundamentais para entender seu modelo de hierarquia. Por um lado, existe uma regra não escrita segundo a qual nenhum chefe deveria ter mais de oito funcionários sob seu comando, e o ponto de equilíbrio seriam cinco subordinados. Isso faz com que a relação com o chefe seja próxima e que sua missão seja facilitar o trabalho de sua equipe. Ao contrário do que ocorre em outras empresas, onde isso se espera, no Google se cumpre. Além disso, é relativamente simples se transferir para outra equipe, de modo que uma má gestão das relações por parte do chefe acaba com o subordinado em um grupo diferente.

Os processos de seleção variam segundo o cargo pelo qual o candidato opte. Às vezes, chegam a durar entre nove e 12 meses. Diversas pessoas realizam as entrevistas, e todas elas devem estar de acordo com o perfil do candidato perfeito. Depois de começar a trabalhar na Google Inc., você entende o que motiva um processo de seleção tão rigoroso. A empresa é tão grande, e possui tantos meandros, que é preciso estar preparado para conhecer o lugar onde você vai trabalhar. Inicialmente isso é desagradável para os candidatos, que investem muito tempo em entrevistas e nunca sabem ao certo quando vai acabar o processo, ou se terão um resultado satisfatório. Eles dizem que está tudo perfeitamente estruturado e estudado, mas nos últimos anos ficou evidente que o sistema tem pontos de claro-escuro.

Além do número de entrevistas e do tempo que podem requerer, o mais curioso desses processos são as questões que chegam a ser propostas aos candidatos. Dizem buscar não só a excelência curricular, mas, além de tudo, pessoas positivas e criativas capazes de resolver problemas e trazer uma nova visão à companhia. Estas são algumas das perguntas curiosas, mas reais como a própria vida, que foram feitas em processos de seleção da companhia. Em algumas delas não é estranho que os candidatos fiquem literalmente em "posição de impedimento":

1. Qual é a probabilidade de se quebrar um pedaço de pau em três partes e formar um triângulo?
2. Quanto você deveria ganhar para limpar todas as janelas de Seattle?
3. Quantas bolas de golfe cabem em um ônibus escolar?
4. Quantos afinadores de piano existem no mundo inteiro?
5. Por que as tampas dos bueiros são redondas?
6. Em um país onde as pessoas só querem filhos homens, cada família continua tendo filhos até que tenha um menino. Quando tem uma menina, tem outro filho. Quando tem um menino, para. Qual é a proporção de meninos e meninas no país?
7. Um homem bate o carro no muro de um hotel e perde toda sua fortuna. O que aconteceu?
8. Estime o número de estudantes maiores de idade na universidade que fazem cursos de quatro anos e que depois conquistam com um emprego nos Estados Unidos, por ano.

Índios e caubóis

Na companhia destacam-se os funcionários que fazem parte do que eles denominam pomposamente *more elite* e *most elite*. Trata-se de um grupo de cerca de 7 mil programadores e engenheiros no qual os mais bem-conceituados são os inventores de patentes, que geralmente são milionários.

Um dos motivos mais originais e alardeados dentro da empresa para captar talento, diferenciar-se e conseguir inovar é a denominada política dos 20%. Esse sistema consiste no seguinte: teoricamente, cada *googler* pode utilizar um tempo de sua jornada de trabalho para criar ideias novas independentes de suas tarefas diárias. O objetivo é desenvolver empreendedores dentro da empresa. Assim, tentam fomentar a criatividade para criar produtos novos sem obrigações, sem ter de se reportar a ninguém e podendo pesquisar em qualquer campo.

Esse sistema é um elemento fundamental da cultura que o Google tenta vender como própria: trabalhar por prazer com o simples objetivo de criar e se destacar. Graças ao sistema dos 20% nasceram serviços como o Gmail, o Google Images e o Google News.

No entanto, será que esse cenário é tão idílico quanto parece? Há opiniões para todos os gostos. Muitos funcionários da Google Inc. questionam a suposta liberdade da cláusula dos 20%. Em mais de uma ocasião, alguns funcionários comentaram comigo que se trata simplesmente de uma ferramenta de marketing. Pouca gente dispõe de fato desses 20% de tempo, e o que é mais típico, pouca gente saberia a que dedicá-lo ou o que fazer com ele. Evidentemente, é um pilar importante do sonho americano que representa fazer parte do Google, de modo que, se você pedir, ninguém vai lhe negar esse tempo. Mas, na prática, não é algo real, salvo poucas exceções.

Em uma entrevista realizada com um *xgoogler* que havia fundado uma *startup* adquirida pelo Google, e que atualmente trabalha na Microsoft, ele mencionava que o perfil do trabalhador ideal é um jovem entre 20 e 30 anos, universitário, para o qual ter um celular subvencionado ou ônibus gratuito com Wi-Fi pode parecer uma grande vantagem. Na realidade, isso não tem outro fim que não seja depender totalmente da empresa com um salário não muito alto e produzindo a toque de caixa. Do mesmo modo, o ex-funcionário afirmava que a medida dos 20% não é real nem eficaz, e que quase ninguém a pratica.[17] Estabelecia, além de tudo, uma comparação entre o Google e a Microsoft como empresas, e não deixava muito bonita a imagem romântica do pessoal de Mountain View. O Google não tem instalações para crescer profissionalmente. A Microsoft tem mais, mas também

---

17. http://no2google.wordpress.com/2007/06/24/life-at-Google-the-microsoftie-perspective/.

poderiam ser melhores. Também afirmava que os salários no Google são muito mais baixos que em outras companhias.

Aliás, ele não é o único que tem essa opinião. São muitos os *xgooglers* que discordam abertamente do jeito de trabalhar na empresa, e sobretudo da forma idílica de explicar e promover oficialmente suas condições de trabalho.

Em 2008 foi criado um fórum privado para funcionários que abandonavam o Google, onde eram convidados a publicar suas razões para ter deixado a empresa. Um ano depois, seu conteúdo vazou para a revista *on-line TechCrunch*. Os comentários foram surpreendentes. Com muita frequência os trabalhadores faziam uma comparação com a Microsoft e registravam todo tipo de queixas. Desde o duvidoso ambiente de diversão – que, na realidade, era bastante burocrático – até os baixos salários em comparação com outras empresas tecnológicas, incluindo as *startups*.

Steve Lacy conhece com perfeição a empresa, pois trabalhou na sede de Mountain View de 2005 a 2010 e a abandonou para lançar sua própria *startup*. Por meio de seu blog pessoal[18] dá recomendações a Larry Page depois que este assumiu o cargo de CEO em 2011. Em relação aos 20%, recomenda-lhe que reconheça que é uma mentira e que, na realidade, não se aplica. Afirma que a maioria dos engenheiros do Google que criou grandes aplicativos e serviços não o fez durante esse tempo livre. Faz parte das lendárias histórias magnificadas pelo departamento de comunicação. Como ideia teórica é boa, mas isso não a torna real.

Em dezembro de 2007, o *The Economist* publicou uma entrevista com um ex-funcionário muito especial, pois, além de tudo, é fundador

18. http://slacy.com/blog/2011/03/what-larry-page-really-needs-to-do-to-return-google-to-its-startup-roots/.

do Twitter e do Blogger.[19] O Twitter é uma das empresas mais em voga nos últimos anos. Trata-se de um serviço de micro-blogging que permite a seus usuários enviar e ler microentradas de texto de uma extensão de até 140 caracteres. Seu nome é Evan Williams, e ele é considerado um dos grandes gurus da Internet. Williams declarou ter "odiado cada minuto" que trabalhou no Google. A publicação o descreve como um vendaval de criatividade que lutava para se adaptar à insuportável análise do cérebro esquerdo do Vale do Silício. Williams se queixava amargamente de que a força do Google não era a "cultura da inovação, e sim enfrentar problemas conhecidos tais como e-mail, calendários e armazenamento de documentos", ou seja, melhorar e solucionar coisas que já temos, mas não criar. Em vez de achar o ecossistema do Google estimulante para sua criatividade, para Williams era difícil que aceitassem uma nova ideia. Afirmou que, pelo menos em tese, para criar novas ideias dispunham de 20% de seu tempo, mas que, na prática, era imensamente tedioso conseguir implantar novas ideias em um gigante burocrático.

Talvez toda essa burocracia seja o que tenha levado pessoas como Williams a decidir abandoná-lo. Por esse motivo, projetos de enorme sucesso, como o Twitter, que foi lançado em 2006 e que durante 2012 atingiu 500 milhões de usuários, nasceram fora do guarda-chuva do Google. Se a ideia dos 20% houvesse funcionado corretamente, hoje seriam serviços da empresa de Larry Page e Sergey Brin, e um motivo real para bater no peito e se orgulhar, sim, da teoria dos 20%.

Hoje em dia, uma das grandes dores de cabeça de Page e Brin é a fuga de funcionários para o Facebook, especialmente os de mais talento e experiência, como engenheiros e diretores. Isso vem acontecendo desde 2007, quando a rede social contava com um quadro de

---

19. Blogger é um serviço gratuito lançado em 1999 para criar diários *on-line*. Foi adquirido pelo Google em 2003.

funcionários de apenas 700 pessoas. De início eram casos isolados, e por isso não era uma preocupação especial para o triunvirato que dirigia o Google. Mas essa tranquilidade acabou quando as fugas se tornaram frequentes e, em determinados departamentos, maciças. Atingiram o ponto crítico em novembro de 2010, quando um engenheiro do Google recebeu 6 milhões de dólares para não ir trabalhar no Facebook. Isso é o que a imprensa especializada denominou "caça furtiva de funcionários", que não era nada mais que impedir a todo custo que determinadas pessoas-chave abandonassem a companhia, sobretudo se fosse para ir para a concorrência.

Por esse motivo, no fim dos anos 1990 a Microsoft recebeu inúmeras denúncias em meio a intensos processos antimonopólio. Agora, paradoxos do destino, a história se repete, e é o próprio Google que realiza essa prática por medo de perder seus melhores funcionários.

Certas pessoas desenvolveram uma extraordinária habilidade que consiste em prever, aproveitar e surfar sempre na nova onda emergente. Uma dessas pessoas é Mark Lucovsky, diretor de Engenharia do Google, que decidiu ir embora e se juntou ao Facebook em 2009. O mais paradoxal foi que em 2004 havia feito o mesmo quando trabalhava para a Microsoft. Naquele momento, sua saída teve muita repercussão, pois quando comunicou sua demissão ao CEO Steve Ballmer, este exclamou: "Só não me diga que vai para o Google". Diante da resposta afirmativa do engenheiro, Ballmer, conhecido por seus excessos, jogou uma cadeira para fora da sala enquanto de sua boca brotava todo tipo de impropérios. Talvez na segunda ocasião seu homólogo do Google, Eric Schmidt, é que tenha jogado uma cadeira pela janela ao saber que seu funcionário ia para o Facebook. Isso nunca saberemos. Mas se nos próximos anos você ficar sabendo que Lucovsky vai embora do Facebook para outra empresa, recomendo que compre ações desta última, porque pode se tratar de uma nova onda emergente que chega com força. Certas pessoas têm uma enorme capacidade de estar sempre no lugar certo.

A fuga mais comentada ocorreu em março de 2011, quando o Facebook contratou um dos diretores do Google de mais alto escalão, Amin Zoufonoun, diretor de desenvolvimento corporativo, para dirigir as futuras fusões e aquisições da rede social. Não foi mais uma simples contratação, e deve ser colocada em seu contexto. Por um lado, ele era a pessoa responsável por avaliar e negociar a compra de empresas, elemento-chave de informação e de experiência nos últimos anos, e foi embora para o grande rival do momento. E não só isso. Ao contratá-lo, o Facebook lançava uma mensagem inquietante: estava disposto a lutar pela hegemonia da Internet e a competir pelos projetos interessantes que pudessem surgir. Neste momento, estão assentando as bases para que isso aconteça. Roubam talento e estreiam na Bolsa na tentativa de obter uma liquidez similar à que o Google pode ter. O gigante se vê, pela primeira vez, ameaçado em seu terreno. Perde funcionários fundamentais e percebe que vem se aproximando um possível concorrente que está disposto a tratá-lo de igual para igual.

Uma das medidas que o Google usou para deter a fuga de funcionários foi um aumento geral de salário em 10% em 2010 para todos os *googlers*. Em um momento de recessão mundial, esse aumento deve ser entendido como uma medida "anti-Facebook". Aliás, o Google não viu muita graça no fato de isso ter vazado para várias revistas norte-americanas, e despediu imediatamente o funcionário causador do vazamento. Todos esses interessantes movimentos podem desembocar na terceira grande virada do mundo tecnológico, uma nova mudança de ciclo.

Nos anos 1980 a IBM era o temido dominador e foi desbancado pela emergente Microsoft, liderada por um jovem Bill Gates, até a chegada do Google, com nossos jovens e simpáticos Larry Page e Sergey Brin. Agora, vislumbramos ao longe um personagem ainda mais jovem e simpático, Mark Zuckerberg e seu Facebook, que chegam como estrelas emergentes com mais de 600 milhões de usuários e um espetacular crescimento. Poderão desbancar o império Google e, assim, completar o círculo? Acho que será possível em médio prazo, mas não vai ser nem tão rápido, nem tão limpo, nem tão fácil como quando o Google superou e fez passar para segundo plano na Internet seu grande rival, a Microsoft.

Em 2011, com a intenção de afastar fantasmas e oferecer ao mundo uma imagem vigorosa da empresa, o porta-voz oficial, Aaron Zamost, anunciou que contratariam, de forma iminente, 6 mil novos funcionários em todo o mundo. Ao que parece, poucos dias depois de tornar pública sua intenção, receberam em Mountain View mais de 75 mil solicitações de emprego. Ao tornar públicos esses números, não se pretende nada além de deixar clara uma coisa: longe de se preocupar com a fuga de cérebros para seus mais imediatos rivais, a capacidade de contratação e a aspiração de trabalhar no Google continuam vigentes.

3

Inimigos íntimos

O anúncio do filme *A rede social* diz que não é possível fazer 500 milhões de amigos sem criar alguns inimigos. Quando o filme estreiou, chamou-me a atenção esse enfoque. Parece-me muito realista. Pois bem, o Google não tem 500, e sim mais de um bilhão de usuários em todo o mundo. Se Jesus Cristo tinha 12 apóstolos e um deles o traiu, imagine os inimigos que o Google poderia chegar a ter.

A relação entre o Google e os usuários de seus serviços é geralmente boa, mas às vezes pode ser controversa. Existe uma crescente tendência à desconfiança em relação aos serviços e às intenções da empresa do logo colorido. No entanto, essa relação, por mais conflituosa que possa ter se tornado – até mesmo no que diz respeito aos serviços que mais revoltam o público, como os problemas de privacidade do Google Buzz ou do Street View, que trataremos em outro capítulo –, não foi nada em comparação com a intensa relação que mantiveram com outros rivais e parceiros de seu setor.

Para deixar clara minha posição, devo dizer que acredito na lealdade entre empresas. Em outras palavras, considero que devem ser respeitados certos códigos não escritos nas relações comerciais. Talvez seja muito binário, enfim, muito simples, e sempre acreditei em posicionamentos muito simples, similares em aparência ao branco e preto dentro do mundo empresarial, sobretudo na relação entre companhias. É tal minha limitação a esse respeito que entendo que, em minhas próprias empresas, no dia a dia cruzam meu caminho algumas firmas com as quais colaboro – que denomino aliados –, outras que são concorrentes e outras ainda com as quais simplesmente não há interesses sinérgicos ou contrários. Isso não funciona no caso do Google. Ele tem a (saudável?) mania de fazer negócios com uma empresa uma semana antes de começar uma guerra contra ela. Isso só pode ser compreendido em uma empresa que ficou tão grande e tão voraz que se tornou um predador total, com tentáculos e interesses em todos os mercados.

É verdade que seus rivais do setor das novas tecnologias estão muito bem definidos. De fato, alguns ultrapassaram a linha da rivalidade ou da saudável concorrência e se transformaram em verdadeiros inimigos, como a Microsoft, e outros estão começando a sê-lo potencialmente, como o Facebook. Outras empresas ou organizações são definidas como amigos ou inimigos de acordo com o que for decidido a cada semana nos escritórios de Mountain View. Por essa razão, a Google Inc. pode fazer negócios com uma empresa que, de forma sigilosa, em silêncio, mantém sob sua mira porque seu nicho de mercado lhe interessa, e trabalha secretamente em paralelo para desbancá-la. Transformaram-se em um verdadeiro lobo em pele de cordeiro, em uma fera que às vezes brinca com suas vítimas pouco antes de mostrar suas verdadeiras intenções e tentar engoli-las, geralmente com sucesso.

Vamos analisar a relação mais intensa que o Google mantém com algumas dessas empresas.

Yahoo!

Assim como o Google, a Yahoo! Inc. foi gestada na Universidade de Stanford por dois alunos, David Filo e Jerry Yang. Em 1994 nasceu como projeto de dois colegas de estudos, e só em março de 1995 se estabeleceu como empresa. Essa companhia, cuja sede fica em Sunnyvale (Califórnia), atualmente conta com um portal de Internet, um diretório Web e diversos outros serviços (como Yahoo! Mail, Yahoo! Messenger, Yahoo! Grupos, Yahoo! Jogos, Yahoo! Compras, Yahoo! Leilões etc.).

Em abril de 1996, o Yahoo! estreou na Bolsa. Vendeu 2,6 milhões de ações a um valor de 13 dólares cada uma. Seu principal objetivo era conseguir popularidade como buscador de sites. Para isso, foi adquirindo novas empresas, além de incorporar muitos serviços a seu portal. No ano 2000 o Yahoo! era, junto com o AltaVista – empresa que mais adiante adquiriria –, o líder indiscutível no setor de buscas na Internet. O Google ainda era um desconhecido que havia recebido vários prêmios e que tentava ganhar a vida vendendo licenças de seu buscador para firmas como o Yahoo!. De fato, isso chegou a acontecer, e elaboraram um acordo por meio do qual as buscas do Yahoo!, bem como seu diretório, seriam fornecidas pelo próprio Google.

E chegamos a julho de 2000, quando a poderosa tecnologia do Google, aliada à enorme popularidade do Yahoo!, fez com que os usuários por fim encontrassem o que estavam buscando. A qualidade das buscas do Yahoo!, até esse momento deficiente, melhorou muito. Ambas as companhias concordaram em mostrar os resultados do Yahoo! ao lado de um ícone gráfico que dizia *Powered by Google*. Isso, que pode parecer sem importância, foi o início do fim do Yahoo! como gestor de buscas. Seus milhões de usuários, majoritariamente satisfeitos pela melhora experimentada, clicavam sem parar para ver quem estava por trás desse tal de Google que havia melhorado sua vida. O resultado foi um cavalo de Troia na própria casa de David

Filo e Jerry Yang. Os usuários testavam o Google, viam que não tinha publicidade, que era muito mais rápido e funcional que seu velho Yahoo!, e, além de tudo, os resultados eram os mesmos! Que fizeram? O mais evidente. Realizaram suas buscas pelo Google. Eu fui um deles, um dos que naquele momento emigrou do Yahoo!, máximo expoente de uma Internet que se foi – uma Internet 1.0. Fomos para um serviço tecnicamente melhor e mais amigável para o usuário: o novo Google.com. Tudo isso acontecia lentamente. Enquanto o Yahoo! mantinha sua fama, os milhões de usuários que em todo o mundo utilizavam seu diretório, seu e-mail ou liam suas notícias conheciam o Google. Foi a plataforma perfeita para o buscador de Larry Page e Sergey Brin, a melhor campanha de publicidade e a melhor vitrine possível na Internet da época. A partir desse momento, eles mostraram ao mundo sua tecnologia disruptiva, e ainda por cima cobrando do Yahoo! por isso! Sem nenhuma pretensão de exagerar, podemos dizer que o Yahoo! pagou a conta da festa de lançamento do Google em todo o mundo.

O acordo funcionou durante alguns anos, e paradoxalmente ambas as empresas pareciam estar felizes. Assim continuava a escalada rumo ao cume de uma (Google) e o declive da outra (Yahoo!), sem que aparentemente estes últimos se dessem conta durante um tempo. Foi em 2002 que o Yahoo! descobriu que havia colocado o inimigo dentro de casa, que estava se tornando tecnologicamente dependente dele e que estava facilitando seu posicionamento na Internet, a ponto de o Yahoo! não ser mais que um mero intermediário sem valor que caía pouco a pouco em desuso. Foi quando começaram a tomar medidas.

Em dezembro de 2002, o Yahoo! comprou o Inktomi, um poderoso buscador com uma altíssima capacidade para indexar sites, mas sem a tecnologia para organizar a informação que o Google havia desenvolvido tão bem. Essa operação, avaliada em 235 milhões de dólares, é um indício de que haviam percebido a inconveniência de continuar dependendo do Google, assim como notaram a necessidade de desenvolver sua própria resposta às demandas de busca dos usuários.

Mais adiante, em julho de 2003, o Yahoo! comprou a Overture, uma empresa pioneira em rentabilizar as buscas por meio de resultados patrocinados, por 1,416 bilhão de euros. O preço da compra da Overture, que à primeira vista poderia parecer exagerado, não é, em absoluto. Como veremos adiante, a companhia vinha com um inesperado "prêmio". Antes de ser engolida, a Overture havia comprado o AltaVista e o AlltheWeb.com. O primeiro era o velho concorrente do Yahoo! e líder de buscas no fim dos anos 1990. O segundo foi considerado durante poucos anos o buscador do futuro, que parecia capaz de competir até mesmo com o Google, mas que, no entanto, logo ficou na tentativa. Com essas operações, o Yahoo! não só comprava milhões de usuários, como também adquiria uma boa tecnologia desenvolvida para, por fim, poder rentabilizar as buscas de seus milhões de usuários em todo o mundo. Também poderia começar a vender buscas patrocinadas, visto que a Overture foi quem impulsionou o *pay-for-performance* (pagar por rendimento), que era então a ferramenta perfeita para que os anunciantes pudessem posicionar seus produtos nos resultados ligados às palavras-chave de sua atividade comercial. Parecia que tudo se encaixava. Após seu enorme investimento, o Yahoo! poderia reconduzir – depois de organizar as recentes compras para que funcionassem sinergicamente – sua liderança perdida nas buscas, minimizar sua dependência tecnológica do Google e, o que é mais importante, conseguir algo que até então lhe era negado: rentabilizar as buscas dos usuários. Tratava-se, além de tudo, de um momento em que todas as companhias tecnológicas, especialmente as cotadas na Nasdaq, como o Yahoo!, precisavam muito de novas linhas de negócio e receitas firmes para satisfazer seus acionistas. Os tempos de excesso haviam chegado ao fim.

Em 2004, o Yahoo! abandonou a aliança com o Google e deixou de utilizar seus resultados de busca. A partir desse momento começou a empregar seu próprio sistema. Haviam se passado os anos em que o Yahoo! indicava a seus próprios usuários que a melhor resposta para as buscas era o Google, mas seria muito difícil reconduzir a situação. Em alguns países, sua cota de mercado como buscador havia desabado e jamais se recuperaria.

A ruptura do acordo coincidiu com o anúncio, por parte do Google, do lançamento de seu próprio sistema de e-mail, o Gmail, com maior capacidade de armazenamento e funcionalidades muito mais avançadas que o do Yahoo!. Não sei se foi algo premeditado ou uma cruel coincidência. A questão era que o Google havia se aproveitado economicamente o máximo possível do Yahoo!, bem como no referente à visibilidade e à captação de usuários. Quando o Yahoo! fez enormes investimentos e por fim almejava não depender da tecnologia do Google para suas buscas, foi atacado com um produto melhorado como o que gerava a maior quantidade de tráfego de seu portal. Em muito pouco tempo, o Yahoo! percebeu que, apesar de comprar o que outrora era seu concorrente, o Google arrasava com sua ajuda involuntária no mercado de buscas. Agora que já não dependia do Yahoo!, lançava de novo um produto para competir com eles em algo que não esperavam: o e-mail. Após toda essa viagem, podemos apreciar – e não me parece imoral, embora mostre seu caráter agressivo – que o Google, como empresa, tem o sangue-frio necessário para trabalhar com você como parceiro, cobrar de você uma licença, captar seus usuários e, enquanto isso, durante quase um ano, de forma sigilosa, preparar um golpe hostil. Quando você já não tem mais sangue, ele lhe finca o dente no outro braço. Sim, sei que você pode pensar que, efetivamente, o Yahoo! se deixou enganar, e que são coisas que acontecem na livre concorrência. É possível que seja verdade. Mas, como disse no início deste capítulo, há certos códigos tácitos de ética empresarial que tornam "feio" viver de um acordo com alguém e, ao mesmo tempo, preparar a sangue-frio um plano para devorar o que restará quando o acordo acabar. Entendo que o pessoal do Yahoo! deve ter se sentido assim. Evidentemente, o Google pode desenvolver o produto que quiser, e depois pode oferecê-lo gratuitamente para a alegria de milhões de usuários. E, ainda assim, em minha opinião, o famoso *Don't be evil* deveria incluir o respeito a certos códigos, entre eles o que diz que não se deve "morder a mão que o alimenta". E, falando em respeitar códigos, se você realmente pensa que o Google o respeitará, está morto. São devoradores natos. Distraia-se um pouquinho e... zás! Como o Yahoo!, vai levar uma dentada.

Existe uma grande diferença na história, às vezes tão paralela, entre as duas companhias, que é a utilização da tecnologia. O Google pensou em como melhorar e facilitar a vida do usuário, ao passo que o Yahoo! sempre pensou que o usuário já estivesse ali, que era secundário e um mero consumidor de publicidade. A estratégia do Google, sem dúvida muito mais acertada, era tornar nossa vida mais fácil. Esse nobre objetivo, assim como sua incipiente voracidade, os havia levado ao sucesso.

Embora, em minha opinião, a principal diferença tenha sido a tecnologia, gostaria de destacar também que o mérito do Google está na estratégia empresarial, em tentar fazer negócio onde ninguém fez antes. Desse modo, as buscas dos usuários da Internet passaram de algo secundário a um dos centros de sua atividade. É que, até aquele momento, os buscadores não rentabilizavam as buscas e não aproveitavam a vantagem de saber "o que o usuário busca ou necessita" em cada momento, até que o Google, anos depois de se consolidar, traçou o caminho de forma eficaz. Hoje em dia, sabemos que muitos tentaram copiá-lo, mas ninguém o faz tão bem quanto ele. Mais um exemplo do mesmo estilo: o Google trouxe rentabilidade ao e-mail, sem que isso representasse um custo para os usuários, ao incluir publicidade segmentada e útil em um magnífico produto como o Gmail. Na atualidade, ninguém pode oferecer um produto assim, nem explorá-lo comercialmente melhor e, como é lógico, o usuário agradece. Esse é seu mérito. E tudo isso no momento em que a tendência na Internet era exatamente o contrário.

Dizem que o homem é o único ser vivo que tropeça duas vezes na mesma pedra. Como veremos adiante, esse ditado, atualizado ao mundo 2.0, bem poderia ser: "O Yahoo! será atacado muitas vezes com a mesma pedra". Algumas vezes pelo próprio Google, e outras vezes pela Microsoft, mas sempre sendo o alvo das pancadas.

Em sua defesa, devemos reconhecer que o Yahoo! já havia perdido sua posição privilegiada de outrora, e que tinha sua capacidade financeira bastante prejudicada. A partir desse momento, mais que cometer erros de estratégia – alguns, como colocar o Google dentro de casa e deixá-lo gerir as buscas abandonando sua própria tecnologia, foram realmente críticos –, foi dando cabeçadas por pura necessidade.

Apesar dos pesares, podemos dizer que o Yahoo! quase teve sorte. Sim, somente "quase". Ficaram às portas, porque uma manobra errada do Google havia lhes propiciado, quase sem saber, uma imensa fortuna. É que o Yahoo!, como foi dito antes, havia feito uma aquisição muito interessante: a compra da Overture, no setor de publicidade digital. Com isso, decidiu criar sua própria galinha dos ovos de ouro, bem como seu próprio programa de publicidade, com a esperança de competir e conseguir rentabilizar as buscas. Tentou com vários produtos, com maior ou menor sucesso, como o Yahoo! Advertising, o Yahoo! Publisher Network e o Yahoo! Search Marketing.

Para entender a magnitude da sorte e do azar do Yahoo!, devemos remontar à criação da própria Overture. Trata-se da curiosa história da Goto.com, um pequeno buscador que poucos recordam e que poderia ter sido fundamental em sua época. Nunca teve um enorme volume de usuários, mas foi, em si, um verdadeiro laboratório de ideias. Em um ponto de inflexão da história da Internet, foi o pioneiro em proporcionar o pagamento por clique em um buscador com base em critérios de busca do usuário. E foram eles que patentearam a ideia.

Embora o sistema já existisse desde 1998, quando os anunciantes pagavam preços de até um dólar por clique em seus anúncios, foi antes de fazer parte da família Yahoo!, em maio de 1999, que a Goto.com apresentou a patente pomposamente intitulada *Sistema e método para influir em uma posição em uma lista de resultados de busca gerada por um motor de busca da rede digital*. Com uma canetada, as buscas pagas se tornaram o segmento mais promissor da publicidade *on-line*. A Goto.com cresceu e, pouco depois, mudou sua marca para Overture. Já não só oferecia as buscas patrocinadas em seu portal Goto.com, como também, ao fechar acordos para oferecer sua tecnologia a grandes clientes como o Yahoo! e o MSN, foi a primeira a monetizar (obter benefício de um serviço) centenas de milhões de buscas. Esse repentino sucesso econômico lhe permitiu comprar o AltaVista e o AlltheWeb.com pouco antes de o Yahoo!, seu melhor cliente, a adquirir.

Por que estou voltando no tempo? E o que isso tem a ver com nossa história? Bem, o detalhe é óbvio. O prêmio era que a Overture trazia debaixo do braço a patente das buscas patrocinadas na Internet. Para seu negócio fundamental, que ainda hoje são as buscas patrocinadas, o Google tinha de licenciar a patente, que, naquele momento, estava nas mãos do Yahoo!, certo? Sim, certo. Mas, claro, pode ser muito caro pagar uma licença para o resto da vida. Logo chegaram a uma conclusão: era infinitamente mais fácil violar a patente de propriedade do Yahoo!. Assim, em Mountain View lançaram o programa Adwords, que utilizava aquelas ideias registradas previamente, melhorando-as e evoluindo-as... sem nenhum tipo de permissão nem licença para usar a patente. Como veremos, essa atitude prepotente foi uma constante na história do Google. Por esse motivo, o Yahoo! processou em 2002 não só o Google, como também outras companhias, como FindWhat.com, por violação de direitos de patente. Alguns anos depois, com a pressa para encerrar o conflito a fim de não prejudicar sua estreia na Bolsa, chegou-se a um acordo com o Google, que teve e emitir 2,7 milhões de ações para o Yahoo! a título de indenização e em troca de uma licença perpétua.

Não tenho a menor dúvida de que aquilo deve ter sido vivido nos escritórios do Yahoo! como um verdadeiro golpe de sorte. Seu concorrente estrearia na Bolsa e tinham uma indenização de quase 3 milhões de ações. Quanto mais sucesso tivesse o Google na Nasdaq, mais o Yahoo! ganhava. E tudo isso sem mexer um dedo! Sob esse ponto de vista, eu não estranharia se abrissem champanhe para celebrar, ainda mais ao ver que cada ação do Google cotava de saída a 85 dólares, fazendo que seus 2,7 milhões de ações tivessem um valor de saída de uns... 230 milhões de dólares! A quantia a que chegava a indenização pode parecer impressionante.

No entanto, nos Estados Unidos, país onde os advogados são especialistas em obter até o último benefício, por mais imponente que seja, o obtido naquele acordo foram só migalhas. Das receitas de 2010, que chegavam a 29 bilhões de dólares, 66% provinham dos resultados pagos nas buscas originados no uso da patente. Apenas em 2010 a Google Inc. ganhou, graças à patente infringida, 19 bilhões de dólares, e obteve do Yahoo!, por 620 milhões, uma licença eterna. A gestão dessa patente e o fato de exigir uma quantia anual por seu uso poderiam ser, hoje em dia, a maior fonte de receitas do Yahoo! e uma forma de garantir viver à sombra do sucesso do Google por toda a eternidade. Mas a negociação foi fechada de maneira muito rápida. Acreditaram que era boa e não foram capazes de prever como o negócio podia evoluir. Entendo que devem se sentir como alguém que ganhou na loteria e que, ao ir receber o prêmio acreditando que teria dinheiro para o resto de seus dias, se dá conta de que, estranhamente, centenas de pessoas acertaram o mesmo número, e o grande golpe de sorte de sua vida é pouco, ou quase nada.

Passaram-se os anos. Em fevereiro de 2008, quando o Yahoo! atravessava um mau momento financeiro, a Microsoft fez uma oferta para comprar a companhia por 44,6 bilhões de dólares. Via, com isso, a possibilidade de buscar sinergias para interceptar o *destroyer* Google. Significativos acionistas quiseram vender sua participação à Microsoft, mas por fim impôs-se a tese de seu fundador, Jerry Yang, e rejeitaram a oferta, considerando que esse preço era inferior ao valor objetivo da empresa – esperando, sem nenhum tipo de dúvida, que a Microsoft melhorasse a oferta. Isso possivelmente teria acontecido não fosse o Google reagir, oferecendo uma nova aliança ao Yahoo! para escapar das garras da Microsoft mediante um contrato publicitário que garantiria suas receitas nos próximos anos, graças à gestão da publicidade por parte do Google, que já dominava sozinho a publicidade contextual na Internet. Desse modo, junto com alguns resultados de busca no Yahoo! e em alguns de seus sites nos Estados Unidos e Canadá, apareceriam os resultados do Adwords, produto estrela do Google. O objetivo não era outro senão melhorar as finanças do Yahoo! propiciando, por sua vez, benefícios ao Google, o que fortalecia seu domínio no mercado da publicidade. Em última instância, tentavam fazer que o Yahoo! não ficasse vulnerável em termos econômicos perante a Microsoft.

Curiosamente, aquele que outrora foi um predador que esvaziou o Yahoo! de usuários agora jogava um salva-vidas de seu luxuoso iate antes que o malvado tubarão Bill Gates o engolisse. E não acho que estavam motivados pelo remorso ao ver a triste situação do Yahoo!, ou que se sentissem culpados por isso. Simplesmente, o grande inimigo do Google é a Microsoft, e tudo isso deve ser entendido como uma luta de poder entre ambos. O Yahoo! não era mais que o primeiro ator coadjuvante.

Levou um tempo, mas a Microsoft reconduziu a situação com o Yahoo!. Primeiro, retirou a oferta de compra, e depois, de uma maneira muito mais hábil, em julho de 2009 chegou a um acordo que deve ser entendido como uma trégua – no mínimo temporária – às hostilidades para se aliar e enfrentar melhor o Google. Esse acordo permitiu à Microsoft integrar as tecnologias de busca do Yahoo! durante dez anos. Por sua vez, o novo buscador da Microsoft, o Bing, seria o motor de buscas exclusivo dos sites do Yahoo!. Graças a isso, a delicada situação financeira do Yahoo! foi melhorando, a ponto de em agosto de 2009 a empresa ter adquirido o portal e motor de busca Maktoob, o maior do mundo árabe, com mais 16 milhões de usuários.

Embora em menor medida – alguma coisa o Yahoo! deve ter aprendido com a experiência similar, anos atrás, de ceder suas buscas a terceiros –, esse acordo impulsionava o lançamento do Bing, já que em 2010 se colocava, nos Estados Unidos, à frente em número de usuários. Passou de 13,6% a 13,9%, ao passo que o Yahoo! caía de 14,3% a 13,1% de cota de buscas. Embora o Google continuasse sendo o rei, a Microsoft conseguia, pela primeira vez na última década, um produto e apoio suficiente para deter a sangria constante de sua perda de cota de mercado nas buscas da Internet.

Top 5 buscadores. Janeiro a junho de 2011

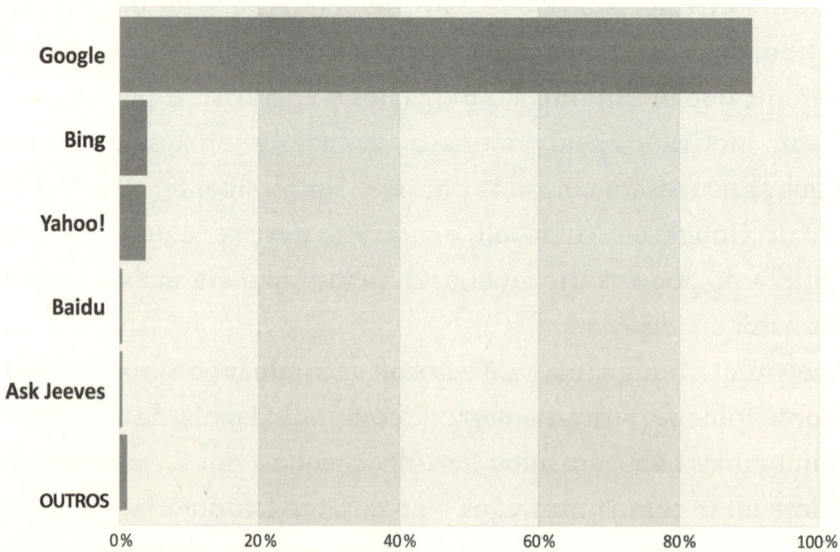

Fonte: StatCounter, GlobalStats.

Apesar de todos esses movimentos, vemos que o Google continua não só liderando, mas arrasando no mercado dos buscadores. E isso não parece que vai mudar, pelo menos em curto prazo, mas também não quer dizer que seja o mais eficaz nas buscas.

Apesar de o Google parecer ter sucesso em todos os serviços que oferece, há algo que sempre lhe resistiu: as redes sociais. Talvez por esse motivo o Yahoo! tenha tentado aproveitar o ponto fraco do gigante da Internet. Em março de 2010 chegou a um acordo com o Facebook, a rede social mais utilizada até o momento, a fim de ter mais possibilidades de contato com seus usuários. Graças a essa união, os usuários do Yahoo! Mail podem atualizar seu status no Facebook pela caixa de entrada, ter acesso a suas contas da rede social pelo e-mail ou ver o perfil dos amigos que recebem um e-mail caso estejam conectados nas duas plataformas.

Essa é a história entre o Yahoo! e o Google, repleta de amores e de ódios, de oportunidades e de fracassos. Embora falte escrever os capítulos mais importantes, chegará ao fim um dia, possivelmente com a compra do Yahoo! pela Microsoft, ou pelo Google, se deixarem. Ou talvez, se conseguir estrear com sucesso na Bolsa, pelo próprio Facebook. O tempo dirá.

Microsoft

A Microsoft Corporation é uma companhia dedicada ao setor de informática e especializada no desenvolvimento, na fabricação, na licença e na produção de *softwares* e de equipamentos eletrônicos. A companhia foi fundada em 1975 por Bill Gates e Paul Allen em Redmond (Washington).

Seus produtos mais populares são o sistema operacional Microsoft Windows e o pacote Microsoft Office, que inclui programas de enorme sucesso nas últimas décadas, como o Excel, o Word, o PowerPoint e o

Access. Tal como declarou em diversas ocasiões, o grande desafio de Bill Gates foi "ter uma estação de trabalho que funcionasse com nosso *software* em cada lar". Graças ao sucesso desse objetivo, Bill Gates se transformou no homem mais rico do mundo durante vários anos, ocupando em 2011 o segundo lugar da lista da *Forbes* com uma fortuna de 53 bilhões de dólares.

No entanto, o maior gigante do *software* também encontrou pedras no caminho. No ano 2000, a Microsoft perdeu um importante processo em escala federal em Washington D.C. O veredicto concluía que a inclusão do navegador Internet Explorer no sistema operacional Windows infringia a lei antimonopólio. Esse caso implicou que a Microsoft ganhasse a antipatia da indústria do *software* e fez com que, indiretamente, empresas como o Google se beneficiassem com isso. A Microsoft se envolvia em batalhas legais – uma constante desde então –, tentando sem sucesso, entre outras coisas, que o tribunal da União Europeia não a acusasse de abuso de posição dominante; tudo acabou em uma multa ratificada em março de 2004, a mais alta contra uma empresa na história da UE, de 497 milhões de euros, com a exigência de que a empresa de Redmond modificasse suas práticas, consideradas contrárias à livre concorrência. Além disso, levou outra multa em julho de 2006, que chegou a 280,5 milhões de euros, por não oferecer à concorrência informação suficiente sobre interoperabilidade. A companhia recorreu dessa multa. Em 2007, o Tribunal de Primeira Instância da União Europeia confirmou as conclusões da comissão em relação ao fato de a Microsoft ter violado as leis antimonopólio ao vincular seu reprodutor Windows Media ao sistema operacional Windows. No total, as multas de Bruxelas contra a Microsoft totalizaram quase 1,7 bilhão de euros.

A Microsoft é uma empresa enorme, com o faturamento mais alto do setor, maior até que o do Google, mas essa não é a percepção social. Por exemplo, em 2012, a Microsoft obteve um lucro declarado de

17,41 bilhões de dólares, contra 9,737 bilhões do Google. Trata-se de uma companhia que alicerçou seu sucesso em uma posição de força, o que por vezes lhe provocou uma forte rejeição social na Internet, exatamente o caso oposto do Google, que aparece como o simpático aliado da comunidade de usuários. Hoje, a Microsoft é relacionada a um grande monopólio em decadência, ao passo que o Google ainda é percebido como a empresa emergente que rivaliza com os poderosos, apesar de os usuários mais avançados estarem começando a questioná-lo e já serem capazes de ver as orelhas do lobo.

A relação entre o Google e a Microsoft é cheia de interesses e foi qualificada por muitos analistas como uma verdadeira guerra a peito aberto. No início, o Google mal chamava a atenção em Redmond, sede da Microsoft. Era um buscador, e pouco mais que isso. Uma *startup* de certo sucesso, como tantas outras que florescem à sombra do Vale do Silício. Seu extraordinário crescimento e a limitação para as receitas publicitárias que a Microsoft esperava obter na Internet provocaram os primeiros alarmes. Mais adiante, a estreia do Google na Bolsa confirmou à Microsoft de que ela tinha à sua frente um rival de envergadura. A Microsoft havia encontrado a pedra em seu sapato.

Acompanhei durante anos os movimentos estratégicos de uns e de outros, e cheguei à conclusão de que às vezes eles não estão competindo por um mercado específico ou por um lucro puro e simples, mas que, ocasionalmente, como se fosse uma demonstração de ego, parecem lutar para provar quem é o ator principal do mundo da tecnologia. Às vezes realizam movimentos com a única finalidade de se prejudicar mutuamente e minar a capacidade do outro. Parecem duas visões antagônicas do mundo, simplesmente irreconciliáveis, além de uma visão de rivalidade conceitual. Fazem-me recordar um pouco das épicas batalhas que, ao longo da história, foram protagonizadas por algumas empresas, como a concorrência entre a Pepsico e Coca-Cola. Mas essas lutas têm algo de especial como pano de fundo; é que parece estar em jogo muito mais que a hegemonia ou o negócio de um setor. Dá a sensação de que querem destruir tudo que seu competidor representa, aniquilá-lo por completo. As companhias de refrigerantes citadas anteriormente lutam por um mercado e, para isso, às vezes atacam o concorrente, principalmente por meio da publicidade, o que pode ser muito divertido. Vem a minha cabeça um anúncio da Pepsi que ainda circula pela Internet, no qual um menino de uns seis ou sete anos se aproxima de uma máquina de refrigerante, pega duas moedas do bolso e compra duas latas de Coca-Cola. Curiosamente, não as bebe, mas as coloca com cuidado em pé no chão para poder subir nelas. Então, pega outra moeda e alcança o botão da Pepsi, pega-a, bebe-a e sorri enquanto se afasta, deixando atrás de si, abandonadas no chão, as latas de Coca-Cola sobre as quais teve de subir para comprar sua Pepsi.

Trata-se de um enfrentamento divertido e em geral limpo entre empresas do mesmo setor que irremediavelmente se chocam e competem. A mensagem da Pepsi é: "A Coca-Cola só serve para isso. Beba Pepsi!". Há exemplos do inverso também, alguns igualmente divertidos. Cada uma quer crescer, e para isso precisa erodir e arranhar a cota de mercado de sua rival. Uma rivalidade eterna, mas saudável. A Pepsi entrou no mercado em 1890. A Coca-Cola em 1886. A batalha já dura mais de cem anos. Alguém pode imaginar algo parecido entre o Google e a Microsoft? Impossível. Vão se destruir mutuamente antes que isso aconteça! Para essas duas empresas é uma guerra tão feroz que inclui prejudicar o outro, mesmo que gratuitamente, em um setor que não interesse muito, ou onde não capitalize o dano causado. Às vezes essa belicosidade é apenas um desejo de que o outro afunde, mesmo que com isso não se ganhe nada. Trata-se do capricho de ser a empresa hegemônica, e além de tudo que o mundo todo saiba. Como se costuma dizer, é mostrar "quem é o dono da bola". O Google, talvez por ser o último a chegar, parece levar no DNA a necessidade de destruir a Microsoft e o que ela representa.

Sendo tão claramente os dominadores da Internet e do *software*, o enfrentamento entre os dois cria ótimas oportunidades no mercado para outras empresas. Se o Google se concentrasse na Internet e a Microsoft no desenvolvimento de *softwares* e *hardwares*, evitariam o feroz conflito do qual em mais de uma ocasião ambos saem machucados. Se cada empresa se preocupasse com seu domínio, muitas pequenas companhias não teriam chance alguma de competir com eles nesses setores. É esse enfrentamento que faz com que às vezes precisem comprar empresas apressadamente e pagar um preço muito maior por medo de que o concorrente o faça primeiro.

Por exemplo, em 2007 a Microsoft pagou 240 milhões de dólares por 1,4% das ações do Facebook. Sob a perspectiva de hoje, com o valor atual do Facebook, foi uma operação economicamente rentável, um acerto. Mas uma empresa como a Microsoft raras vezes tem interesse na participação minoritária de uma companhia, sobretudo quando não é parte de uma operação em médio prazo para a posterior compra. Essa operação é difícil de entender no contexto de 2007, quando o Facebook estava muito longe de ser o que é hoje em dia. Naquele momento não tinha 600, e sim 50 milhões de usuários, e tecnologicamente deixava muito a desejar. O investimento não tinha sentido não fosse pelo medo que existia na sede da Microsoft de que o Google, que um ano antes havia surpreendido o mundo comprando o YouTube, pudesse fazer o mesmo com o Facebook. Ao adquirir parte da empresa, mesmo pagando um sobrepreço, garantia para si certo peso nas decisões, pelo fato de poder estar dentro da companhia, subir seu preço e ser alertada de certos movimentos, e até impedi-los ou ter preferência sobre eles. Definitivamente, estava pondo o carro na frente dos bois. Era uma manobra defensiva. Pois bem, essa guerra de hostilidades entre os dois gigantes é a que faz existirem oportunidades para que o terceiro seja beneficiado. Em 2007, receber 240 milhões de dólares foi extraordinário para o Facebook. Propiciou-lhe a base financeira para fazer uma enorme expansão geográfica e tecnológica que foi fundamental para seu sucesso atual.

A briga entre a Microsoft e o Google é a de dois enormes tubarões em um tanque cheio de peixes. Aí reside a oportunidade dos pequenos e médios predadores que não têm o tamanho e o músculo econômico dos dois principais protagonistas do setor. Desse modo, em meio a enormes e virulentas batalhas, às vezes aproveitam a oportunidade de se alimentar com o que os tubarões vão deixando pelo caminho.

Toda guerra tem um começo, e esta não é exceção. A Microsoft cogitou sua aquisição quando achou que o Google era uma ameaça real, mas essa operação nunca foi confirmada de modo oficial. Teoricamente, aconteceu em 2003. A informação depois vazou pelo diretor de uma das companhias, curiosamente da Microsoft, para o *The New York Times*. O Google estava começando a preparar sua estreia na Bolsa. Já tinha 200 milhões de buscas diárias, e sua direção rejeitou desde o primeiro momento a oferta de compra, reagindo sem nenhum entusiasmo à proposta. Chegou-se a dizer que até a desprezou e nem chegou a avaliá-la.

Não creio que as hostilidades tenham começado nesse exato momento. Talvez tenha sido um ano mais tarde, após a fabulosa estreia do Google na Bolsa, que a Microsoft começou a se inquietar. Tempos depois, na busca por novas vias de crescimento, o Google encontrou nos nichos de negócio do gigante da informática oportunidades para se apropriar do setor. Via, além de tudo, como o enfrentamento rendia em termos de comunicação e marketing em relação à imagem social, sempre muito negativa, da Microsoft.

Talvez mais de um se surpreenda com o que vou dizer. Por mais que as duas empresas pareçam antagônicas, têm muito mais em comum do que elas mesmas gostariam de reconhecer. Quando comecei profissionalmente no mundo da tecnologia, em 1995, o movimento de contestação e rebelião contra a Microsoft era algo assim como um padrão do setor. Todos, dos usuários aos profissionais do setor, eram como ativistas "anti-Microsoft". É verdade que ela agia com uma enorme prepotência e fazia o que queria, instalada em seu cruel monopólio que lhe permitia impor suas normas e interesses aos internautas, às empresas rivais e aos fabricantes de equipamentos. Quem não dançasse ao ritmo da Microsoft ficava, pura e simplesmente, fora do mercado. Na Espanha, o movimento de certa rebeldia, de insubmissão, que ia surgindo lentamente centrou-se nas empresas que naquele momento representavam aquele abuso de poder totalitário na rede. Os ativistas – ou seja, todos, em maior ou menor medida – chamavam a Telefónica e a Microsoft de "Timofonica" e "Mocosoft"[20], respectivamente. Pois bem, tenho certeza de que um dia veremos que o Google, se continuar pelo caminho que ele mesmo traçou, vai chegar a alimentar um movimento de resistência tão grande quanto o que a Microsoft sofreu naquela época. De fato, as duas empresas são feitas da mesma matéria. O que as diferencia é a habilidade de impor suas opiniões e tentar controlar tudo em seu benefício. Por esse motivo, o Google vê a Microsoft como rival. É o último cume que lhe falta conquistar. Se conseguisse, já não teria nada a temer e consideraria ter alcançado a meta. Trata-se, utilizando um termo psicoanalítico, de "matar o pai", metáfora freudiana segundo a qual é preciso cumprir o requisito de eliminar o imediatamente estabelecido para se erigir falsamente em porta-voz da Cultura, da Lei e da Razão, com letra maiúscula. É preciso superar e devorar o pai para depois abandoná-lo à sorte dos outros mortais, conseguindo, assim, superá-lo e derrogar suas ordens, sua moral, suas repressões e seus ditames. Não duvide. A Microsoft e o Google foram, são e serão primos-irmãos. São como Kadafi e Khomeini. Se você se

20. Em espanhol, prefixo "moco", adicionado a Mocosoft, significa ranho, e o "timo", de Timofonica, significa roubo, trapaça, engano. (N. T.)

deixar levar por eles, podem lhe fazer o mesmo mal, mesmo que um tenha uma cara gentil e o outro seja mais evidente em suas intenções.

Em síntese, trata-se de um duelo de titãs que viveu, além da batalha pelo Yahoo! que mencionei anteriormente, outros capítulos destacados. Sem sombra de dúvidas, os mais determinantes ainda não foram escritos.

As buscas

Trata-se, talvez, da mãe de todas as batalhas. É, ao mesmo tempo, o coração das receitas do Google e o tendão de Aquiles da Microsoft, que mostrou uma absoluta incapacidade para competir com o Google e melhorar a tecnologia que ele nos oferece. Durante uma década sem concorrência em um mercado dominado por AltaVista e Yahoo!, a empresa de Bill Gates pôde controlar as buscas à vontade. Mas não viram negócio nisso e focaram seus esforços em outros setores da Internet e, mais especificamente, tentaram impor seu navegador em uma batalha particular primeiro com a Netscape e depois com o Mozilla Firefox. Não foi só a Microsoft que cometeu o pecado capital de não ver negócio nas buscas. Como vimos antes, com o Yahoo! aconteceu a mesma coisa. No início dos anos 1990 parecia que seu negócio não caminhava nessa direção. Aquilo representou um imenso erro de estratégia que poderia ter mudado a história. Quando se deu conta da década de vantagem perdida, a Microsoft realizou tentativas vãs de pôr no mercado um buscador similar ao do Google, sabendo que este os havia ultrapassado como um raio em um segmento que começava a ser rentável e que tinha, acima de tudo, vislumbres de enormes oportunidades comerciais em médio prazo. Assim nasceu, em 1998, o MSN Search, que tinha um motor de busca, um índice e um rastreador Web. Até me atreveria a dizer que pela primeira vez ficou evidente que com toda a grandeza da companhia, e com toda a experiência acumulada no desenvolvimento de *softwares*, não conseguia competir na Internet com um produto medianamente digno, ainda mais levando em conta as melhorias que o Google aplicava a seu buscador a cada dia. Parecia evidente que contra isso a Microsoft não sabia lutar.

Mais tarde, em 2006, saiu a primeira versão pública do Windows Live Search. Permitia aos usuários buscar informação específica por meio de fichas de busca que incluíam site, notícias, imagens, música, e a hoje desaparecida enciclopédia Encarta. Após a mudança, a companhia deixou de usar o serviço do Picsearch para buscar imagens e começou a realizar ela mesma essas buscas, o que representou um interessante avanço tecnológico.

Em 2007 a Microsoft realizou outra mudança. Chamou o serviço de Live Search. Ainda assim, todas as tentativas foram em vão. O Google ampliava a cada mês sua distância em relação à concorrência. Para tentar resolver a tão difícil situação, cogitaram a frustrada compra do Yahoo! em 2008. Mas só não se pode acusar a Microsoft é de não atacar de frente. De fato, quando planejou comprar o Yahoo!, o CEO, Steve Ballmer, explicou claramente que a compra tinha um único objetivo: "Enfrentar o Google, mas podemos competir com eles sem precisar comprar o Yahoo!". Suas intenções são cristalinas. Outra coisa é conseguir o que quer.

Em 2009, assistimos a uma nova reorganização. O Live Search foi renomeado como MSN, mas foi suspenso em poucos meses. A Microsoft reconheceu que havia um problema com a marca, que incluía o termo Live. Foi assim que, em junho de 2009, surgiu seu novo buscador, batizado de Bing. Graças a isso, enterradas as hostilidades entre a Microsoft e o Yahoo!, assinaram um contrato de dez anos de duração com o objetivo de substituir o buscador da segunda empresa pelo Bing. Steve Ballmer disse naquele momento que "mediante esse acordo com o Yahoo! vamos propiciar mais inovação na busca, melhor valor para anunciantes e possibilidade de escolha do consumidor real em um mercado dominado atualmente por uma única companhia", referindo-se ao Google.

Durante 2011 o Bing manteve uma digna cota de mercado nos Estados Unidos. É importante ressaltar que houve uma mudança na tendência que vinha sendo de desgaste intensivo e de maiores cotas de mercado para o Google. De fato, alguns especialistas têm, pela primeira vez, graças ao Bing, uma opinião muito positiva acerca do produto de buscas da Microsoft. Ao contrário, em outros países, como os europeus, seu lançamento não teve repercussão. A posição dominante do Google não está em perigo por ora, visto que ele mantém sua hegemonia mundial minimamente alterada por alguns atores de mercados locais emergentes, como ocorre na Rússia ou na China.

O Bing não é um produto ruim. Contudo, após um investimento de 1,5 bilhão de dólares, longe de se impor, só serviu para fazer cócegas no domínio mundial do Google, e não parece ter tido o sucesso que se esperava na Microsoft.

Chrome OS

Em 2009, o Google anunciou que estava trabalhando em seu próprio sistema operacional para notebooks. Esse mercado é controlado pela Microsoft, que tem acordos com todos os fabricantes para que os notebooks – exceto os Mac da Apple e os poucos que são adquiridos sem *softwares*, ou baseados em Linux, com sistema operacional *open source* (de código aberto) – sejam equipados com seu sistema operacional Windows. O Google não tem medo de entrar nessa nova frente. Pretende arranhar a cota de mercado de seu rival e ter presença em todos os notebooks com seu sistema operacional Chrome OS. Até esse momento, a empresa havia se limitado a dominar o entorno da rede. Com esse anúncio, deixava bem claro que não ia só se limitar a oferecer serviços na rede, como também ia entrar em cheio no mercado em que até então reinava a Microsoft. Alguns analistas insistiam que poderia ser uma resposta ao ataque, por parte da Microsoft, de tentar recuperar com o Bing o terreno perdido nas buscas. Era um modo de dizer: "nós também podemos prejudicá-los". E tratava-se de um golpe agressivo, visto que a Microsoft domina os sistemas operacionais de notebooks há quase 30 anos, com uma cota de mercado de cerca de 90%, o que significa uma importante receita fixa para a empresa de Bill Gates.

O anúncio parecia impactar diretamente na linha de flutuação de uma das fontes de venda mais seguras e estáveis da Microsoft, algo que ninguém havia se atrevido a tentar durante décadas, não só pelo fato de haver um novo competidor, mas pelo detalhe fundamental do preço pelo qual o Google pretendia oferecer esse sistema operacional aos fabricantes... Grátis! Dessa forma, os grandes fabricantes mundiais teriam de decidir se lançariam ao mercado seus notebooks baseados no Windows, pagando uma licença à Microsoft para cada equipamento em que fosse instalado, ou se usariam o novo Chrome OS do Google, que não só é gratuito, como também lhes permitiria ter um modelo de benefício baseado no consumo da publicidade do Google e no uso das buscas realizadas por seus usuários. Desse modo, poderiam compartilhar com o Google receitas publicitárias em curto e médio prazo sobre o uso do equipamento.

O Chrome OS foi pensado para usuários que passam grande quantidade de tempo na Web. Após testar a versão beta, devo admitir com franqueza que não tive muitas surpresas. Além da possibilidade de navegação, era rápido e intuitivo, manejado pela conta do Google, e tinha muitos dos produtos da empresa, como o Google Docs, integrados ao sistema operacional. É baseado no Linux, e esse é mais um exemplo de como a companhia utiliza, com uma dupla moral, o *software* de código aberto. É verdade que esse tipo de *software* o melhora e o põe à disposição da comunidade, mas, sem dúvida, faz isso com um interesse claramente comercial: por um lado, abrir novas vias de negócio – neste caso, publicitário, com a presença em cada computador, e com a busca determinada pelo Google – e, por outro, prejudicar a concorrência acertando-a onde mais lhe dói: na cota de mercado. Definitivamente, longe da versão oficial de Mountain View, segundo a qual a ideia fundamental não é outra senão melhorar a experiência do usuário, baratear o custo de seus equipamentos e colaborar com a inovação, há por trás objetivos empresariais – vejam só, não deveriam ocultá-los ou desviar a atenção deles, posto que são muito lícitos! –, como ganhar dinheiro e ferir a concorrência. Isso é uma constante na política da empresa. Precisamos pensar um pouco além dos comunicados oficiais de imprensa se quisermos entender tudo.

Os analistas da Reuters estimavam em 2009 que o custo do *software* do sistema operacional em um computador portátil, ou seja, a taxa que cada fabricante paga à Microsoft, era de aproximadamente 20 a 40 dólares por Windows XP, e um pouco menos de 100 dólares pela inclusão do Windows Vista, que naquele momento estava sendo lançado no mercado. É possível que os grandes beneficiados com esse enfrentamento sejam, em médio prazo, os compradores de computadores. Sinceramente, duvido que a Microsoft se permita perder muita cota de mercado. Como declarou Ashok Kumar, analista da Collins Stewart Hawkpoint, "serão tão flexíveis quanto for necessário no preço para evitar uma fuga maciça de fabricantes".

O perdedor está claro: a Microsoft, que até agora fazia o que queria nesse segmento tecnológico. Se o Chrome OS triunfar, ela perderá cota de mercado e usuários. Se fracassar, o Google a terá atingido do mesmo modo, pois os grandes fabricantes, em geral fartos da tirania e histórica posição dominante da Microsoft, vão ter agora uma arma determinante para evitar imposições e negociar o preço pela inclusão do sistema operacional. É uma batalha ganha pelo Google, aconteça o que acontecer. Se der certo, posiciona-se no desenvolvimento de sistemas operacionais. Se der errado, mina os lucros da companhia rival. *Touché!*

Funcionários

A luta entre ambas não teve como eixo somente os serviços que oferecem. A mesma batalha se refletiu, para dar um exemplo, no roubo de funcionários entre elas, fazendo até com que, em 2004, a Microsoft processasse o Google por contratar um ex-alto executivo da Microsoft chamado Kai-Fu Lee, alegando que este conhecia a tática que a companhia ia adotar na China.

E tem mais. O Google contratou no início de 2011 o criador do Kinect,[21] Johnny Chung Lee, o que provocou a suspeita de que poderiam estar planejando abrir caminho no mundo do videogame. Trata-se de uma suspeita nada absurda, dada a capacidade do pessoal de Mountain View para desenvolver novas tecnologias e criar interesses em novos mercados, especialmente naqueles nos quais, além de serem apaixonantes e lucrativos, a Microsoft é o protagonista. Neste caso, trata-se do console de sétima geração Xbox 360. Outro claro indício do interesse do Google nos videogames é o investimento de mais de 100 milhões de dólares que fizeram durante 2010 na Zynga, companhia desenvolvedora de jogos sociais de sucesso como FarmVille, Mafia Wars ou PetVille.

Durante anos foi se produzindo um êxodo de funcionários da Microsoft para o emergente Google, que tempos depois parece estar sofrendo na pele a mesma dança de talento de seus escritórios rumo a outras empresas tecnológicas.

Aquisições

A Microsoft e o Google são as duas empresas de Internet que, por seu volume e interesses em diversos mercados, e acima de tudo por sua capacidade financeira e sua necessidade de crescer para contentar seus

---

21. Controlador de jogo para Xbox 360 que permite jogar sem necessidade de comandos tradicionais, já que a interface reconhece os gestos, os movimentos e a voz do jogador.

acionistas, competem ativamente pela compra de empresas que se destacam em determinado momento e entram no mercado, fato pelo qual são economicamente vulneráveis. Os dois gigantes se interessam, em geral, por empresas que oferecem serviços inovadores com grande volume de usuários, ou que oferecem novas tecnologias e patentes complementares a serviços existentes. Poderíamos dizer que são as grandes animadoras do mercado de telecomunicações, e que muitos planos de negócio na região do Vale do Silício são redigidos com o objetivo de desenvolver empresas para que, após três ou quatro anos, acabem suscitando interesse de um dos gigantes, ou, na melhor das hipóteses, que possa captar o interesse dos dois, o que desataria um idílico duelo entre elas.

Talvez tenha sido por esse motivo que, em maio de 2011, a Microsoft comprou o Skype, um popular serviço de chamadas por voz sobre IP pela Internet, por uma quantia que, para muitos analistas, era exorbitante: 8,5 bilhões de dólares. Essa compra representa a mais importante aquisição realizada pela companhia de Redmond. Muitas vozes afirmam que poderia se tratar de um ato de arrogância com o único fim de mostrar que ainda manda na rede e no mercado da tecnologia.

Como costuma ocorrer nesses casos, não só a Microsoft estava interessada no Skype. De fato, o Google, na época mergulhado no desenvolvimento de seu próprio produto de chamadas pela Internet, interessou-se pelo projeto uns anos antes de se completar essa operação espetacular. Era o ano de 2009 e um jovem engenheiro chamado Wesley Chan estava a cargo do projeto hoje conhecido como Google Voice. Nessa época, especulava-se que o eBay precisava vender o Skype, e o Google avaliou a operação durante meses. O problema era que, segundo o próprio Wesley Chan, a tecnologia usada pelo serviço

(P2P)[22] não era a que o Google devia adotar, visto que se tratava de "um sistema antigo, só o que faz é comer largura de banda, e funciona como uma tecnologia já obsoleta". A ideia do Google era empregar uma nova tecnologia denominada WebRTC.

Possivelmente pelo fato de estar havia anos desenvolvendo essa tecnologia, Wesley Chan chegou a dizer aos mandachuvas de Mountain View que a operação do Skype não tinha sentido, pois, caso o adquirissem, teriam de reescrever todo o código-fonte da aplicação. Isso criou uma enorme controvérsia no seio do Google, cujo CEO, Eric Schmidt, era partidário de realizar a compra. Curiosamente, foram vários engenheiros, entre os quais o próprio Chan e Salar Kamangar – um dos dez primeiros funcionários do Google e um dos criadores do Adwords –, que convenceram Larry Page e Sergey Brin de que era uma aventura de alto risco, e que só o mero fato de ter de passar 18 ou 24 meses na Europa auditando e reescrevendo o *software* do Skype fazia com que a compra não tivesse sentido. Por fim, impuseram sua opinião, e a operação não foi realizada.

É difícil saber se aquele engenheiro estava certo ou não. Isso veremos nos próximos anos. No entanto, atrevo-me a afirmar que às vezes alguma coisa não entra na cabeça de determinados engenheiros. Uma coisa é a qualidade técnica de uma aplicação, e outra o negócio que possa oferecer. A tecnologia do Skype talvez possa ser melhorada, mas seu valor não reside essencialmente nessa tecnologia, mas no fato de significar um padrão de uso para mais de 560 milhões de usuários em todo o mundo que o utilizam com frequência. Esse é seu valor de marca, e, além de tudo, é preciso considerar que é uma das maiores referências em telecomunicações pela Internet. Em poucas palavras, talvez o Google possa melhorar sua tecnologia – a Microsoft tem a

---

22. P2P (*peer-to-peer*) é uma rede de computadores que funciona sem clientes nem servidores fixos, com uma série de nós que se comportam como iguais entre si.

mesma oportunidade por ter adquirido a empresa –, mas o pessoal de Redmond terá, além de tudo, uma marca sem concorrência estabelecida, assim como 560 milhões de pessoas dependentes de seu serviço. O Google Voice, com uma tecnologia mais moderna ou mais antiga, parte do zero, e o Google tentará integrar seu produto ao seu navegador ou ao seu e-mail. A Microsoft comprou uma empresa que, entre outras coisas, declara ter tido picos de mais de 30 milhões de usuários simultâneos. Nos próximos anos, veremos uma cruel e imprevisível batalha entre Google Voice e *Skype* que promete ser apaixonante.

Processos

As duas empresas trocaram uma enormidade de processos a fim de desbancar o oponente do ápice de seu setor, ou para evitar que reinasse no próprio. Assim, por exemplo, em fevereiro de 2010, a Microsoft acusou o Google de abuso de posição dominante, e instou os demais prejudicados a denunciar as práticas do Google. E não foi só isso. Em abril de 2011, a Microsoft o acusou de novo de abuso de posição dominante em um processo apresentado às autoridades na União Europeia, visto que, segundo o texto do processo, o Google impedia o Bing, o buscador da Microsoft, de escanear corretamente conteúdos dependentes da empresa de Mountain View. Mais especificamente, o Google limitava a capacidade do Bing de ler e indexar os vídeos do YouTube para oferecê-los em seu índice. Esse processo é um perfeito exemplo do tamanho que a Google Inc. atingiu. Independentemente de quem tem razão, as duas companhias apresentam um perfil similar, são juiz e parte dentro do segmento da Internet e do *software*, e isso faz com que ambas possam se sabotar. Além disso, esses conflitos criam problemas que podem ter uma vertente mais ética que legal. Neste caso, o conflito é que o Google tem seu próprio robô tipo *spider* denominado Googlebot, que visita as páginas seguindo os *links* de umas a outras e indexando seu conteúdo. O funcionamento do buscador da Microsoft é similar. É fundamental manter bem organizado e o mais completo possível um site como o YouTube.com, líder absoluto no armazenamento e *streaming* de vídeos na Internet, para poder responder com exatidão aos milhões de buscas dos usuários. Enquanto escrevo estas linhas, o índice do Google armazena 976 milhões de vídeos do YouTube.com, e o índice do Bing.com apenas 57 milhões. Isso faz com que o Google pareça a melhor opção de busca para milhões de usuários que procuram conteúdo audiovisual, uma vez que tem os vídeos mais bem indexados, o que por sua vez se traduz em respostas mais específicas. Isso é assim porque o YouTube se transformou, com muita distância em relação aos outros, no máximo expoente do vídeo na Internet. A Microsoft considera que tudo isso não é por acaso e que o Google limita intencionalmente a capacidade de seus sistemas de ler o conteúdo, o que, em nível técnico, é relativamente simples: limita-se ao robô a quantidade de dados que lhe é permitido ler por sessão, por hora ou por dia, ou o número de *links* que lhe é permitido seguir.

"Sem um acesso adequado ao YouTube, o Bing e outros motores de busca não podem enfrentar o Google em igualdade de condições para atender às buscas por vídeos desse site, e isso, claro, afasta os usuários dos rivais do Google e os encaminha para essa empresa", disse Brad Smith, vice-presidente sênior e assessor geral da Microsoft. Isso é verdade? Bem, não vamos antecipar os acontecimentos. Um juiz terá de decidir. Se tomarmos como referência outro site de vídeos na Internet, o Metacafe.com, site popular embora a anos-luz do gigante YouTube, podemos ver que o Google armazena 5 milhões de vídeos e o Bing.com com 4 milhões. Ou seja, sobre o site de um terceiro, aparentemente a leitura, mesmo sendo mais profunda por parte do Google, não exemplifica a enorme diferença que existe no caso do YouTube.com. É uma opinião muito subjetiva, mas cabe pensar que o Google está castigando o buscador da Microsoft e impedindo-o de trabalhar corretamente em igualdade de condições.

As autoridades europeias antimonopólio, que parecem menos benevolentes para com o Google que as norte-americanas, deverão se posicionar. Francamente, como mencionei antes, os dois tubarões são primos-irmãos. Se a Microsoft pudesse, faria exatamente o mesmo. Aliás, eu não veria como leviano o jeito de operar e investigar esses acordos por parte da União Europeia, que é, via de regra, lentíssima, mas muito dura, e, pelo menos aparentemente, menos permeável aos *lobbies* que as autoridades norte-americanas. Se o Google for culpado por violar as leis da UE, pode ser obrigado a mudar seu modelo de negócio e pagar uma multa que pode chegar a 10% de suas receitas anuais. E a Microsoft sabe muito bem o que significa discutir temas de monopólio na Europa.

Telefonia móvel

É, talvez, o grande campo de batalha, pelo menos para a próxima década. O mais curioso é que nessa tecnologia a Microsoft parece ter ficado totalmente para trás. Hoje em dia, mal tem possibilidades de enfrentar os líderes do setor, que é a legião cada vez mais numerosa de celulares equipados com o Android, os funcionais Blackberry e o glamoroso iPhone da Apple. Todos parecem ter aceitação, pelo menos quase todos. Sinceramente, é difícil acreditar que os dispositivos baseados no obsoleto sistema operacional da Microsoft, Windows Mobile, tenham alguma chance de lutar nesse setor.

É que a evolução lógica da Internet faz com que ponhamos nossa atenção no celular. Em 1995, quando iniciei nesse setor, já se ouvia em cada esquina e em cada reunião que "o futuro é o celular". Percebia-se que estávamos prestes a cruzar um limite que nos faria dar o salto do computador ao acessório de bolso. A hora desse salto chegou, quase sem que percebêssemos, mas uma década depois. As atuais redes 3G e os *smartphones* permitem isso. Além disso, há um interesse absoluto por parte das operadoras, em escala global, de centrar o consumo da Internet nos terminais de telefonia. Nos Estados Unidos e em toda a Europa foram feitos enormes investimentos durante 15 anos para adaptar os velhos cabos de cobre à Internet, podendo oferecer linhas mais rápidas para ADSL ou cabo, que chegam a atingir 50 ou até 100 Mb por segundo de conexão. Alguém, em sã consciência, acha que essas mesmas empresas vão fazer esses investimentos na Ásia, na África ou em zonas rurais da América Latina? Seria impossível. Ninguém vai trocar os cabos nessas áreas. O acesso não terá sentido sem as conexões 3G, e o papel do celular será fundamental.

Os novos *smartphones* oferecem a possibilidade de se conectar à Internet sem que o usuário precise ligar o computador e consumir serviços. Com eles, se está automaticamente conectado, e a conexão nos acompanha aonde quer que formos. Trata-se de um novo cenário de hábitos de consumo e necessidades no qual a Internet dá o salto do trabalho ou da casa do usuário para a conectividade total.

E aqui, o Google, graças ao Android, tem tudo para ganhar. O Android foi desenvolvido pela companhia Android Inc., que posteriormente foi comprada pelo Google e hoje é desenvolvido pela Open Handset Alliance.[23] A plataforma permite a terceiros o desenvolvimento de programas. Desde outubro de 2008 não para de ganhar adeptos.

Em março de 2011, a Nokia e a Microsoft assinaram um acordo que durará mais de cinco anos. O fabricante de *software* pagará 718 milhões de euros a fim de incorporar majoritariamente o sistema operacional para celulares da Microsoft, o Windows Phone.

23. Aliança para os dispositivos móveis abertos, um grupo de empresas de tecnologia celular, operadoras de telefonia e distribuidores que se uniram para acelerar a inovação no setor dos dispositivos móveis. É liderada pelo Google, e dela participam muitas outras companhias relevantes do setor, como a Motorola e a HTC.

Parece que, pelo menos nesse campo, o Google está muito bem posicionado com o Android. Mas a Apple, a Microsoft e a Oracle tentaram dificultar-lhe as coisas. Em agosto de 2011, David Drummond, diretor do departamento jurídico do Google, acusava a Microsoft, a Apple e a Oracle de "orquestrar uma campanha hostil" de aquisição de patentes para deter o sucesso do sistema operacional. Entre as ações para evitar seu sucesso citava a compra de patentes para que o Google não as pudesse adquirir. Dessa maneira, tentariam cobrar do Google até 15 dólares por cada dispositivo Android que saísse no mercado a título de direito de uso de tecnologia patenteada. "Uma tentativa para tornar mais caro aos fabricantes usar o Android – que nós fornecemos sem ônus – em vez do Windows Mobile", afirmava David Drummond.

Fazendo uso de sua hegemonia econômica, o Google fez sua jogada, e a fez muito bem. Comprou a Motorola e incorporou à sua empresa as quase 20 mil patentes de que esta dispunha. Dessa maneira, certificava-se de que seu grande acerto, o Android, ficaria protegido. Mais adiante, vou descrever com detalhes essa aquisição, que representa um desafio muito maior à Apple e a seu iPhone do que à Microsoft, dada a baixa cota de mercado de que esta última dispõe no terreno de telefonia móvel.

Software

Se a Microsoft é boa em alguma coisa, é em desenvolver *softwares*, mas não para a Internet, e sim aqueles residentes nos computadores. Seu sistema operacional, o mundialmente famoso Windows, e os pacotes de *software*, como o pacote Office, são uma forma de continuar sendo líder e de obter enormes receitas. A Microsoft o atualizou denominando-o Office 2010 e anunciou que vai lançar no mercado a versão do Microsoft Office especial para a nuvem – *cloud computing*. A versão na nuvem permitirá aos usuários criar, compartilhar e trabalhar com seus documentos de qualquer lugar. É uma clara resposta aos movimentos do Google, que oferece esse tipo de vantagens de forma gratuita por meio de seu produto Google Docs. Esse conjunto de programas representa uma das receitas mais importantes da Microsoft, atrás dos derivados diretos de seu sistema operacional. O Google sabe disso e, talvez por esse motivo, e para limitar a capacidade de receitas da Microsoft, tenta minar sua expansão competindo com ela.

Reconheço que nunca entendi muito bem o Google Docs. Esperava muito mais. É um conjunto de programas que permite compartilhar documentos. É óbvio que significa um avanço importante, principalmente para projetos colaborativos. Mas, por outro lado, é um produto ainda imaturo, de qualidade inferior às páginas de escrita, cálculo e apresentações que a Microsoft oferece. Em minha opinião, o Google Docs, do jeito que foi concebido, tem pouco sentido na atualidade.

Entendo que o Google queira reinventar, melhorar e oferecer toda uma série de produtos, e que isso seja útil para os usuários. Compreendo perfeitamente que uma opção é fazer isso de maneira gratuita, baseando-se em publicidade. Em alguns casos, fizeram isso com notável sucesso, como com o Gmail. Mas oferecer produtos inferiores em qualidade e sem intenção de monetizá-los com publicidade, como é o caso, é um esforço um tanto absurdo e sem sentido do ponto de vista empresarial. Além de tentar prejudicar a concorrência, parece haver poucos motivos para prosseguir em seu desenvolvimento.

Ao ver o Office comprometido, a Microsoft se aliou ao Facebook. Em abril de 2010, as duas companhias apresentaram o Docs For Facebook, uma nova ferramenta que permite aos usuários da plataforma social criar e compartilhar *on-line* com seus amigos documentos de Word, Excel e PowerPoint. Se alguém achava que o Google a prejudicaria ao oferecer a seus milhões de usuários um pacote de *software* gratuito, agora era a Microsoft que fazia o mesmo para os mais de 600 milhões de usuários do Facebook. A tecnologia se baseia nas Office Web Apps, a principal novidade do Microsoft Office 2010.

No blog oficial do Office, a Microsoft mostrava-se entusiasmada. Dizia que era "uma notícia realmente excitante. Esteja onde estiver, você poderá manter contato com seus amigos: Office em qualquer lugar, também em suas redes sociais, para compartilhar apresentações, enviar convites, colaborar em documentos de trabalho ou de economia familiar". A realidade é que o uso parece ter sido irrisório, e aparentemente não mudou a vida da maioria dos mortais.

Apple

A Apple é, de certo modo, como o Google, uma empresa cultuada, dedicada essencialmente à fabricação de produtos eletrônicos e *softwares*. É um dos líderes no âmbito tecnológico em nível mundial. Foi criada por Steve Wozniak e por um sujeito peculiar, uma mistura de mito e excêntrico guru chamado Steven Paul Jobs – mais conhecido como Steve Jobs –, que era, até sua morte, o maior acionista individual da The Walt Disney Company. Em 1985, Jobs foi despedido da Apple. Voltou à companhia alguns anos depois, em 1997. Em agosto de 2011, apenas um mês antes de sua morte, demitiu-se do cargo de CEO da companhia e foi substituído por Tim Cook, até este momento diretor de operações da Apple. Jobs é considerado o pai da era pós-PC por ter criado os produtos mais inovadores, como o iPhone, o iPod e, mais recentemente, o iPad.

Sob o mandato de Steve Jobs, a empresa da maçã conseguiu modificar seu status de empresa com dificuldades financeiras até se transformar em uma das mais valiosas marcas comerciais do mundo. Prova disso é que durante os anos de 2008, 2009 e 2010 foi nomeada a marca mais admirada do mundo, segundo o *ranking* elaborado pela revista *Forbes*.

E não foram só as conquistas de valor de marca; o sucesso financeiro também a acompanha. No mesmo mês da saída de Steve Jobs, a Apple se tornou a empresa com maior cotização em Bolsa do mundo, superando a gigantesca companhia energética Exxon Mobil.

Parece-me muito difícil ter uma ideia do tamanho que alcançou aquela que antes era uma companhia simpática que idealizava e fabricava produtos *cool* para minorias. Vou mencionar duas analogias rápidas para que tenhamos uma ideia:

- Em agosto de 2011, o valor bursátil da Apple equivalia ao valor dos 32 maiores bancos da zona do euro... juntos!
- Um mês antes, em julho de 2011, o ativo circulante bruto da companhia chegou a ser superior ao do governo dos Estados Unidos. No fim de 2010, a empresa declarava ter 46 mil funcionários e vendas de mais de 65 bilhões de dólares.

A questão é que a Apple e o Google pareceram ser, durante anos, aliados naturais na concorrência contra a Microsoft. No entanto, a Apple em algum momento começou a se sentir atacada pela voracidade do Google, especialmente quando o Android se tornou uma realidade que podia competir de forma direta com um de seus produtos mais célebres: o iPhone.

Esse *gadget* da Apple é considerado um objeto de culto para milhões de usuários. A partir de 2007, data em que chegou ao mercado nos Estados Unidos, as vendas mundiais superaram em muito os 90 milhões de unidades. A importância desse terminal é tanta que foi até declarado pela revista *Time* a melhor invenção de 2009.

Na luta pelo controle do celular do usuário surge um importante conflito entre o Google e a Apple pela necessidade de impor um ou outro sistema operacional. A principal diferença é que, em médio prazo, o Google obterá mais volume de usuários, visto que o Android é de livre distribuição e será adotado como sistema operacional por cada vez mais fabricantes. No entanto, com toda a certeza a Apple manterá uma boa cota de mercado por se tratar de uma marca de culto. De fato, algumas consultorias se empenham em perfilar as diferenças dos consumidores que preferem o Android e os que utilizam um iPhone, como se não se tratasse de uma decisão meramente pessoal. Existem estudos divertidos, como o realizado pela Hunch com a ajuda da Column Five Media, segundo o qual "os homens são do Android e as mulheres do iPhone". Segundo outro ainda mais curioso realizado pela mesma companhia, os consumidores do Android parecem ser mais introvertidos, têm menos dinheiro, são conformistas em vez de liderar o grupo e nunca fazem cópias de segurança do HD de seu computador, ao passo que os do iPhone são extrovertidos, ganham muito dinheiro, lideram as pessoas que os seguem e realizam o tempo todo cópias de segurança dos arquivos de seu computador. É evidente que isso é simplesmente delirante e beira o ridículo. A única coisa que quer dizer é que existem muitas companhias com tempo livre suficiente para fazer estudos carentes de qualquer sentido e, com certeza, de rigor científico. No fim das contas, um terminal ou outro é uma simples questão de escolha, e esta pode ser – ou não – objetiva, dependendo daquilo a que estejamos habituados, de nossos gostos e do entorno e uso que lhe queiramos dar.

A batalha dos telefones inteligentes não se reduz ao Android ou ao iPhone. Nessa concorrência também entram, embora não de forma tão direta, os populares Blackberry e os terminais com Windows Mobile. No quadro seguinte veremos uma composição do mercado em meados de 2011 por sistema operacional.

Para enfrentar o iPhone, o Google chegou a pensar, em um primeiro momento, que não só usaria seu sistema operacional móvel, como também poderia fazer sentido criar seu próprio *hardware*. Dessa forma lançou, em colaboração com o fabricante HTC, seu próprio celular em janeiro de 2010 com o nome de Nexus One, um *smartphone* que funcionava com o sistema operacional Android 2.1. Os primeiros números de vendas desse telefone inteligente não alcançaram, nem de longe, o iPhone, que nesse momento dominava o mercado e estava passando por seu melhor momento.

Vendas no 2º trimestre de 2011 a usuário final de telefones inteligentes, por sistema operacional (em milhares de unidades)

Sistema operacional	2011 unidades	2011 cota mercado %	2010 unidades	2010 cota mercado %
Android	46.775,9	43,4	10.652,7	17,2
Symbian	23.853,2	22,1	23.386,8	40,9
iOS (Apple)	19.628,8	18,2	8.743	14,1
Research in Motion	12.652,3	11,7	11.628,8	18,7
Bada	2.055,8	1,9	577	0,9
Microsoft	1.723,8	1,6	3.058,8	4,9
Outros	1.050,6	1	2.010,9	3,2
Total	**107.740,4**	**100**	**65.058,1**	**100**

Fonte: ComScore.

Um relatório feito naqueles meses pela consultoria Flurry indicava que o Google havia vendido cerca de 135 mil modelos de seu Nexus One nos primeiros 74 dias à venda. O Iphone vendeu, no mesmo período, um milhão de unidades. O Nexus One era um terminal que trazia consigo curiosidades *made in Google*. Por exemplo, só foi anunciado na Internet e só podia ser adquirido por ela. Era como se a companhia estivesse tão segura do produto e de sua capacidade de convencer milhões de *Googlefans* que achasse que não precisava dos canais de venda tradicionais. Não foi exatamente um sucesso, mas, ainda assim, a Apple se sentiu atacada. Steve Jobs criticou duramente o Google por isso. "Nós não entramos no negócio de buscadores. Eles entraram no negócio de telefones. Não foi um engano, querem matar o iPhone. Não deixaremos que façam isso!", disse em certa ocasião.

Além de entrar em conflito com seus interesses em telefonia móvel com os terminais Android e iPhone, as duas companhias estão especialmente interessadas em desenvolver soluções de publicidade dentro de seus sistemas. Por esse motivo, a Apple comprou a companhia Quattro Wireless, uma empresa de publicidade para telefones celulares, por 275 milhões de dólares. Essa companhia é a concorrente direta da AdMob, adquirida pelo Google meses antes por 750 milhões de dólares. A Apple realizou a aquisição para oferecer publicidade dentro de seu próprio sistema a seus milhões de usuários. O Google, além de tudo, tem a ambiciosa intenção de fazê-lo nos entornos do Android e, ao mesmo tempo, do iPhone. Ou seja, quer colher também no jardim do vizinho.

Quando, em 2007, o Google anunciou que ia desenvolver o Android, as duas empresas deixaram bem claro que os telefones celulares seriam os computadores do futuro e, portanto, uma das peças-chave no desenvolvimento da Internet, se não a mais importante. Pouco a pouco, começou-se a ver que a Apple, que havia mantido uma histórica rivalidade durante anos com a Microsoft pelas diferenças Mac-PC, começava a abandonar seu rival histórico diante de uma nova ameaça que se avizinhava para os próximos anos. Paradoxalmente, isso significou uma sutil aproximação à Microsoft. É que a necessidade e o medo dos inimigos comuns são estranhos companheiros de cama, acima de tudo para quem tem certa memória histórica ou, simplesmente, olha para trás em perspectiva.

Por isso, Steve Jobs anunciou o lançamento do iAd, uma nova plataforma móvel de publicidade que permite aos desenvolvedores de programas e às agências inserir publicidade de forma direta nos aplicativos concebidos para o iPhone, o iPod Touch e o iPad. A ideia é que a Apple venda essa publicidade e que os desenvolvedores das aplicações fiquem com até 60% dos lucros. Esses movimentos da Apple no setor da publicidade serviram para que o Google alardeasse, por meio de seu CEO,

Eric Schmidt, que o lançamento do iAd deixava em evidência que a compra anterior da plataforma AdMob não significava para o buscador uma atividade de monopólio no mercado da publicidade móvel, tal como estava se especulando até a data. É que a companhia começou a ser investigada em 2009 pela Comissão Federal de Comércio (FTC) dos Estados Unidos, que contatou as empresas consideradas concorrentes do AdMob para que testemunhassem no caso, e assim poder determinar se a compra do maior gestor de publicidade móvel por parte do maior gestor de publicidade na Internet podia ser uma prática monopolística. É claro que não. Isso deixava espaço para todos! E ainda enviou um relatório à câmara de representantes mostrando a preocupação dos responsáveis pelo comércio com todo esse assunto.

Não só a publicidade móvel e o iPhone separam essas duas empresas de sucesso. É possível que logo observemos de perto uma concorrência direta com outro produto estrela dos garotos da maçã: o iPad da Apple. Ele chegou ao mercado em março de 2010, e um milhão de dispositivos foram vendidos em apenas 28 dias. O Google também pretende enfrentá-lo. Junto com a Verizon, a maior operadora de telefonia dos Estados Unidos, preparou um *tablet PC*, segundo comunicou seu CEO, Lowell Mcadam, no *The Wall Street Journal*, em maio de 2010. Enquanto o Google assaltava a outra joia da coroa da Apple, Steve Jobs disse uma frase que já faz parte de sua lenda: "A inovação é o que distingue o líder de seus seguidores". Embora a Apple não tenha criado o *smartphone*, nem o *tablet PC*, nem mesmo o iPod, ninguém pode negar que soube desenvolvê-los e torná-los suficientemente atraentes a ponto de serem, hoje em dia, indispensáveis para milhões de pessoas. Tanto os *tablets PC* quanto o iPad abriram um novo segmento. E quem experimenta, sem dúvida, repete. Veja um dado curioso: o presidente executivo da Best Buy, Brian Dunn, estimava no fim de 2010, baseando-se em pesquisas internas, que o iPad havia canibalizado as vendas de notebooks em até

50%. Se isso for verdade, é realmente impressionante a mudança de tendências provocada pela Apple.

Existem muitos pontos de atrito e muita concorrência entre eles, mas, apesar de estarem cada vez mais distantes, têm também problemas comuns para os quais não há mais remédio que não seja somar esforços. Sem ir muito além, durante o mês de abril de 2011, tanto a Apple quanto o Google foram citados no Congresso dos Estados Unidos para que os presidentes das duas companhias explicassem o sistema de rastreamento de seus disp ositivos móveis, visto que aquilo era considerado um grave atentado contra a privacidade. O problema é que esse tipo de dispositivo possui um sistema de rastreamento que armazena a localização do usuário e a guarda, de forma que alguns se perguntam se esses dados têm um fim comercial, e se poderiam ser acessados por terceiros – por exemplo, por meio das imagens que se sobem na Internet por esses dispositivos. Embora algumas de suas funcionalidades sejam opcionais para o usuário, Steve Jobs quis sanar a polêmica. Pretendeu calar os rumores acerca do suposto acompanhamento que a companhia faz de seus clientes afirmando: "Não rastreamos ninguém. A informação que está circulando em relação à Apple é falsa. No entanto, nossa concorrência [referindo-se ao Android] rastreia". Esta é mais uma das pérolas que o próprio Jobs deixou para a posteridade como recado para a concorrência, junto com outras. Quando, em abril de 2010, lhe perguntaram sobre o controle – ou a censura, segundo seus críticos – que a Apple exerce sobre as aplicações e os conteúdos de seus terminais móveis, declarou coisas como: "Se você quer pornô, compre um Android". Ou, quando em plena guerra com a Microsoft pela concorrência entre o Windows e o Mac, declarou: "O Microsoft Office é para o Mac o melhor programa que a Microsoft já lançou". O sujeito era um gênio, e se notava que tinha autoestima e prepotência de sobra. Tanto que existem diversos *wikis*[24] na Internet que compilam suas melhores e mais hilariantes frases.

Aquela que prometia ser, em médio prazo, a mãe de todas as batalhas começou quando o Google pisou no nicho-chave da empresa de Steve Jobs. Em agosto de 2011, o Google adquiriu a companhia fabricante de *hardwares* Motorola, e a partir desse momento tinha condições não só de competir na Internet e no *software,* mas também no *hardware* próprio contra a Apple. Isso já parece um enfrentamento frontal. Não sei você, mas eu me espanto com a capacidade que o Google tem de travar tantas batalhas simultâneas.

Para muitos analistas, a operação da Motorola é parte do desejo do Google de se transformar no que a Apple representa e dispor, entre outras coisas, de uma fábrica de *hardware* como centro de P&D, do qual seriam lançados produtos inovadores que possam minar os espetaculares resultados da companhia da maçãzinha. Com isso, entraria em um novo e lucrativo negócio: a fabricação de *gadgets* e *smartphones,* entre outros, sem ter de recorrer às pouco eficazes alianças com terceiros.

Essa operação semeou inquietudes entre os sócios do Google no Android, empresas como a LG, a HTC e a Samsung, até aquele momento rivais comerciais da Motorola, que viam agora que esta última poderia ser juiz e parte no desenvolvimento do Android por ser propriedade de seu principal promotor. A companhia de Mountain View apressou-se em dizer que a Motorola não se integraria à sua estrutura, o que tranquilizou seus sócios e assegurou o jogo limpo na concorrência entre eles. Tendo em conta o histórico de jogadas que o Google já aplicou em seus parceiros, será que acreditaram em suas promessas? Se acreditaram e não estão com um olho nas costas, pode dá-los por mortos.

---

24. http://es.wikiquote.org/wiki/Steve_Jobs.

O Google não só comprou uma enorme, mas decadente, fábrica de telefonia móvel que há muitos anos, com modelos como os StarTac,[25] foi vanguardista, e que agora não tinha produtos de primeira linha. Com essa aquisição o Google adquiriu 17 mil patentes aprovadas e mais 7 mil pendentes de aprovação relacionadas com a telefonia móvel 2G, 3G e 4G que eram exclusivas da Motorola. O segredo está justamente aqui, nas patentes. A compra da empresa de telefonia móvel parece um movimento defensivo cujo objetivo é proteger a futura joia da coroa do Google, o Android, contra seus eternos rivais, principalmente a Apple e a Microsoft. Nos últimos meses, o Google e seus sócios, os fabricantes de telefone que utilizam o sistema operacional Android, começaram a receber processos relacionados com as patentes do *software* que utilizam, das quais outros fabricantes exigem uma quantia entre 3 e 15 dólares por cada telefone no qual tenha sido instalado o sistema operacional promovido pelo Google. Eu me atreveria a dizer que esse jogo é típico entre as companhias tecnológicas e que, no fim, acaba em acordos após longos litígios. A única maneira de não sair perdendo é ameaçar seus rivais com uma significativa bolsa de patentes para depois compensar esses processos nos acordos posteriores. Definitivamente, é um jogo no qual você esmaga o outro porque tem muitos argumentos legais com os quais processar. Ou empata, porque, como o Google, compra uma bolsa de patentes com a qual você pode inclinar a balança das reclamações a seu favor para intimidar o vizinho. Já estou até vendo seus enormes times de advogados esfregando as mãos diante de tão suculento cenário.

A Apple já considera o Google um rival. Meses antes, junto com a Microsoft e outras empresas como a Oracle, foi comprando enormes quantidades de patentes relacionadas com telefonia móvel que proce-

25. Motorola StarTac, lançado em janeiro de 1996, ocupa a sexta posição na lista dos "50 *gadgets* mais grandiosos dos últimos 50 anos" elaborada pela revista *Pc World*.

diam de companhias que passavam por dificuldades econômicas em plena crise, ou que estavam quebradas. Assim, por exemplo, a Nortel leiloou suas patentes, umas 6 mil. Recebeu uma oferta do Google de 900 milhões de dólares, que ficou muito longe do consórcio ganhador, que ofereceu uma quantia muito superior, 4,5 bilhões de dólares. Quem estava por trás de uma oferta tão astronômica? A Microsoft, a Apple, a Oracle, a Sony e o fabricante dos conhecidos Blackberry, a RIM. Como o Google interpretou esse movimento? Sem nenhuma sombra de dúvida, como uma guerra declarada pela Microsoft, Apple e Oracle, entre outras.

Isso criou uma enorme preocupação no Google e possivelmente foi o que desencadeou o movimento defensivo que culminou com a compra da Motorola. Assim, seu vice-presidente de assuntos legais dava o tiro de largada para a guerra aberta contra a Apple ao declarar que "empresas como a Apple e a Microsoft, em vez de investir em inovação, investem em litígio. Por cada *smartphone* fabricado podem reclamar cerca de 25 mil patentes. No fim, quem paga é o usuário, visto que vai ter de pagar o sobrepreço em seu terminal Android".

Essa postura me parece um pouco forçada. De fato, nesse cenário o usuário teria de pagar mais por cada terminal com o Android. Mas esses poucos dólares que o usuário deverá gastar a mais são a verdadeira preocupação do Google ou é a perda de sua principal vantagem competitiva, a gratuidade do sistema operacional? Vou fazer outra pergunta ingênua. Não deveriam ter desenvolvido do zero o Android em vez de se apoiar no trabalho dos outros, como os criadores do *software* livre, de modo que a guerra de patentes não os afetasse por dispor de um produto 100% próprio? Isso deixa claro que os atalhos e o "barato" podem sair muito caros até para um gigante como o Google.

O Google foi acusado de ter se aproveitado, em diversas ocasiões, do trabalho da comunidade do *software* livre para obter vantagens competitivas, menor custo e velocidade para dominar o mercado.

Algo assim aconteceu com seu navegador Chrome. Em poucas palavras, é acusado de apoiar essas iniciativas em benefício próprio. Agora, isso está voltando como um bumerangue contra os escritórios de Larry e Sergey. Embora não atentemos para isso, o *software* livre também tem problemas. Possivelmente ninguém vai processar um aplicativo móvel *open source* que fere uma patente. Mas se for seu concorrente e houver por trás uma multinacional como o Google, os tubarões vão sentir cheiro de sangue fresco; acima de tudo porque o prêmio é em dobro: você prejudica o produto da concorrência ao encarecê-lo, e ao mesmo tempo pode ter direito a uma indenização milionária.

Em geral, a Apple responde a declarações altissonantes como a do Google, de modo que o assunto foi esquentando durante algumas semanas, até que depois de uma ácida troca de acusações o pessoal de Mountain View quis suavizar os ânimos. Em 2011, Madhav Chinnappa, responsável pelo Google News, declarou ao *The Telegraph* que "o Google não está em guerra com a Apple. Apesar de termos serviços similares, sua natureza e usuários são diferentes, visto que a Apple tem um modelo fechado, com seus prós e seus contras, e nós, um aberto".

Curiosamente, nesse cruzamento de alianças forçadas, de compra de patentes e de acusações, a Microsoft revelou que havia oferecido um acordo ao Google para comprar as patentes da empresa Novell de forma conjunta. Assim, e diante da dúvida que essa declaração oferecia a analistas e usuários, Frank Shaw, responsável pelas relações públicas da Microsoft, viu-se obrigado a pôr em seu Twitter o e-mail com que Ken Walker, conselheiro geral do Google, rejeitava a proposta. Oferta surpreendente, e rejeição surpreendente.

O consumo dos celulares com Android e do iPhone é diferente. A Apple vai manter uma importante cota de mercado, mas sempre será superada. Em setembro de 2012 foram ativados 1,3 milhão de terminais com Android por dia. A esse ritmo, os números globais fazem prever que em 2013 alcançará 1 bilhão de usuários em todo o mundo, e poderá desbancar o iPhone, que nesse mesmo mês, e em apenas três dias, vendeu 5 milhões de unidades de seu novo iPhone 5 – o qual se espera que venda 250 milhões até o fim da sua comercialização.

O Google é um monopólio daninho, devora mercados e prejudica a concorrência. A Apple, que também encanta os usuários, age de forma similar, por exemplo, com a App Store,[26] com a qual goza de um controle absoluto sobre os terminais dos usuários e impõe suas normas e critérios sobre aplicações, conteúdos e dispositivos. Definitivamente, ambas tiranizam de maneira similar.

Mozilla Firefox

É um navegador Web livre proveniente do Mozilla Application Suite, desenvolvido pelo Mozilla. Foi criado em agosto de 2005 e se encarrega de coordenar e integrar o desenvolvimento de aplicações Web, como o navegador Web Firefox e o cliente de e-mail Thunderbird.

O Firefox começou como um experimento de Dave Hyatt e Blake Ross. Ele consiste em um navegador multiplataforma, que está disponível em várias versões para Microsoft Windows, Mac OS X, GNU/Linux e alguns sistemas baseados em Unix. O nome original foi Mozilla/Browser. Mudou para Phoenix em setembro de 2002. Em 2003, foi denominado Mozilla Firebird, e em junho de 2004 passou a se chamar como se conhece hoje em dia: Mozilla Firefox.

Em 2010, o Firefox atingiu uma de suas principais marcas ao superar em porcentagem de usuários o Explorer e se posicionar como o navegador mais utilizado na Europa.

---

26. Serviço para iPhone, iPod Touch, iPad, Mac OSX Snow Leopard e Mac OS X Lion, criado pela Apple Inc., que permite aos usuários buscar e descarregar aplicativos do iTunes Store ou do Mac App Store, no caso de Mac OS X.

Durante o primeiro trimestre de 2011, os números da batalha dos navegadores eram muito significativos: o Explorer era o buscador mais utilizado no mundo, com 37,7% dos usuários, ao passo que o Firefox chegava a 28,3%. O terceiro navegador mais usado era o Chrome, com 16,8% de cota.

Quanto à relação do Google com o Firefox, está fundamentada na proteção *antipishing*,[27] que surgiu no Firefox 2 e que era ativada automaticamente. Essa proteção se baseia em uma lista atualizada duas vezes por hora e descarregada no computador do usuário diretamente do servidor do Google. O usuário, por sua vez, não pode mudar o provedor desses dados na interface gráfica, e também não conhece qual é o provedor predeterminado. Ainda, o navegador envia o *cookie* do Google em cada solicitação de atualização. Como você verá adiante, isso é muito importante para a enorme base de dados de usuários do Google.

Em 2006, as receitas da Mozilla Corp. foram de 66,9 milhões de dólares. Noventa por cento derivou dos lucros de seus motores de busca. Que buscador tem um acordo com a Fundação Mozilla e representa a imensa maioria dos lucros do Firefox? Acertou. O Google! Em outras palavras, o Firefox depende totalmente de seu aliado Google. E o Google Chrome compete com o Firefox. Apesar de tudo, como já vimos em outros exemplos, os amigos do Google não duram muito.

O Google criou o projeto Chromium, de *software* livre, para fundamentar as bases do design e desenvolvimento do navegador Chrome, bem como do sistema operacional Google Chrome OS. O objetivo do projeto era oferecer um navegador mais estável, veloz e seguro, que tivesse uma interface de usuário mais simples e eficiente.

---

27. *Pishing*: delito enquadrado no âmbito dos delitos cibernéticos que se comete mediante o uso de um tipo de engenharia social, caracterizado por tentar adquirir informação confidencial de forma fraudulenta.

A fundação tem um acordo estável com o Google para realizar conjuntamente as buscas de forma automática na barra de buscas do Firefox. As duas companhias dividem as receitas publicitárias derivadas do consumo da publicidade dessas buscas. Em 2006, o relatório financeiro do Mozilla afirmava que "o Mozilla tem um contrato de direitos autorais com um provedor de motor de buscas". O contrato original expirou em novembro de 2006. No entanto, o Google renovou o contrato até novembro de 2008 e, posteriormente, até 2011, momento em que o Google teve de pensar se daria mais corda à vítima ou se começaria a enforcá-la. É um pouco cruel, não?

O jornalista Devindra Hardawar escreveu na *VentureBeat* em abril de 2011:

> O Firefox 3 foi lançado em junho de 2008, e o Google aproveitou para sair do nada, sem que ninguém percebesse, e roubar muitos dos avanços da tecnologia do Mozilla. De repente, o Google estava na terceira posição, muito à frente de qualquer concorrente que não fosse a Microsoft ou o Mozilla.

É que enquanto o Google oferecia apoio técnico e financeiro ao Firefox, seus engenheiros estavam aprendendo com eles. A colaboração com a Fundação Mozilla não era tão desinteressada como poderia parecer à primeira vista. Nesse momento, estavam preparando seu próprio navegador; e que melhor maneira de fazer isso do que descobrindo como funcionava aquele que seria seu futuro concorrente?

Enquanto escrevo estas linhas, o Google ainda não decidiu se prorroga o contrato que serve de colchão financeiro ao Mozilla. É bem certo que, como dizem reiteradamente os diretores do Google com certo sarcasmo, "a concorrência está apenas a um clique de nós". Mas também é verdade que sem esse acordo a empresa que gere o Firefox ficaria à deriva em termos econômicos. Embora existam outros buscadores no mercado, especialmente o Bing, o produto da Microsoft, o essencial não é, a meu modo de ver, a melhor ou pior qualidade de um motor de busca, e sim a mistura de qualidade desse motor de busca com a capacidade de comercializar publicidade *on-line* em formato de texto em todo o mundo. Essa capacidade e esse *long tail*[28] de clientes em escala mundial é, hoje em dia, a grande vantagem do Google. Definitivamente, se esse acordo não se renovar, a própria Microsoft não poderá oferecer ao Firefox a rentabilização das buscas em receitas em escala mundial, como faz a solução do Google, que tem duas opções: ampliar um contrato lucrativo ciente de que é vital para seu concorrente, ou deixá-lo cair e não o renovar, o que beneficiaria seu produto Chrome por conta da imensa queda de receitas que o Firefox sofreria e que, por outro lado, evidentemente influiria em seu futuro. Não é incrível poder tomar essas decisões? Imagine que a sobrevivência da Pepsi dependa dos diretores de seu mais direto rival, que discutem se renovam ou não um acordo do qual depende o futuro da companhia de seu principal e histórico concorrente. Esse é exatamente o cenário que está se formando na Internet! Uma única empresa deveria ter tanto poder a ponto de seu concorrente ter de depender dela, sem alternativas reais, por mais que nos digam que estão a um clique de distância?

Em relação a isso, recordo um encontro que tive com Scott Rubin, porta-voz oficial do Google, no verão de 2011. No meio de uma conversa informal, na qual expus algumas questões mais ou menos constrangedoras, não quis deixar de lhe perguntar o que achava que aconteceria no caso Firefox. Comentei que, se Google não renovasse o contrato, teria de enfrentar uma perda não só financeira, já que pa-

28. O *long tail*, ou "longa cauda", refere-se aos nichos de mercado especializados. O conceito foi cunhado por Chris Anderson em um artigo da revista *Wired* em 2004 e posteriormente em seu livro *A cauda longa*.

rece ser um acordo lucrativo para ambas as partes, mas também em termos de imagem, posto que se poderia pensar que literalmente asfixiava sua concorrência. Por outro lado, se fosse renovado o contrato, a concorrência entre o Chrome, o Firefox e o Internet Explorer seria muito mais dura. Scott me explicou que ainda não haviam tomado uma decisão e que em breve se saberia. Nada de novo no horizonte. No entanto, nesse ponto eu me permiti incidir naquilo que para mim é o problema. Perguntei-lhe se achava que estimulava a concorrência, e, portanto, a diversidade e a inovação, o fato de uma companhia ter tantos interesses e tanto poder a ponto de seu mais forte concorrente depender dela. Seu enigmático sorriso, que se congelou durante alguns segundos enquanto eu tentava adivinhar o que pensava, já dizia tudo – inclusive, de forma muito evidente, que não era uma pergunta agradável. Ficou inalterado até que evitou o confronto, visivelmente incomodado, com um expeditivo *next question*!

É mais que possível que o responsável pela comunicação do Firefox não sorria da mesma forma. Não poderá se permitir enquanto não seja resolvida a renovação do contrato, do qual depende seu futuro em boa parte. Trata-se, definitivamente, de sua própria sobrevivência. A presidente do Mozilla, Mitchell Baker, talvez dando bola fora, declarou: "O Mozilla está bem posicionado para continuar sendo vital e eficaz durante o atual e difícil momento econômico". Segundo sua ideia, não renovar contrato com o Google seria duro e requereria ajustes, mas o Mozilla poderia sobreviver. A Microsoft, o Chrome e o Mozilla terão de lutar com mais força. Aliás, eu não gostaria de estar na pele do Firefox no meio dessa briga de gigantescos tubarões. Se não renovar seu acordo com o Google, a alternativa será a Microsoft, que, além de monetizar de maneira pior as buscas em escala mundial, tem como produto o Internet Explorer. Seria como escapar de um predador e entrar na boca do outro. Eu já disse antes: deve ser duro ter de decidir entre Khomeini e Kadafi...

Está vendo, pouco a pouco, como, no fundo, a Microsoft e o Google se parecem muito mais do que você pensava?

Redes sociais

A Google Inc. conseguiu grandes produtos e inquestionáveis sucessos. No entanto, em toda história há um "porém", e esta não será diferente. O tendão de Aquiles do Google foi se adaptar à chegada da Web social, também conhecida como Web 2.0, e conseguir liderá-la.

A onda de renovação que a Internet viveu desde a chegada da Web social surpreendeu até o próprio Google. De início tentou se aproximar timidamente do fenômeno, e fez isso de forma mais incisiva nos últimos tempos. No entanto, acabou vendo que empresas jovens com novas propostas tomavam a dianteira. O primeiro projeto do Google para tentar entrar no setor das redes sociais foi o Orkut, em 2004. Tratava-se de uma rede social destinada aos usuários que quisessem compartilhar documentos com contatos já existentes, e até mesmo acrescentar alguns. Essa rede social não fez muito sucesso. Só no Brasil – 48% de cota de mercado de redes sociais – e na Índia – 35% de cota – conseguiu captar uma massa crítica de destaque. No início, o Orkut se centrava no mundo anglófono. Foi criado pelo turco Orkut Büyükkökten, atual funcionário do Google. Para sua empresa anterior, a Affinity Engines, já havia criado um sistema similar denominado InCircle. Essa companhia mais tarde processou o Google por considerar que o código-fonte da rede social lhes pertencia, e que havia sido em parte plagiado de seu serviço. Fundamentou sua denúncia demonstrando que algumas falhas do código-fonte do Orkut também estavam presentes no InCircle. Seja como for, o relevante para nossa história é que o Google não só havia detectado o fenômeno, como também comprava uma companhia para pegar a nova grande onda que se vislumbrava no horizonte. Definitivamente, o Google queria ocupar o posto de que hoje goza o Facebook. Mas seus esforços foram infrutíferos e ele não atingiu seu objetivo. Em mercados relevantes para a companhia, como o dos Estados Unidos, onde a penetração do Facebook é absoluta, o uso da rede social Orkut é menor que 2%.

Mais tarde, à vista de outro fenômeno social emergente denominado Twitter, a companhia de Mountain View tentou contrabalançar seu enorme sucesso. Aconteceu algo parecido com o caso anterior. Nessa ocasião, o Google não adquiriu uma companhia de terceiros, mas desenvolveu uma ferramenta própria denominada Google Buzz. Chegou ao mercado em 2010 sem muito sucesso e, o que é mais importante, gerando pela primeira vez enorme antipatia em uma parte significativa da comunidade, que considerava a nova invenção do Google excessivamente intrusiva.

O Buzz está integrado ao Gmail e permite ao usuário estar a par das informações geradas por seus amigos: fotos, vídeos, comentários breves, tipo Twitter etc. Esses amigos são "herdados" dos contatos do Gmail, e toda a informação criada pode ser catalogada como pública ou como privada. Cabe destacar que tem um funcionamento muito simples. Uma vez ativado o Gmail, o sistema propõe estabelecer como "pessoas a seguir" os contatos com que o usuário mais se relacionou. No começo, o Buzz selecionava automaticamente os contatos que adicionava, o que gerou uma enorme onda de queixas dos usuários, que consideravam que o novo serviço invadia sua privacidade. Finalmente o sistema foi modificado, diante da avalanche de críticas. Agora, apenas mostra recomendações.

Por último, outra funcionalidade do Buzz é que os usuários podem importar a atividade que realizam em outras redes, como o Twitter, ou em plataformas de publicação de conteúdos, como o YouTube. O contrário não ocorre. Em outras palavras, a máxima que a companhia diz ter em seu DNA, segundo a qual deseja universalizar a informação mundial, parece ir em um só sentido, pois favorece a migração de dados a seus serviços, mas não parece oferecer facilidades inversas para que os usuários possam exportá-los a outras redes. Mas quem não quiser contar com esse serviço pode desativá-lo ou eliminá-lo do Gmail. Por fim, a empresa decidiu encerrar o serviço em outubro de 2011.

Se o Orkut pode ser entendido como o desejo frustrado do Google de ser o Facebook, o Buzz, apesar de ter muitas diferenças em relação ao Twitter, pode ser interpretado como um desejo de ficar com essa fatia do bolo. Em ambos os casos, a Google Inc. deu com os burros n'água e teve de enfrentar não só suas primeiras derrotas na Internet – algo que, embora pouco habitual, já havia experimentado em outras ocasiões, das quais a mais destacada foi sua tentativa de impor o Google Video, cujo fracasso acabou desencadeando a milionária compra do YouTube –, mas um problema ainda maior. A chegada da Web social nos mostrava, pela primeira vez, um Google desatento às tendências, alheio às necessidades de conhecimento dos usuários, que apontava para um caminho diferente daquele a que a massa se dirigia. E o que é ainda mais grave e preocupante para seus interesses: ficava pela primeira vez em evidência que estavam longe de ser a enorme máquina de inovação que ditava as tendências a ser seguidas pelo mundo, como era habitual anos antes.

O Google lançou em junho de 2011 o Google+, sua nova rede social. Segundo suas próprias palavras, era uma mistura de Facebook e Twitter. Pretendia minimizar a fraqueza que o gigante mostrava diante da Web social. Estou há algumas semanas testando essa nova invenção e notei que muitos analistas e usuários avançados o adoram. Eu me considero usuário ativo do Facebook e do Twitter, e reconheço que, diferentemente de vagas tentativas sociais anteriores que deram errado, como os produtos Google Buzz e Google Wave, o Google+ parece bacana. Ainda assim não me viciei, como com o Facebook, que acesso todos os dias para ver as mensagens que chegam, ler meu mural e aceitar solicitações. Aconteceu a mesma coisa com o Twitter, onde todos os dias faço comentários pelo celular, informo-me e leio opiniões interessantes. Até hoje, o Google+ não me aportou nenhum valor nem atendeu a nenhuma de minhas necessidades atuais. Claro, esse negócio de necessidades é muito pessoal. Como afirmava um dos grandes inovadores da história, Henry Ford, "se eu houvesse perguntado a meus clientes do que necessitavam, teriam dito um cavalo melhor". É que não é preciso dar ao usuário o que ele quer e julga necessitar, e sim lhe mostrar que o que está fazendo é o que realmente necessita. Seja como for, o Google avisa, sem dar muita importância, que se trata de um produto básico, de mais um desenvolvimento ao qual vão acrescentando muitas coisas e que será melhorado nos próximos meses. Veremos se o suficiente...

Para definir essa nova tentativa da empresa um dia fundada por Brin e Page, só direi que não me parece mais que uma tentativa de obter uma gigantesca base de dados com fins publicitários. Pode lhe parecer malvado ou cruel que eu veja assim, ou até que minha análise seja muito simplista. Devo dizer em minha defesa que a frase não é minha. Foi cunhada por Eric Schmidt em uma entrevista concedida à *National Public Radio* de Edimburgo, na Escócia, na qual admitiu tacitamente que o Google+ é pouco mais que "uma extensa base de dados de publicidade em benefício das grandes corporações para orientar melhor sua publicidade aos usuários finais". Curiosa análise, não é? Gosto mais quando se referem a mim como "pessoa" ou, se não há mais remédio, como "usuário" ou "consumidor". Querido Eric, reconheço que me dói ver minha identidade pessoal relegada à categoria de "dado", mas, que se há de fazer, já sabemos como vocês se comportam no Google!

Facebook

Trata-se da famosa rede social criada por Mark Zuckerberg. Em um primeiro momento, foi utilizada no âmbito da Universidade de Harvard, onde Mark estudava. Desde 2004, a empresa tem sua sede em

Palo Alto (Califórnia). Seu crescimento foi impressionante, só comparável com os primeiro tempos do Google.

De início, seus usuários provinham majoritariamente dos Estados Unidos, Canadá e Reino Unido. Em 2007, foram lançadas versões em francês, alemão e espanhol. Desde então, o Facebook conseguiu se expandir por todo o mundo. Em outubro de 2012, um orgulhoso Mark Zuckerberg comunicou seu grande feito por meio de uma nota publicada na própria rede social: o Facebook contava com um bilhão de usuários.

A ideia de Mark era criar uma comunidade na qual as pessoas compartilhassem seus gostos e sentimentos. Foi inspirada no Geocities.com, site que fez muito sucesso em 1994, fundado por David Bohnett. Em 1998 foi o terceiro site mais visitado. No entanto, não conseguiu se consolidar. Após ser adquirido pelo Yahoo!, suas atividades foram finalmente encerradas em 2009.

O Facebook superou todo tipo de expectativas, a ponto de a história de sua formação ter sido levada às telas do cinema. A importância dessa rede social baseia-se na enorme quantidade de dados pessoais que compilou. Um dos fundadores do FriendFeed,[29] Paul Buchheit, fez uma análise muito interessante em um artigo publicado na *Mashable* em 2009; dizia que o vínculo de dados em sites como o Facebook poderia chegar a ser mais valioso que a informação dos *links* de dados na Web. Em outras palavras, a informação com que a rede social lida poderia ser, no âmbito empresarial, uma fonte de riqueza ainda maior que a que o Google soube indexar e organizar. Se assim fosse, estaríamos diante de uma mudança de paradigma, da Internet das páginas à Internet das pessoas. Nesta última surgiu, quase inesperadamente como ocorreu outrora, um novo rei.

---

29. Agregador que permite, em tempo real, ver em um só lugar as atualizações de notícias de meios de comunicação e redes sociais, blogs e micro-blogs, bem como de qualquer fonte de notícias em formatos RSS e Atom. Foi adquirido pelo Facebook em 2009.

Esse rei social, se é que o podemos chamar assim – e não tenho muita certeza de que seja correto –, teria em suas mãos uma mudança de ciclo. Certamente essa mudança vem acontecendo em alguns campos, como na já mencionada fuga de talentos do Google para o Facebook. A guerra se repete e parece cíclica. O que o Google fez tempos atrás em relação aos funcionários da Microsoft agora o Facebook faz, e, como vimos, oferece melhores condições de trabalho aos engenheiros do Google para que passem a fazer parte de sua companhia.

Em 2011, ocorreram algumas fugas destacadas. Uma delas foi a de Alexandre Hohagen, responsável pelo Google na América Latina e atual vice-presidente de vendas do Facebook no Brasil. Outra, também relevante, foi a de Amin Zoufonoun, diretor de desenvolvimento corporativo no Google, que trabalhava em Mountain View desde 2003, e que agora desempenha a tarefa de supervisão das iniciativas de desenvolvimento corporativo no Facebook. Seja como for, nesse pulso entre a Internet atual e o que pretende ser *The Next Big Thing*,[30] o Google vai opor uma feroz resistência, muito maior e muito mais difícil de superar que a que a Microsoft representou um dia.

Se a Microsoft e o Google parecem ser, no fundo, companhias muito similares, a semelhança com o Facebook é mais evidente ainda. Sua trajetória paralela culminaria com a estreia da rede social na Nasdaq, mediante a qual obteria um enorme capital para poder realizar aquisições e investimentos. Mas há outro ponto em comum entre as duas empresas, e esse é muito mais obscuro e menos brilhante. Trata-se da constante suspeita em relação à duvidosa proteção de dados de seus usuários. O Facebook foi ainda mais agressivo que o Google nesse campo, e suscitou certa polêmica ao incluir em seus termos de serviço

30. Termo em inglês utilizado para se referir às novas tendências que chegam do mundo da tecnologia. Elas vão se impor deixando fora de jogo aqueles que não as adotarem, e premiarão os primeiros a notá-las e a adotá-las.

uma cláusula mediante a qual se faz titular de tudo que é compartilhado em seus servidores – por exemplo, fotos e mensagens escritas. Isso é tão ridículo que, quando um usuário decide eliminar seu perfil, fica *off-line*, mas permanece latente. E ainda pior: conheci o caso de Sixto Arias, um brilhante empresário espanhol cofundador de empresas de enorme sucesso, como a Movilisto, que se orgulha, com certo sarcasmo, de ter sido um dos primeiros expulsos do Facebook. Isso não teria muita importância, e poderia ser algo habitual, não fosse porque, durante seu período de expulsão, Sixto via com perplexidade que não podia ter acesso à sua conta, mas que ela continuava ativa e que outras pessoas publicavam mensagens em seu mural. Ele não podia responder, visto que haviam bloqueado seu acesso, mas seus dados, fotos e informação continuavam ativos para os demais usuários. Trata-se de uma política de propriedade e privacidade no mínimo curiosa.

No início de março de 2010 produziu-se um ponto de inflexão na concorrência entre o buscador e a rede social por antonomásia. Segundo a Experian Hitwise (empresa especializada na auditoria do tráfego da Internet), o Facebook superou pela primeira vez o Google em número de visitas nos Estados Unidos. Podemos interpretar isso como a antecipação de uma tendência mundial. Nesse mesmo ano o Facebook cresceu 185% no mesmo país, contra uma subida de 9% do Google.

Outro ponto em comum das duas empresas é o interesse que lhes desperta um peixe menor financeiramente falando, mas inovador e versátil, que lhes agregaria um interessante valor: o Twitter. As duas estiveram interessadas em sua compra, mas nenhuma delas conseguiu ainda. De qualquer modo, poderá haver notícias a respeito disso em um futuro próximo. O Twitter não tem, evidentemente, tantos usuários quanto o Facebook, apesar de ter apresentado um extraordinário crescimento até julho de 2012, momento em que atingiu 500 milhões de usuários, dos quais 27,4% residem nos Estados Unidos. Esse sucesso não deixou o Google nem o Facebook indiferentes, que cogitaram sua compra em diversas ocasiões. Seria um serviço complementar para ambos que agregaria uma diferente via de valor e capacidade de comunicação para o usuário. Durante o ano de 2010 chegou-se a falar de uma avaliação de 10 bilhões de dólares pela companhia. No entanto, na sede do Twitter não fazem comentários e limitam-se a explicar que trabalham para construir uma companhia rentável e sustentável que possa manter sua independência em relação a terceiros.

A chave para que isso possa acontecer reside no momento espetacular de vendas que o Twitter está começando a viver. Quando isso refletir nos clientes, não só experimentarão o meio, como também, se obtiverem bons resultados, apostarão decididamente no Twitter para futuros orçamentos publicitários.

O Facebook sempre teve interesse no Twitter, que tem muito mais usuários que o FriendFeed, que finalmente adquiriu. Para muitos analistas, o Facebook fez com esta última "uma compra inteligente, baseada na tecnologia e no talento de engenheiros que terá à disposição, e não no volume de usuários". Em outras palavras, deixando de lado análises obscuras, a realidade é que não puderam comprar o Twitter apesar de ser a melhor e mais interessante opção, e ficaram com o prêmio de consolação por conta de sua relação custo-benefício.

Sobre a concorrência entre Facebook e Google, quero mencionar o que Ron Ploof me disse certa vez. Trata-se de um conhecido blogger e empreendedor, fundador da OC New Media, especialista na criação de conteúdos há 25 anos, além de ser autor do livro *The Executive's Guide to New Media* (iUniverse, novembro de 2009). Para ele, há duas diferenças fundamentais entre as duas companhias. O Google é uma plataforma aberta. O Facebook, no entanto, permanece fechado nos círculos sociais, e isso dita as regras do jogo. Ron comentava que não para de ver pessoas à sua volta que predizem que o Facebook vai acabar se impondo ao Google. Acho que isso seria como dizer que o consumo de peras fará desaparecer a produção de maçãs. Para ele, são duas coisas diferentes, e não podem ser avaliadas nem inter-relacionadas tão estreitamente.

> O Facebook é dirigido por adolescentes com poder, e chegaram a tomar decisões de muita relevância no âmbito da privacidade. Vão chover denúncias contra eles, e então acabarão dando o braço a torcer. Vão voltar atrás e modificar essas decisões equivocadas. Precisam de certa supervisão adulta, e essa gente, esse talento mais sensato e maduro, encontra-se no Google.

Para Ron, uma das grandes diferenças entre os dois estilos – a que mais chama sua atenção – é o perfil diferente de comunicação das duas empresas.

> O representante de mídia do Facebook é jovem e aberto. Os relações-públicas do Google sempre agem de maneira distante e reservada. É difícil lidar com eles. Lembro-me de ter conhecido pessoas desde os primeiros tempos do Google e nem sequer me diziam em que projeto trabalhavam. As respostas sempre eram no estilo de 'sinto muito, mas não posso contar'. Isso é estranho. Aliás, no Facebook não acontece o mesmo.

Há certa corrente de opinião no Vale do Silício que defende que o Google não deve ficar obcecado pelo Facebook. Para muitos analistas, a empresa de Mountain View deve se ater ao que faz bem – organizar e gerir as buscas –, e não se obcecar por uma empresa que faz coisas diferentes – conectar e gerir relações entre pessoas. Ron não concorda:

> É provável que o crescimento do Facebook não ponha em perigo o motor de busca do Google, mas também é verdade que é possível que o estanque e evite que cresça, e, o que é mais importante,

> minando e reduzindo o investimento publicitário em anúncios do Adwords, que é o poder econômico da companhia. Por essa razão, pela ideia de que muitas de nossas buscas serão feitas somente dentro de nossos círculos sociais ou de amizades, é que o Google não deveria, de jeito nenhum, abandonar a Web social.

A verdade é que o Facebook é a empresa que, pela primeira vez, tem certos dados que o Google não pode escanear nem obter. Vou dar um exemplo. Por meio dos cliques no botão "Curtir", o Facebook pode saber que tipo de filmes ou produtos eu prefiro. Esses dados são inacessíveis para o Google, o que o afasta da posição que havia mantido até o momento e que lhe deu outrora a vantagem competitiva: ser aquele que melhor conhece os usuários e que, portanto, pode prever sua conduta.

4

O seu é meu, e o meu é meu também

Google News

Um dos serviços da empresa, acessível em sua página principal, é o Google News. Foi incorporado em 2002 e definido como "uma ferramenta que rastreia e indexa a informação contida em centenas de meios de comunicação em todo o mundo e oferece aos usuários a possibilidade de buscar dados neles". Os sites desses meios de comunicação são rastreados frequentemente, de modo que é factível até encontrar notícias publicadas há poucos minutos.

Desde que esse serviço entrou em circulação, algumas mídias se queixaram de sua relação direta com uma acentuada queda do tráfego em seus serviços Web e, portanto, com a perda de suas receitas com publicidade. Agências de notícias, meios de comunicação e associações de fotógrafos viram seus direitos de propriedade intelectual desprezados, fato pelo qual alguns deles se viram obrigados a recorrer aos tribunais.

Um desses processos foi aberto em 2005 pela agência francesa France-Presse (AFP), que acusava o Google de incluir notícias sem sua permissão. Exigia por isso um pagamento de 17,5 milhões de dólares e uma ordem para que o Google se abstivesse de reproduzir tanto os textos quanto as manchetes e as fotografias de sua propriedade. Conforme constava em sua apelação, "o Google ignorou todos os pedidos para parar com a atividade, o que constitui uma violação do *copyright* da AFP". Por esse motivo, a citada agência apresentou uma ação perante os tribunais dos Estados Unidos e da França. Por fim, em 2007 chegaram a um acordo financeiro e a agência autorizou o Google News a continuar publicando seus conteúdos. Como ocorre quase sempre com o Google quando chegam a acordos em processos judiciais, os termos não se tornaram públicos.

O Google não teve problemas só com as agências de notícias por conta de seu novo serviço. Na Bélgica, a batalha entre o buscador e a associação de mídia do país, a Copiepresse, trouxe sérias consequências para esta última. Tudo começou em 2006, quando um grupo de jornais processou o Google pela utilização no Google News das manchetes e da informação de notícias sem sua permissão.

Diante do processo, o Google optou por deixar de utilizar o conteúdo, decisão que manteve durante certo período. Mas, em 2007, de forma surpreendente, tornou a incluir sem permissão o conteúdo em seus resultados. O juiz responsável pelo caso nomeou um especialista em Internet, Luc Golvers, para que determinasse se o produto do Google era um portal agregador de notícias, como afirmavam os editores, ou um simples produto de busca. O relatório de Golvers determinou que a forma de operar da empresa prejudicava seriamente os editores e os fazia perder o controle de seus portais digitais, bem como dos conteúdos neles publicados.

Em maio de 2011, um tribunal de Bruxelas ratificou a proibição imposta ao Google News de replicar a informação de diversos jornais belgas. Depois que o tribunal de apelações confirmou a vitória da Copiepresse, o Google foi obrigado a cumprir a sentença judicial.

A sentença do Tribunal de Apelação baseava-se em uma decisão judicial de setembro de 2010 emitida pela corte de primeira instância de Bruxelas, mas reduzia de 1 milhão a 25 mil euros a multa por dia de atraso na retirada dos conteúdos de jornais difundidos sem permissão. O Google deveria pagar uma multa total de 3,25 milhões de euros pelos 130 dias em que ignorou as reclamações e publicou conteúdos em seu site sem a citada autorização.

Então, aconteceu algo incomum: a companhia de Mountain View não se limitou a eliminar os *links* do Google News, como também suprimiu todas as referências a esses jornais... em seu índice de buscas! Em outras palavras, no www.google.be, que tem uma posição de monopólio nas buscas da Bélgica, deixaram de aparecer as empresas denunciantes nos resultados das buscas dos internautas. Assim, o Google consumou sua vingança ao apagar de fato esses jornais denunciantes da Internet, visto que um significativo número de leitores chegava a eles por meio dos buscadores, e na Bélgica o Google tem mais de 90% da cota de mercado. O prejuízo causado aos jornais belgas não tinha precedentes. Viram com estupefação desabar seu número de visitantes de um dia para outro e, com isso, suas receitas. A própria agência se apressou a declarar que, na realidade, sua intenção não era deixar de aparecer no buscador e que o Google havia restringido intencionalmente o tráfego a seus jornais como medida de pressão pela sanção recebida e, evidentemente, como um acerto de contas pela denúncia.

É preciso matizar as duas posturas para chegar a uma compreensão clara do conflito. Efetivamente, qualquer editor deveria poder escolher se quer que sua informação seja agregada ao Google News. A meu entender, a companhia defende, de forma meio cínica, que isso funciona de certo modo, porque "quando há queixas de alguém que se sente prejudicado, retiram o conteúdo". Mas isso nem sempre é verdade. Além disso, é um argumento perverso que nos leva a uma particular interpretação das normas mais elementares da propriedade intelectual. Não é costume que uma companhia não negocie, mas que simplesmente pegue o que quer e, mais adiante, se houver problemas, se preocupe com esses detalhes. Essa forma de agir, tão característica do Google que arrasa tudo sem o mais elementar respeito pelos outros, e que se julga no direito de utilizar tudo que aparecer na sua frente, é definida nos Estados Unidos pela expressão *Don't Ask Permission, Just Act* (não peça permissão, simplesmente aja).

O argumento da companhia quando chegam os problemas e as queixas não dá margem a dúvidas. "Sim, é verdade. Agregamos o conteúdo sem autorização prévia. Mas é bom para eles porque, com isso, indiretamente, nós lhes enviamos tráfego", parecem dizer os manda-chuvas do Google.

Se eu fosse proprietário de um desses portais de notícias possivelmente iria querer estar incluído no Google News, uma vez que este representa uma fonte de tráfego extra. Mas caberia a mim decidir livremente, sem pressões, sem que ninguém violasse meus direitos tomando a decisão em meu lugar.

Muito bem. Se, pelo contrário, eu fosse uma grande agência de notícias ou um grande grupo editorial consolidado que monetizasse esses conteúdos por meio de sua venda ou da publicidade, não ia querer que o consumo de informação fosse levado para o portal de terceiros, onde minha marca e identidade não existem nem são respeitadas, onde muitos usuários leem um resumo de minhas notícias sem precisar de mais informação – os leitores visitam o Google News, consomem e vão embora. Qualquer proprietário de conteúdo deveria ter certos direitos respeitados, entre os quais decidir onde, como e quando quer que seu material seja divulgado. Nem o Google nem ninguém deveria ter direito de decidir sobre isso, visto que isso representa um abuso em si mesmo.

Existe, além de tudo, a figura do lucro cessante. Os usuários fora do meio editorial não consomem publicidade. Portanto, gera-se uma concorrência desleal que faz com que o editor, apesar de oferecer sua informação por meio de um terceiro que o parasita, não possa mostrar seus anúncios, que é, no fim das contas, seu *modus vivendi*. Ofereceu um serviço, o valor de sua marca foi menosprezado e não ganhou nada em troca.

O que seria o mais razoável neste caso? Parafraseando Aristóteles, talvez a virtude esteja no meio-termo. O Google News é uma ferramenta magnífica para o usuário, mas cada editor deveria escolher e negociar com eles sua presença nela. Não faz sentido que o Google imponha tudo "a não ser que se queixem".

Sobre esse serviço de notícias, há um dado ao qual a empresa se agarra com afinco para defender sua atitude agressiva. Hoje em dia, o serviço não tem publicidade, ou seja, até o momento não recebem receitas publicitárias por seu uso. Argumentam que é um serviço sem fins lucrativos e que, simplesmente, procura levar informação às pessoas e inovar no consumo de notícias. Nisso têm certa razão. É um serviço útil, mas não justifica que para oferecê-lo violem direitos de terceiros utilizando seus conteúdos em benefício próprio.

O fato de uma companhia não estar lucrando diretamente com esse serviço – embora possa lucrar mais tarde – não quer dizer que não esteja sendo capitalizada de outras maneiras. Dispor da informação dos meios de comunicação em tempo real e organizá-la como bem entender faz com que o Google tenha certas vantagens que justificam o serviço. Por exemplo, desse modo se diferencia da concorrência e consegue ser um buscador ainda melhor, o que protege sua posição privilegiada na Internet. Por sua vez, o serviço o posiciona como um referencial fundamental na distribuição de notícias em relação aos grandes grupos editoriais, o que lhes permite ter poder de decisão sobre a quem envia mais ou menos tráfego, segundo a relação que mantiver com eles, ou segundo sejam clientes de seus programas publicitários. Por isso, o discurso defensivo da companhia não faz sentido. Uma coisa é não cobrar por um serviço, ou não o rentabilizar de forma direta, e outra é não obter benefícios indiretos, como informação privilegiada, relação de dependência das empresas editoriais em relação a você, poder e posição mais dominante ainda no mercado das buscas e da informação.

Outro argumento de defesa do Google News fundamenta-se em afirmar que não estão distribuindo as notícias. Segundo eles, só as ordenam e indexam para ajudar o internauta a ter acesso à informação. No entanto, uma coisa é resumir um site para listá-lo em um buscador, e outra bem diferente é fazê-lo com uma notícia, especialmente se for paga e distribuída por uma agência de informação, cujo modelo de negócio consiste em cobrar pela assinatura desse tipo de conteúdo.

O Google tem a sorte de que seu tamanho, seu poder e seus tentáculos em todo tipo de segmento da Internet acabam fazendo com que haja tantos interesses cruzados que, geralmente, lhes permitem manobrar e chegar, no último instante, a acordos que evitem males maiores. Por exemplo, no citado conflito belga entre os meios de comunicação e a empresa de Internet, os primeiros foram obrigados a retirar o processo, fazendo com que os jornais voltassem a aparecer no buscador depois de um fim de semana "de castigo". Os interessados interpretaram a notícia da seguinte forma: o Google e os jornais belgas haviam "firmado a paz". Nada mais longe da realidade. Tratou-se de uma rendição imediata dos editores desses jornais. E isso é só um aviso e uma demonstração da força de um gigante poderoso ao setor dos meios de comunicação em geral, uma mensagem que exibe uma posição preponderante e mostra suas armas para futuros ataques a seu serviço, recordando àqueles que se atreverem a contrariá-los que pode eliminar ou limitar o acesso não só a seu serviço de notícias, como também ao buscador, o que em muitos países, dada sua cota de mercado, significa literalmente desaparecer da Internet. Isso é justamente o que não queriam os meios belgas congregados na Copiepresse. Apenas queriam que o Google pagasse pelo uso e, embora tenham ganhado e tido seu direito defendido judicialmente, a quantia foi irrisória em comparação ao que perderiam se o Google os fizesse desaparecer de seu buscador. Como se chama isso popularmente? Ah, sim, chantagem! Após um desonroso arrependimento, a Copiepresse ofereceu garantias "de poder incluir de novo suas páginas" no motor de busca "sem que se apliquem as sanções ordenadas pela justiça", segundo informaram em um comunicado oficial. Convenhamos, enfiaram o rabo entre as pernas após as inúmeras pancadas recebidas. Moral da história: não se pode desafiar o império, principalmente quando se depende dele!

É que uma parte importantíssima das visitas dos meios de comunicação na Internet chega diretamente pelo Google. Segundo alguns cálculos, entre 15% e 60% do total de seus visitantes o fazem por meio do buscador. Em linhas gerais, quanto maior for o poder de marca da mídia e seu reflexo social *off-line*, menos dependência teórica tem do buscador, visto que um maior número de pessoas terá acesso direto a sua página principal por meio de sua capa, e não por meio do Google. Mas, mesmo que assim seja, a mídia tem cada vez mais informação armazenada no índice do Google. Milhões de usuários utilizam o serviço de busca, fato pelo qual a dependência é cada vez maior. É simples aritmética: mais conteúdo da mídia armazenado, mais gente busca informação. Mesmo que a mídia tenha uma legião de fiéis, mais pessoas a acessarão pelas buscas progressivamente, de modo que a cada dia dependam um pouco mais do Google.

Mesmo não tendo muito interesse no Google News, muitas publicações o toleram para evitar males maiores com a companhia que os abastece de tráfego e, em algumas ocasiões, de receitas com seu programa de publicidade. É difícil negar algo, por mais injusto que seja, quando se depende tanto do prestador do serviço. Nessas circunstâncias, "não existe" negociação possível. Só resta acatar.

No entanto, alguns meios de comunicação avaliam o serviço pelos olhos de seus promotores. Consideram que o consumo de conteúdo informativo é feito como em *trailer* de filme. Se o usuário gostar do que vê, com sorte acabará lendo seu contexto original. Mas acontece realmente assim? O Google defende que ajuda promovendo sua mídia. Como você não dispõe de "*trailer* promocional" de sua informação, eles mesmos o fazem e o oferecem a milhões de usuários. Isso faz com que, paralelamente, os geradores de conteúdo percam o controle sobre como querem que sua informação seja mostrada ou resumida.

Também são comuns os materiais promocionais na indústria audiovisual. Sempre são produzidos pelo dono da obra sem que ninguém possa alterá-la. Às vezes, acontecem situações grotescas com os direitos de propriedade. Vou citar como exemplo um conflito cheio de peripécias que ocorreu há alguns anos em um de nossos portais de cinema. Recebemos por e-mail o *trailer* de um filme. Tratava-se da última produção do diretor espanhol Julio Medem que ia estrear nas semanas seguintes com o título *Habitación en Roma*, protagonizado por Elena Anaya e Natasha Yarovenko. Isso é habitual. Você recebe o *trailer* umas semanas antes, publica-o e seus visitantes o veem primeiro, o que suscita expectativa pela estreia. A situação era completamente normal, de modo que o publicamos, como fazemos com frequência. Poucos dias depois, fiquei perplexo ao receber um *fax* dos representantes legais da produtora do filme solicitando que eliminássemos imediatamente o vídeo da Internet sob a ameaça de empreender ações legais. Segundo eles, havia sido "roubado e divulgado sem a permissão deles". Fiquei desconcertado, tanto que me senti usado. Era um material promocional e haviam nos usado como veículo de promoção gratuita – coisa com que nós concordamos com prazer por ser parte do jogo e um valor agregado para nossos visitantes. Quando vazou e foi visto por milhares de internautas, obrigaram-nos a retirá-lo, com ameaças até. Então, para que haviam feito o *trailer*, se serve justamente para isso, para usá-lo na promoção? Naquele momento, fiz uma consulta ao nosso departamento jurídico. Por que deveríamos tirá-lo do ar se representava justamente uma divulgação com fins promocionais? Para minha surpresa, nossa equipe recomendou retirá-lo, já que, "apesar de ser um material promocional, os autores têm direito a decidir quando, onde e como é utilizado, devendo autorizar expressamente sua publicação e podendo se negar se quiser". Conclusão: eliminamos o *trailer*. Mas só o que conseguiram foi que não falássemos mais do filme, apesar de semanas depois terem nos convidado a fazê-lo. Isso não aconteceu só conosco, mas também com dezenas de outros sites especializados. Muitos deles não nutrem um especial carinho pelo diretor e pela produtora após o conflito, e duvido que esta última receba no futuro ofertas desinteressadas de colaboração por parte de muitos portais especializados, como foi nosso caso.

Mas voltemos aos problemas do Google News com diversos meios de comunicação. Em março de 2010, o economista-chefe do Google, Hal Varian, tentou acalmar a inquietude que começava a se sentir perante a dependência do Google. Por outro lado, tentou que os grandes grupos compreendessem melhor suas intenções. A companhia apresentou a si mesma como o grande aliado do setor editorial. Ela iria oferecer-lhes novos e inovadores meios de distribuir seu conteúdo e lhes daria a fórmula para rentabilizar as notícias, adaptando-as aos novos tempos. Convenhamos, apresentavam-se como os salvadores do jornalismo na era digital. Deus abençoe esses garotos por salvar o setor de mídia, mesmo que cometam a *pecata minuta* de roubar conteúdos de terceiros que não lhes pertencem!

A imprensa escrita está vivenciando uma queda de cota no mercado da publicidade desde 1950, até mesmo em mercados maduros como o dos Estados Unidos. Tanto que há meio século sua cota de mercado estava em torno de 37% do investimento global, e hoje em dia está em torno de 13%, como se pode ver no gráfico seguinte.

Meios de propaganda e sua participação na publicidade nos Estados Unidos (1959-2009)

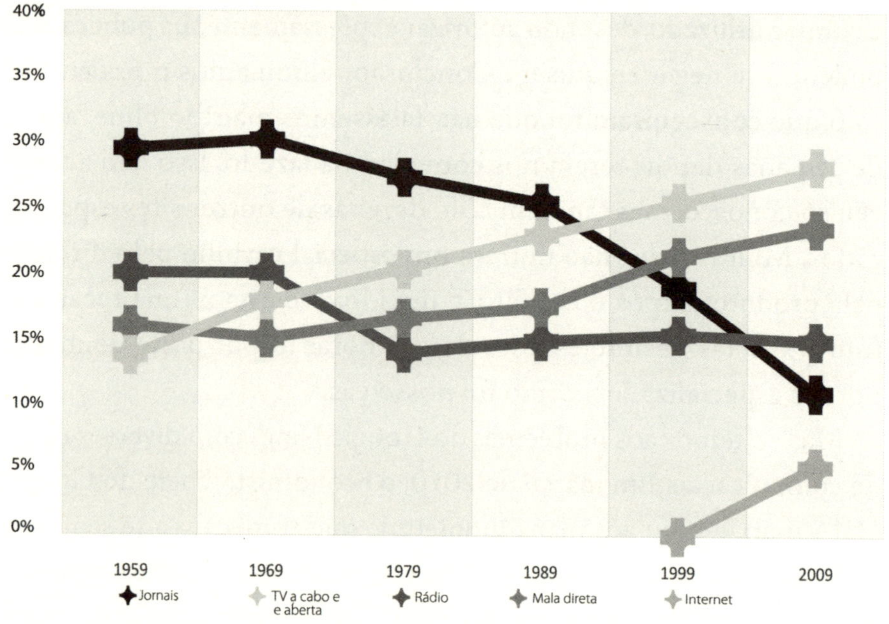

Fonte: Martin Langeveld e Nieman Journalism Lab.

Pouca coisa pode fazer a imprensa escrita em relação ao avanço da televisão. Ainda assim, a chegada da Internet deixa-a em condições de oferecer conteúdo adaptado em suas redações e em novos formatos. É aí que o Google quer sua fatia do bolo, e para isso se oferece como aliado fundamental.

Um dos críticos mais severos contra a posição do Google nos meios de comunicação é o controverso magnata australiano Rupert Murdoch, proprietário dos jornais *The Sun, The Times* e *The Wall Street Journal.* Em 2009, ele afirmou que estavam esperando que todos os seus meios fossem pagos na Internet para fechar a torneira do Google. E não só isso. Em reiteradas ocasiões, referiu-se à empresa acusando-a de espoliar seus conteúdos. Com isso, conseguiu, por fim, que o buscador desistisse de divulgar notícias de jornais que requeressem assinatura. Em 2009, Murdoch chegou a apresentar suas queixas à Comissão Federal de Comércio em Washington. Acusou de roubo aqueles que, como o Google, utilizam as notícias de meios convencionais "sem contribuir com um só centavo para sua produção". O editor exigiu que se modificasse o modelo de negócio dos meios na Internet, sobretudo de empresas como o Google. "É preciso transmitir aos consumidores que as informações de qualidade e confiáveis não podem ser gratuitas, porque o bom jornalismo é um bem caro", disse. Do mesmo modo, as empresas do magnata australiano assinaram um acordo com a Microsoft para que pudesse fornecer suas notícias com exclusividade. Por que o Google não, e a Microsoft sim? Simplesmente porque a companhia de Bill Gates se mostrou compreensiva em relação ao pagamento dos conteúdos e aceitou assinar um acordo de distribuição da informação de seus veículos.

Durante o ano de 2010, Murdoch agitou vigorosamente a bandeira "anti-Google", incitando os veículos de informação de todo o mundo à rebelião contra a "tirania exercida pelo Google e o indiscriminado uso de seu conteúdo". Para Robert Thomson, editor do *The Wall Street Journal*, "o Google literalmente desvaloriza tudo que toca". Ter a informação listada no buscador faz com que ela careça de valor e que acabe se transformando em uma *commodity*.

Eu nunca soube com certeza se o dono da News Corp. é um valente ou um temerário. Possivelmente tem um pouco de cada coisa; além disso, talvez por sua idade, a geração da Internet é um pouco distante para ele e não tem ciência do tamanho e da importância que seu rival adquiriu. Alguns negócios que realizou nos últimos 20 anos transformaram-no no verdadeiro visionário do setor dos meios de comunicação. Outros movimentos no âmbito da tecnologia, como a compra do Myspace por 580 milhões de dólares, e sua posterior venda seis anos depois por 35 milhões de dólares, não nos deixam a mesma impressão. Seu enfrentamento com o Google não parece ser rentável nem positivo para seus veículos. Dá a sensação de que Murdoch quer assumir o papel de Dom Quixote sabendo que pode acabar mal depois de uma luta contra moinhos de vento tão poderosos.

Apesar disso, a cruzada de Murdoch promete continuar sendo implacável, se os casos das escutas ilegais em seus veículos lhe permitirem, coisa que certamente minou sua credibilidade. Recentemente, fez um apelo a todos os meios de comunicação escritos para estabelecer o sistema de pagamento a fim de visualizar seus conteúdos, assim o Google não poderia ter acesso a nada. Isso inquietou os responsáveis da companhia, receosos de que os principais meios de comunicação constituíssem uma frente comum. Então, Eric Schmidt falou pessoalmente com Murdoch e com outros proprietários de grandes empresas jornalísticas para suavizar o enfrentamento. O pessoal de Mountain View ofereceu alternativas para melhorar suas receitas e se adaptar aos novos tempos. Schmidt defendia a opinião de que a imprensa do futuro deve se adaptar a um novo cenário, e que deve monetizar seus conteúdos por meio de três vias diferentes: publicidade, sistemas de assinatura e micropagamentos. Curiosamente, o Google está em condições de oferecer um acordo para explorar todas essas opções. Assim nasceu o serviço First Click Free, assinado, entre outros, pelo *The Wall Street Journal*. Com esse serviço, todos os usuários que encontram no Google um documento ou uma notícia que exige assinatura podem ver o texto completo uma primeira vez, e tudo isso sem precisar se registrar nem assinar. No entanto, quando o usuário seleciona um *link* na página original, pode ser exigido que faça o *login* ou que se registre para poder continuar lendo.

Em uma tentativa de defender seu serviço dos ataques cada vez mais frequentes dos meios de comunicação, o Google destacava em um comunicado que "o Google News é uma maravilhosa fonte de promoção para as empresas jornalísticas, e envia cerca de 100 mil cliques por minuto. Cada visita dessas é uma oportunidade de negócio para mostrar anúncios, ganhar leitores fiéis e vender assinaturas. Nossa tarefa é completamente coerente com as leis de *copyright*".

Não serei eu, para minha desgraça, que terei a capacidade de resolver a encruzilhada diante da qual se encontram os meios de comunicação hoje em dia. Também não é esse o motivo deste livro. Mas eu gostaria de apontar que a distribuição de conteúdos literários, musicais ou jornalísticos ficou fora de jogo com a implantação maciça da Internet. Nesses setores há uma margem de "tentativa e erro" cada vez menor, e restam poucas oportunidades para descobrir que tipo de experiências colhem resultados.

Na Espanha, o Google News é plenamente aceito. Apesar de tudo, a Asociación de Editores de Prensa Diaria (AEDE) não descarta nenhuma ação futura para defender seus interesses. Consideram que, segundo a legislação vigente, haveria "argumentos legais suficientes" para agir contra o buscador por possível vulneração da lei de propriedade intelectual e abuso de posição dominante na publicidade *on-line*, tal como defendia Diego Solana, advogado do escritório Cremades & Calvo-Sotelo, em uma entrevista concedida ao jornal *Público*, em junho de 2010.

Pedro J. Ramírez, diretor do jornal *El Mundo*, foi especialmente beligerante com o trabalho do Google. Pedro é uma das vozes mais conceituadas do jornalismo espanhol e está acostumado com batalhas. A versão *on-line* do jornal que dirige, www.elmundo.es, é líder absoluto da informação na Espanha. Para seu diretor, a preocupação com as práticas do Google surgiu de repente há alguns anos ao ver a atitude que a companhia começava a mostrar em relação à mídia. Deu-me como exemplo umas declarações perante o Senado norte-americano feitas por Marissa Mayer, atual vice-presidente de produto de busca e experiência de usuário. Ela falava dos meios de comunicação como meros entes geradores de informação que poderia ser consumida em qualquer outro lugar, sem importar a identidade de quem a gerasse e sem oferecer ao jornalista nem ao veículo mais importância que a de um mero intermediário. Para Pedro, "sem veículos e sem jornalistas não há jornalismo, e o Google, com seu algoritmo, não pode de jeito nenhum tentar preencher esse vazio". Lembro que ele me contou um caso no mínimo curioso. O Google celebra um encontro anual conhecido como *Zeitgeist* para debater o futuro do setor jornalístico. Naquela ocasião, em 2009, o encontro era em uma casa ensolarada no interior da Inglaterra. Entre os palestrantes convidados estava o próprio Pedro, único representante espanhol, ao lado de outros pesos-pesados internacionais, como o diretor-geral da BBC, Mark Thompson, o presidente do conglomerado Vivendi, Jean-Bernard Lévy, o guru Charlie Leadbeater e Carolyn McCall, CEO do *The Guardian*. Foram justamente McCall e o espanhol que defenderam o papel dos meios de comunicação não como instituições que se entrincheiram contra as novidades da tecnologia, mas como as únicas plataformas capazes de oferecer conteúdos de qualidade em um tempo em que proliferam aqueles que tiram partido do trabalho alheio – em uma clara alusão ao Google, diante da incredulidade de Larry Page, ali presente. Pedro me contava que, em dado momento, "Larry Page se mordeu e, sentindo-se atacado, quis entrar em um corpo a corpo usando a Wikipedia como exemplo de por que os meios de comunicação não são imprescindíveis". Segundo comentava o fundador do Google, qualquer um podia ter acesso, nesse site, à informação que quisesse, e não tinha importância quem a havia criado. A única coisa importante era, para ele, a tecnologia. O jornalista espanhol, que minutos antes havia sido imensamente duro para com a atitude do Google, referindo-se a eles como "os piratas não são os usuários, são os agregadores", ao ver que Page citava a Wikipedia, contou uma experiência própria, divertida, que eu não conhecia, e que naquele momento deve ter impactado os presentes.

> Quando minha filha foi estudar no exterior, fui visitar a universidade que ela havia escolhido. Ali conheci a pessoa responsável pelas admissões. Em dado momento, ela comentou que durante o processo de seleção haviam se informado sobre mim, e me mostraram a informação. Quando vi a procedência da fonte, fiquei surpreso ao ver que era a versão inglesa da Wikipedia.

Pedro recorda que deu uma olhada nos documentos, temeroso de encontrar qualquer barbaridade, já que sabia não haver uma rubrica profissional e independente por trás daquele site, e que poderia ter sido escrito por qualquer um. Pedro J. Ramírez é uma pessoa controversa. Ele despertava ódios e paixões e, pela lógica, chegou a esperar o pior na informação que estava acessando.

> No entanto, para minha surpresa, não estava nada mal. Era... correta. Asséptica e superficial, sim, mas mais ou menos correta. Fiquei surpreso, esperava o pior. O curioso é que, quase no final, quando cheguei ao tópico da vida pessoal, dizia que eu era divorciado e que atualmente vivia uma relação como amante... de Ralph Lauren!

Pedro recorda o alvoroço e as risadas dos presentes e a situação constrangedora para Page, que segundos antes havia baseado a explicação de seu modelo de novo consumo de informação nessas fontes. Não sei se por sede de sangue, ou se regozijando como gênio e figura que é, o diretor do *El Mundo* explicou que à saída do evento Ralph Lauren esperava-o de carro, para sair e curtir a cidade, sob aplausos generalizados dos presentes.

Talvez com seu orgulho ferido, Larry Page tenha lhe prometido que conseguiria o endereço de IP do autor daquele vandalismo informativo para identificá-lo. Pedro não me confirmou se isso aconteceu, então imagino que, felizmente, o assunto não foi além. No entanto, sua oferta não deixa de ser inquietante. Se tinha tanta certeza de conseguir um endereço de IP que havia publicado algo em um site alheio ao Google, a Wikipedia, teríamos motivos para uma profunda preocupação. Nos países "sérios" só um juiz pode pedir que se identifique um endereço de IP, e, nesse caso, entendo que Wikipedia é que o teria armazenado em seus servidores. Se Page, ou qualquer outra pessoa, pudesse ter acesso a ele longe do controle judicial seria, no mínimo... surpreendente.

Histórias à parte, a única solução é que os editores de jornais e o Google tentem se entender. Os editores precisam de consumidores, e isso é justamente o que sobra à empresa do buscador colorido. Acima de tudo, os editores precisam de novas opções e possibilidades de negócio, e o Google pode lhes oferecer isso. São duas peças do mesmo quebra-cabeça, e acabarão vivendo uma relação que é, se não de igual para igual, pelo menos mais equitativa que aquela mantida hoje em dia – a qual é tudo, menos justa.

Em sua relação com a imprensa, o Google não se limita apenas a mostrar as manchetes de veículos *on-line* e resumir seu conteúdo. Tinha intenções muito mais ambiciosas. Em 2008, começou seu projeto de digitalizar o arquivo histórico dos mais importantes jornais antigos. Esse serviço também seria oferecido no Google News, e seria acessível nos sites dos próprios jornais.

Em 2006, escanearam jornais como o *The New York Times*, o *Washington Post*, o *Time* e outros. Em alguns casos, como o do *The New York Times*, as consultas são pagas. O Google arcava com o gasto da digitalização, financiado com receitas publicitárias compartilhadas com a empresa editora. Esse serviço foi, em princípio, bem acolhido pelos editores, a quem por fim se oferecia um modelo para "entrar no negócio" mediante o qual todos ganhavam, ou pelo menos no qual estava previsto dividir os benefícios, de maneira que não se sentiam usados.

O que pretendia o Google com esse projeto? Pôr à sua disposição toda a informação mundial? Larry Page já disse isso! Não, agora sério. O que o Google pretendia era, pura e simplesmente, dar um passo a mais em sua transformação rumo ao monopólio de acesso à informação que quer chegar a ser e apropriar-se desse conteúdo – o qual, assim, ficaria vetado à sua concorrência. O Google almeja ser a grande hemeroteca do mundo, o guardião de toda a nossa informação. Com isso, ganham, evidentemente, enormes quantidades de dinheiro. Apesar de ser uma ideia menos romântica que a que apregoou Larry Page, é perfeitamente lícita.

A única oposição à hemeroteca veio das empresas especializadas em processar e buscar conteúdos para livrarias, escolas, museus e pesquisadores. Para elas, era uma má notícia. Se o serviço se popularizasse, seu negócio deixaria de ter sentido do dia para a noite. Deixariam de receber encomendas de busca e digitalização, pois todo o material estaria a uma busca de distância. Azar delas! Se o Google põe os olhos em um segmento, provoca um terremoto, e sempre há vítimas colaterais. Nesse caso, parecia ser a vez delas.

No fim, deram sorte. Segundo um comunicado oficial de maio de 2011, a empresa decidiu pôr fim ao projeto para focar outros relacionados aos meios de comunicação, especialmente o Google One Pass. Dessa vez, para os que haviam licenciado o direito dos conteúdos, não seguiriam em frente. Qual era o problema? Simplesmente o negócio não estava sendo tão interessante como previam, de modo que o objetivo de fazer os usuários felizes facilitando-lhes o acesso à informação ficava em segundo plano. Isso é lícito? Em minha opinião, sem dúvida! É uma estratégia empresarial totalmente razoável. Se não é rentável, então param de investir nisso. Correto. Mas o que certamente não é ético é vender aos quatros ventos a ideia de que seu único interesse é o usuário, e que seu objetivo último é facilitar o acesso de todos à informação mundial, como se isso fosse mais próprio de uma organização sem fins lucrativos que de uma empresa, e depois seguir religiosamente critérios econômicos que contradizem descaradamente o que você prega.

O Google tanto quer canalizar a informação histórica que em 2001 adquiriu da Deja.com os grupos de notícias do arquivo Usenet, ou seja, os 650 milhões de mensagens publicadas em grupos de notícias, que representam algo assim como a memória histórica da Internet anterior à massificação da *World Wide Web*. A Usenet se transformou, assim, em Google Groups. Lá em Mountain View o pessoal deve pensar, e com razão, que não existe melhor maneira de armazenar e organizar toda a informação que sendo proprietário dela, mesmo que isso possa deixar a concorrência vulnerável.

Google Books e Alexandria 2.0

O Google Books é um ambicioso serviço por meio do qual, desde 2004, o Google pretende digitalizar milhões de livros em colaboração com editoras, universidades e grandes bibliotecas. A ideia baseia-se na busca do texto completo dos livros que o Google escaneia. O texto é transformado por meio do reconhecimento de caracteres e armazenado em uma base de dados de propriedade do Google. O projeto nasceu em outubro de 2004 sob a denominação Google Print. Assim foi apresentado na Feira do Livro de Frankfurt, mas depois passou a se chamar, definitivamente, Google Books.

Tenho de reconhecer. Na primeira vez que ouvi falar desse projeto fiquei maravilhado. A ideia nos aproximava do mito (?) do conhecimento universal. Na Internet, há uma enorme quantidade de informação, especialmente sobre as duas últimas décadas, quando o acesso a ela começou a se generalizar nos países mais avançados. Desde o ano 2000 tudo está exaustivamente documentado na Internet, mas não é tão fácil encontrar informação anterior a 1990. O projeto que Larry

Page e Sergey Brin anunciavam em 2004 nos levava a imaginar se seria possível que cada computador estivesse conectado, por meio da Internet, a todo o conhecimento da humanidade.

Abrigar o conhecimento universal foi, durante séculos, uma ilusão recorrente de sonhadores e intelectuais. Pela primeira vez parecia estar realmente perto, mas seriam necessárias várias décadas para se chegar a isso. Trata-se da ilusão de uma moderna biblioteca de Alexandria, aberta e digital.

A biblioteca de Alexandria foi, em sua época, a maior do mundo. Criada por Ptolomeu I no século III a.C., situava-se na cidade egípcia de Alexandria e chegou a abrigar 900 mil manuscritos. Sua destruição é atribuída, dependendo da fonte que se consulte, a romanos, cristãos ou muçulmanos. No entanto, não se sabe com certeza o que aconteceu. Era um paraíso do conhecimento e da pesquisa, algo inigualável para cientistas, professores, filósofos e estudiosos de seu tempo, que por colaborar e trabalhar nela obtinham estadia gratuita na cidade e eram até eximidos de pagar impostos. Convenhamos que já no século III a.C. existiam condições de trabalho similares às dos modernos engenheiros do Google! Talvez por esse motivo alguns dos grandes pensadores da Antiguidade tenham estudado ou desenvolvido sua atividade em Alexandria, entre eles Arquimedes.

Naquela época, a voracidade de Ptolomeu I fez com que fossem comprados milhares de manuscritos de todos os lugares do mundo conhecido, mas, do mesmo modo, ele obrigava que se confiscassem os papiros dos navios que se aproximavam da cidade. Esses documentos eram, então, copiados. Depois, as cópias eram devolvidas a seus legítimos proprietários e o original ficava armazenado na biblioteca. Já na Antiguidade não se podia almejar construir um verdadeiro monopólio cultural sem pisotear alguns direitos fundamentais. Como veremos a seguir, os tempos não mudaram muito, apesar de tantos anos terem se passado. O Google também precisou com frequência pisar em alguns direitos fundamentais para realizar seu sonho.

Em geral, nada nem ninguém se eleva à categoria de mito sem passar pelo cemitério ou sem cair em desgraça. A biblioteca de Alexandria não podia ser uma exceção. Sua destruição é controversa. Costuma ser atribuída a um incêndio ordenado por Júlio César, que na época perseguia Pompeu. Grande parte do material ali contido sobreviveria a esse incêndio. Séculos mais tarde, após diversas guerras e outros incêndios, a coleção como tal acabou destruída e saqueada. Aí encerrou-se a primeira grande tentativa de acumular o conhecimento da humanidade. Até que, dois mil anos depois, chegou o Google.

Larry e Sergey nos propunham algo que ia muito além de um serviço convencional. Tratava-se da verdadeira revolução do conhecimento. À primeira vista, parecia apaixonante, mas, com o passar dos meses, iam surgindo nuvens negras sobre aquilo que era uma ideia bonita, talvez utópica.

A base de dados do Google Books estava em constante e rápido crescimento. Em março de 2007, um milhão de livros já havia sido digitalizado. Em 2010 anunciavam ter escaneado 15 milhões dos 130 milhões de livros que estimavam haver no mundo naquele momento. Estamos falando de mais de 10% do conhecimento impresso do planeta escaneado, página a página, organizado e armazenado em menos de uma década.

Ninguém pode negar que nossos românticos jovens são audaciosos e, acima de tudo, inovadores. Richard L. Brant conta, em seu livro *Inside Larry and Sergey's Brain*, que já em 2002 Larry Page decidiu descobrir o tempo necessário para escanear um livro de 300 páginas. Acompanhado pela então chefe de produto do Google, Marissa Mayer, trancou-se em sua sala com uma câmara fotográfica e um cronômetro. Larry fazia fotografias enquanto Marissa passava as páginas. Assim, verificaram que o tempo estimado era de 40 minutos, o que representava seu primeiro entrave. Escanear milhões de obras teria de ser um trabalho muito mais rápido. Se quisessem atingir um dia seu objetivo, teriam de inovar e criar uma maneira muito mais eficiente e, por sua vez, respeitosa para com os originais.

E conseguiram. Larry formou uma equipe de trabalho e visitaram projetos de digitalização por todo o mundo. Juntou à equipe especialistas em robótica que pudessem desenhar uma máquina para passar as páginas e escanear em grande velocidade sem prejudicar os exemplares. Os engenheiros do Google criaram um *software* de reconhecimento de caracteres que detectava até os mais estranhos e incomuns tipos e tamanhos de texto. Aparentemente, conseguiram. Anos depois, quando a reitora da Universidade de Michigan, Mary Sue Coleman, confessou a Larry Page que os arquivos da universidade, que consistiam em 7 milhões de livros, só podiam ser escaneados em um período não inferior a mil anos, ele, sem se alterar, replicou que o Google poderia fazê-lo em seis anos.

Ninguém sabe ao certo que *hardware* utilizam para o projeto Google Books. Especula-se que escaneiem a uma velocidade de mil páginas por minuto com câmeras Ephel 323. É curioso não saber ao certo como funciona um projeto cuja finalidade é, justamente, pôr conhecimento à nossa disposição. Como você já viu em outras ocasiões, o Google tem muito interesse em devorar a informação e se apropriar dela, mas não de forma que os outros conheçam a sua própria, a qual costuma estar protegida por rigorosos acordos de confidencialidade.

Muitos analistas, sobretudo os europeus, foram esfriando a calorosa acolhida ao projeto lá por 2004. Apareciam enormes lacunas legais e, surpreendentemente, a empresa não mostrava interesse no campo da proteção dos direitos autorais. O Google havia fechado acordos para digitalizar os arquivos bibliográficos de algumas bibliotecas e universidades, mas não havia se interessado em chegar a nenhum tipo de acordo com os proprietários dos direitos. E mais: a empresa agia como se não precisasse deles, o que era bem inquietante.

Entendo que, talvez, chegados a este ponto, minha inquietude possa não ser compartilhada. O malvado autor destas linhas está se preocupando só com si mesmo. Talvez com seu almoço? Ou seja, com os direitos de suas próprias obras? Talvez neste momento alguém possa ver em mim uma atitude provinciana na qual prevalece meu interesse pessoal sobre o sonho do conhecimento global. Posso garantir que não há nada mais longe da realidade.

Será, então, que sou um malvado que tenta derrubar a brilhante ideia desses garotos, agarrando-me ao ferro incandescente dos argumentos de sociedades de direitos autorais que desagradam a todos? Em absoluto. Antes de mais nada, e embora isso possa fazer perder um pouco da auréola de *glamour* do projeto, é importante destacar que não foi o Google o primeiro a ter essa ambiciosa ideia, que foi recorrente nos últimos anos. Se hoje temos em mente o projeto do Google Books, e não alguns outros, é acima de tudo porque o pessoal de Mountain View é uma imensa máquina de comunicação que engole tudo em seu caminho e o toma para si. São magníficos na execução, são inovadores, mas, acima de tudo, destacam-se por serem especialistas em marketing. Embora possa não parecer, ideias como a de criar uma enorme biblioteca universal não lhes pertencem.

Corria o ano de 1971, quando Michael Hart impulsionou o denominado projeto Gutenberg. Tratava-se de um plano para divulgar gratuitamente por meios digitais o maior número possível de obras livres de direitos. Essa foi a primeira biblioteca digital colaborativa. Embora o projeto date dos anos 1970, decolou significativamente com a chegada da Internet nos anos 1990. Centenas de voluntários procedentes de todos os lugares do mundo escaneiam, corrigem e escrevem, quando assim requer a antiguidade das obras. Atualmente, o projeto é acessível pelo endereço http://www.gutenberg.org, disponível em vários idiomas. Oferece 20 mil livros de *download* direto e mais 100 mil de páginas associadas. Não é o único projeto, mas sim o mais antigo com a intenção de digitalizar o conteúdo bibliográfico universal.

O próprio gigante do comércio eletrônico, a Amazon.com, escaneia as primeiras páginas das obras que vende para oferecer uma visão inicial aos futuros compradores. Atualmente, tem 35 milhões de obras escaneadas em seu site sob a epígrafe *Search inside the book* (função que permite consultar um número limitado de páginas de um livro).

Por que, estando já em andamento, o Google não se junta a um desses projetos? Porque o objetivo não é criar a grande biblioteca. O objetivo é que seja só sua!

As entidades gestoras de direitos autorais são, desde a chegada da Internet, os vilões do filme. Nos anos 1990, a Business Software Alliance, impulsionada entre outros pela Microsoft e pela Adobe, era literalmente o inimigo público número um dos internautas – bom, talvez o número dois, depois da própria Microsoft. Na Espanha, a Sociedad General de Autores y Editores é a organização com a pior imagem pública do país, à frente da Receita Federal. O grande público pouco se importa com o que acontece com essas organizações, e até acha simpático que alguém possa atropelar seus direitos. Assim, não é raro encontrar argumentos contrários aos direitos autorais na Internet apenas porque prejudicam essas organizações. Não deixam de ser o palhaço do tiro ao alvo dos parques de diversões da época das pontocom. Ninguém sofre se ele levar uma bolada, e é até divertido e certamente populista acertá-lo de vez em quando. Mas, independentemente do dano a esse tipo de organização, e a milhares, talvez milhões de autores, várias outras coisas desse projeto me preocupam. Em primeiro lugar, por que o Google? O fato de escanear, arquivar, conservar e divulgar todo o conhecimento da humanidade não representa algo de um valor cultural e intelectual tão sério que não deveria estar nas mãos de uma única empresa privada? Faz sentido que essa informação seja tutelada por alguém que, além de tudo, é especialista na exploração publicitária de conteúdos e que goza de um monopólio na Internet? Se o projeto seguir em frente e daqui a uma década o Google Books for, talvez, o maior arquivo editorial da história, ou seja, a biblioteca de Alexandria 2.0, quem garante que, se o Google deixar de existir – árvores maiores já caíram –, esse enorme legado cultural continuará sendo acessível?

E, finalmente, em que condições legais? O que acontece se, dentro de alguns anos, o Google resolver mudar, como dono da base de dados, as normas de utilização? Por que motivo teríamos de nos dobrar às normas e imposições de uma empresa privada para ter acesso a um conteúdo que, de fato, não é dela, e que é formado por obras de nosso patrimônio histórico e cultural?

São muitas as perguntas, mas isso não impediu que, em uma primeira fase, fossem assinados acordos com as universidades de Harvard, Stanford, Oxford, Michigan e com a Biblioteca Pública de Nova York. O entusiasmo de algumas dessas instituições com o projeto é curioso. Eu gostaria de destacar a mudança histórica que representa ver uma empresa norte-americana, que naquele momento contava com apenas seis anos de vida, assinando um acordo que impunha suas condições a instituições como a prestigiosa Universidade de Harvard, com 375 anos nas costas e em posse de uma das bibliotecas mais respeitadas do mundo (fundada em 1638, com um catálogo de mais de 15 milhões de exemplares).

Todas essas bibliotecas possuem milhões de exemplares que podem ser consultados por estudantes e pesquisadores. Mas isso lhes dava o direito de cedê-los a uma empresa privada para serem copiados? E algo mais curioso ainda: se já é duvidoso o direito de cópia desses arquivos, colocá-los na Internet ou explorá-los publicitariamente no futuro não é ir muito além dos limites razoáveis? O projeto era ambicioso, mesmo que sobre ele planassem enormes nuvens negras legais, que, por incrível que pareça, haviam sido subestimadas pela empresa. O acordo com esses primeiros sócios estabelecia que o Google arcaria com o custo da digitalização e que cederia uma cópia das obras às instituições, de maneira que cada uma delas teria direito, sem custo algum, a uma cópia digital de seus próprios arquivos – não do total –, que poderia utilizar livremente, desde que fosse sem fins lucrativos. Em outras palavras, o Google e as instituições seriam cotitulares de cada arquivo, mas só o Googleplex poderia utilizá-los em seu conjunto e lucrar com essa imensa fonte de conhecimento. Não é exatamente um acordo filantrópico...

Ao longo dos anos, outras instituições foram assinando o acordo, como as universidades de Princeton, Texas, Califórnia, e até algumas instituições europeias, como a Biblioteca Municipal de Lyon, na França, a Biblioteca da Bavária, na Alemanha, e a Universidade Complutense de Madri. Na Espanha, a população sempre foi facilmente colonizada. Quando novos ventos trazem produtos inovadores do outro lado do Atlântico, é comum que seus habitantes se tornem seus principais embaixadores e os assumam como se fossem deles, enterrando, com isso, as alternativas nacionais. Talvez por isso não seja estranho que a participação da Universidade Complutense de Madri seja entusiasta, e que se orgulhe de ser o primeiro colaborador não anglo-saxão do projeto. Não sei se isso deveria ser motivo de especial orgulho. A Universidade Complutense de Madri, que dispõe de bibliotecas e arquivos interessantes, explica em seu site que serão feitas duas cópias de seus arquivos. A do Google, que pelo fato de ter realizado a digitalização pode dispor da sua como achar necessário, e a da própria universidade, que poderá ser utilizada "desde que seja sem fins lucrativos". Surpreende que seu próprio arquivo seja tutelado por um terceiro e que este, além de tudo, lhe outorgue uma licença que indica como e quando pode fazer uso dele. É evidente que o que lhes interessa é que você não possa ganhar dinheiro com isso, visto que dessa parte – devem pensar Larry e Sergey – eles cuidam!

Na Universidade Complutense serão escaneados 110 mil livros, artigos e manuscritos com o intuito de preservá-los para o futuro e apoiar a função docente. Segundo informam, farão isso com o máximo de respeito aos direitos de propriedade intelectual, de modo que não serão escaneadas as obras sobre as quais, segundo a legislação espanhola, haja dúvidas sobre estar protegidas ou não.

Como comentei anteriormente, todos esses acordos cercam-se de um curioso sigilo. Quando alguém quer se aprofundar um pouco e pergunta sobre estes, sempre dá de cara com uma porta infranqueável. "Assinamos um acordo de confidencialidade, de modo que não posso oficialmente lhe explicar mais." Os acordos de confidencialidade não são exatamente um padrão no mundo docente e entre bibliotecários. Aliás, são insólitos e os incomodam, o que entendo perfeitamente. No entanto, o Google acha que se trata de compromissos comerciais. Seus equipamentos e tecnologia são estratégicos, e não devem ser revelados de jeito nenhum. Não assinam acordos de confidencialidade só com as universidades ou bibliotecas. Chegam a ser assinados individualmente por todas as pessoas com participação direta no projeto.

Tudo isso é curioso. Sou daqueles que pensam que, se você não quer que um acordo seja revelado, não deve lhe dar importância. Desse modo, nunca deve assinar um acordo de confidencialidade ou, como dizem os anglo-saxões, *non-disclosure agreement* (NDA).

Uma vez que você propõe a assinatura e a efetiva, é uma situação tão extraordinária para os signatários que eles já têm algo para comentar em *petit comité*, e, com toda a certeza, será um bom assunto em um jantar entre amigos. É infalível. Contam-me que a situação chegou a ser tão surreal no entorno de uma das universidades que a extrema interpretação desses contratos fazia com que não pudessem explicar a seus próprios colegas o que estava acontecendo em determinadas salas, que ficaram totalmente restritas. É paradoxal ser obrigado a guardar segredo quando o projeto se propõe a universalizar o acesso à informação. É difícil explicar como você pode ter acesso ao mundo, mas não à sala ao lado. Uma vez mais, trata-se de um exemplo de dois pesos e duas medidas na hora de querer facilitar o acesso de praticamente toda a informação – a minha, não, obrigado!

O dilema estava criado. O Google dava por certo que haveria polêmica por conta de seus métodos e intenções. Supunham que se poderia desencadear uma intensa batalha judicial. Tanto que nos acordos firmados com as instituições deixavam claro que a empresa arcaria com todos os custos legais da iniciativa, já prevendo aquilo que poderia chegar a ser uma verdadeira chuva de processos por parte não só de autores e editoras, mas também de ilustradores e fotógrafos, que poderiam ver reproduzidas e acessíveis na Internet suas obras sem consentimento algum.

O Google não costuma começar com a árdua tarefa comercial de assinar acordos com titulares de direitos. Ao contrário. Em uma curiosa interpretação da lei, considera que pode utilizar todos os conteúdos que lhe agradar e que, se algum terceiro os quiser eliminar, deve dirigir-se ao Google para solicitá-lo. Se não o fizer, estará autorizando seu uso de fato.

Há alguns anos, fundei com vários sócios a Yes.fm, uma empresa de Internet que, como uma rádio *on-line*, pretendia oferecer música *à la carte* sob encomenda. Lembro que a equipe da Yes.fm gastou mais de um ano de intensas viagens e reuniões em Madri, Londres, Paris e Nova York para obter o beneplácito da indústria e, assim, distribuir seu conteúdo.

Naquela época contavam-se nos dedos de uma mão as empresas que haviam assinado acordos com as quatro grandes gravadoras, conhecidas como as *majors*,[31] para oferecer seu catálogo editorial. Lembro-me

31. Gravadoras *majors*: Sony Music, EMI, Universal e Warner Music.

desses meses como frustrantes por conta da lentidão das negociações e da enorme quantidade de dinheiro, tempo, recursos em relações públicas e viagens investidos. Finalmente conseguimos, e não só pudemos contar com o conteúdo das *majors*, como também lançamos o produto em acordo com outros selos independentes, como BOA, Blanco y Negro, The Orchard, Popstock e Subterfuge. De certo modo, nosso sonho era poder oferecer nossa própria biblioteca de Alexandria, neste caso musical, proporcionando um acesso ao maior catálogo imaginável. Pois bem, todo esse esforço econômico e humano foi um absurdo desnecessário, simplesmente uma perda de tempo segundo o *The Google Way of Life*. Se quiséssemos agir como o Google no início de seu projeto editorial, deveríamos ter ido a uma loja, chegado a um acordo para gravar toda a música que houvesse por lá e tê-la distribuído até que algum editor se queixasse e, nesse caso, seguindo a lógica de Mountain View, nossa responsabilidade se limitaria a eliminar de nosso catálogo suas canções ou a negociar com ele. A diferença entre o Google e nós era que, se agíssemos assim, hoje em dia, com toda a certeza teríamos passado pela cadeia após uma infinidade de processos da indústria musical inteira. Uma companhia como a deles pode se permitir interpretações criativas e vantajosas da lei e pisar em certos jardins sem que o jardineiro os persiga de foice na mão, mais interessado em chegar a um acordo econômico para ganhar da próxima vez em que você passar no jardim dele. Isso faz com que para determinadas empresas, que enchem a boca para falar de inovação, seja mais fácil desenvolver determinados produtos, já que não custa o mesmo para todos cruzar as linhas vermelhas traçadas pela lei, ou pelo bom-senso.

Por isso esse projeto só poderia ter nascido no Google. Em qualquer outra multinacional tecnológica não teria passado de uma ideia formulada e imediatamente descartada por conta das consequências legais que poderia acarretar. No entanto, o Google tem uma vasta experiência em "empurrar com a barriga" e ir ajeitando esses detalhes *a posteriori*. Assim fizeram com as patentes iniciais do Adwords, ou com os problemas de propriedade intelectual do Google News ou do próprio YouTube. O mundo anda rápido. Sejamos os primeiros, vamos comer o mercado e depois fazer o que tiver de ser feito, chegando a acordos comerciais, se necessário. E é o que fazem. Mas sempre depois de engolir o segmento e destruir qualquer vestígio de concorrência. Amém.

Assim foi. Como estava previsto, ou pelo menos se intuía, começaram os problemas, e o Google tentou selar acordos e resolvê-los, sob ameaça de se envolver em batalhas judiciais paralelas a uma intensa tarefa de digitalização de milhões de obras. Em 2005 chegaram as primeiras ações judiciais nos Estados Unidos por parte do Grêmio de Autores da América e da Associação de Editores dos Estados Unidos. Ambas, separadamente, denunciaram o Google por "infração maciça dos direitos autorais de seus associados". Os editores defendem que, mesmo que o Google mostre não mais que uma parte dos livros sujeitos a direitos autorais – não como os livros órfãos ou de domínio público, que oferece integralmente –, não tem direito de cópia e armazenamento das obras, e muito menos de sua posterior redistribuição.

Em 2008, o Google fechou um acordo extrajudicial com o setor editorial norte-americano por meio do qual se comprometia a pagar a quantia de 125 milhões de dólares por todas as obras que havia escaneado em troca da retirada dos processos e de poder continuar oferecendo integralmente as obras órfãs, ou sem direitos autorais. Além disso, comprometia-se a arcar com todas as custas judiciais dos reclamantes, a pagar 63% das receitas do site – publicidade, assinaturas, vendas *on-line* – e a criar um registro, denominado Books Right Registry, para tentar localizar os criadores ou titulares de direitos autorais de obras antigas, dando-lhes, desse modo, a possibilidade de retirar suas obras do projeto se assim desejassem.

Em uma declaração posterior, Eric Schmidt se referiu a esse acordo como uma piscadela do Google em sinal de confiança ao setor, já que, em virtude de sua interpretação legal, a companhia insistia – talvez como um aviso a outras entidades de direitos – em considerar que não deve nem precisa chegar a nenhum acordo de distribuição com os autores. Apesar de tudo, este acordo não agradou muito, nem às autoridades da concorrência nem à Open Book Alliance, uma coalizão que inclui representantes das bibliotecas, jornalistas e grandes empresas da rede – Microsoft, Amazon e Yahoo!. Segundo afirmavam, "o acordo concederá ao Google um monopólio sobre a digitalização de livros, incluindo os esgotados ou os que são de domínio público".

Em 2011, o juiz Denny Chin aceitou esse argumento e invalidou o acordo entre o Google e a indústria editorial norte-americana, pois estimou que "não é equitativo, adequado ou razoável" e que isso outorgaria ao Google uma vantagem significativa sobre seus concorrentes "garantindo a posição dominante das buscas *on-line*" de que dispõe. A sentença argumenta que,

> embora a criação de uma biblioteca digital universal pudesse beneficiar a muitos, estar-se-ia concedendo ao Google direitos para explorar livros sem a permissão dos proprietários do *copyright*. De fato, outorgaria ao Google uma vantagem significativa sobre seus concorrentes, compensatória para participar na cópia maciça de obras protegidas sem permissão, ficando liberado das reclamações além das que se apresentam no caso.

Definitivamente, a proposta de acordo entre o Google e os editores norte-americanos ficava invalidada. Aquilo representou o maior revés judicial para o Google Books.

A empresa disse que recorreria da sentença e se defendeu das críticas ao afirmar que sua digitalização editorial *on-line* era um ato altruísta "para proteger o patrimônio cultural do mundo" – mas que gentis! Um de seus fundadores, Sergey Brin, chegou a afirmar: "A famosa biblioteca de Alexandria foi queimada três vezes, assim como a Biblioteca do Congresso dos Estados Unidos. Espero que essa destruição não torne a acontecer. Se isso acontecer, lá estará o Google Books". E você e eu achávamos que eles queriam se apropriar do conteúdo com exclusividade para explorá-lo publicitariamente, sendo que o que realmente queriam era ajudar em sua conservação! Que mente suja a nossa!

Como em outras ocasiões, o Google tenta nos convencer de que é uma atitude altruísta o fato de darmos a ele uma posição dominante em um mercado que lhe permite rentabilizar todo o conteúdo do mundo e ser o dono legal da maior base de dados da história. Ora, estão fazendo isso por nós, pelo nosso bem, e o interesse da companhia é quase meramente uma consequência. Então, por que não faz isso renunciando à titularidade e à exclusividade da base de dados? Visto que é uma iniciativa própria de uma ONG, por que não renuncia a sua exploração publicitária e cede seus direitos ao mundo?

Fora dos Estados Unidos, o projeto recebeu dezenas de denúncias e de queixas. Uma das mais destacadas chegou em 2006 por parte de uma editora francesa, La Martiniére, por conta da digitalização de livros protegidos por direitos autorais. Esses livros não deveriam estar disponíveis na rede. O buscador havia se comprometido a, nesses casos, só oferecer pequenos fragmentos das obras, geralmente em torno de 20% de seu conteúdo, como resultado das buscas. Em 2009, a editora ganhou o processo do Google França e recebeu a quantia de 300 mil euros a título de indenização por perdas e danos. Do mesmo modo, o Google foi condenado a pagar 10 mil euros diários por cada dia que a empresa mantivesse esse conteúdo em sua base de dados, por ficar provado no tribunal "que o Google violou claramente as leis de direitos autorais ao pôr à disposição dos usuários obras protegidas sem autorização de seus titulares". O Syndicat National de L'Édition na França, que se uniu posteriormente ao processo, disse que o Google havia escaneado sem permissão umas 100 mil obras francesas protegidas por direitos autorais.

Finalmente, em agosto de 2011, a La Martiniére e o Google chegaram a um acordo que contemplaria as obras fora de catálogo da empresa francesa que já não estavam disponíveis para venda, mas que ainda estavam sujeitas a direitos autorais. As companhias explicaram que a iniciativa tinha como objetivo dar "nova vida" às obras esgotadas e fora de catálogo para benefício dos leitores – que podiam descobri-las de novo –, dos autores – cujas obras poderiam voltar a ser lidas – e dos editores – que poderiam se beneficiar de novas oportunidades de negócio.

Em 2011, a França continuou sua luta contra o Google Books. As editoras francesas Gallimard, Flammarion e Albin Michel processaram o Google por pirataria argumentando que seus livros foram escaneados sem seu consentimento, motivo pelo qual violaram a lei de *copyright*, e essa prática é considerada, literalmente, "pirataria digital". Como indenização, as editoras pediram 9,8 milhões de euros, número a que se chega estimando mil euros por livro digitalizado sem autorização – trata-se de 9.797 títulos, um número que continua aumentando, visto que o Google Books não parou de escaneá-los.

No mais puro estilo francês, cujo apreço pela cultura é indiscutível, as editoras tomaram a iniciativa de criar uma biblioteca virtual para poder competir com o Google, já que viam não só uma ameaça à concorrência na Internet e aos direitos autorais e editores, mas também certo afã imperialista por parte dos Estados Unidos de acabar monopolizando a cultura. Podiam chegar a ser donos do maior registro cultural do mundo e, portanto, selecionar que obras deveriam aparecer e como haviam de fazê-lo. O grande agitador das consciências francesas foi o prestigioso historiador Jean-Noël Jeanneney, diretor da Biblioteca Nacional da França. Entre 2004 e 2006, convidou a Europa por meio de diversos artigos de seu livro *Quando o Google desafia a Europa: em defesa de uma reação* (Contracapa, 2006), e de diversas intervenções no rádio, a se mobilizar contra o que considerava que poderia ser uma tentativa norte-americana, por meio do Google, de acumular, de monopolizar a cultura europeia, alertando os franceses de que, se não reagissem de maneira coletiva na Europa, em algumas décadas talvez se estudasse a Revolução Francesa por livros escritos nos Estados Unidos. A sociedade cultural francesa se mobilizou diante de tal ameaça, e assim nasceu, entre outros, o projeto Gallica, da Biblioteca Nacional Francesa.

O prestígio de Jean-Noël Jeanneney está fora de questão. Trata-se de um dos mais importantes intelectuais franceses deste século, e dos mais firmes defensores do idioma do país. Mas, para ser justo, eu gostaria de relativizar sua entusiasta atitude europeísta. Evidentemente, trata-se de uma opinião muito pessoal, e entendo que talvez você não compartilhe dela. Em primeiro lugar, ninguém é independente. Todos, incluindo o próprio Jean-Noël Jeanneney, temos interesses e nos vemos sujeitos a pressões e influências. Sim, claro, eu também. Afinal de contas, não há ninguém de quem devamos nos proteger mais que dos imparciais, porque eles acabam sendo subornados pelas duas partes.

A questão é que, cada vez que na França alguém agita com vigor a bandeira europeia para se defender de outro maior que vem de fora, sempre surge um sorriso em minha boca e não posso evitar pensar que o que se quer defender não é uma posição europeia, e sim a sua própria, a francesa, e, para isso, precisa de mãos amigas. Para defender sua própria despensa precisa de "peões", e é relativamente fácil encontrar um ponto comum de defesa, simpatias e adesões no velho continente contra um inimigo comum: os temíveis norte-americanos.

Hoje em dia, o Google continua trabalhando e escaneando, mas, obrigado pelas circunstâncias, foi chegando a acordos com editoras, oferecendo promoção das obras no Google Books e no buscador em troca de poder escaneá-las e armazená-las em sua base de dados, mostrando só parte do conteúdo. Do mesmo modo, as receitas publicitárias geradas nas páginas de conteúdos serão divididas com a empresa titular dos direitos.

O interesse do Google no projeto continua intacto; resta saber se resolverão os problemas judiciais nos Estados Unidos. Por ora, a companhia anunciou em julho de 2011 seu primeiro leitor de e-books em colaboração com o fabricante iRives. O dispositivo não só será compatível com o Google Books como também estará totalmente integrado. Será denominado iRives Story Hd e custará 139 dólares no lançamento. Trata-se, sem dúvida, de um experimento do Google para poder competir com o Kindle da Amazon.com. Ou seja, a maneira do Google de arranjar mais inimigos.

YouTube

Como já comentei, em 2006 o Google adquiriu o YouTube.com, o portal de publicação de vídeos gratuitos mais popular e utilizado na Internet, pela surpreendente quantia, na data, de 1,65 bilhão de dólares. Naquela época, o YouTube contava com apenas 29 meses de vida, e o Google, com uma enorme quantia de dinheiro em seus cofres, não pôde resistir a adquirir o site que geria 46% do mercado de publicação de vídeos na Internet.

Com sede em San Bruno (Califórnia), a empresa foi criada em 2005 por três jovens ex-funcionários do PayPal: Steve Chen, Jawed Karim e Chad Hurley. O primeiro vídeo foi publicado em 23 de abril de 2005, e francamente não tinha muito *glamour*. Tratava-se de um dos fundadores do site, Karim, passeando pelo zoológico de San Diego. Apesar desse terrível vídeo inicial, o fundo de capital de risco Sequoia acabou investindo no projeto 11,5 milhões de dólares. Em 2006 já serviam mais de 100 milhões de vídeos por dia, e tinham 29 milhões de usuários únicos, contra os apenas sete que atingia seu concorrente, o Google Video.

Horas antes da aquisição, tanto o Google quanto o YouTube haviam anunciado acordos, separadamente, com diferentes companhias gravadoras para eliminar obstáculos legais que pudessem deter a operação. O portal é, atualmente – já era na época –, o serviço líder de armazenamento de vídeos na Internet, mas tinha enormes problemas de gestão de direitos de propriedade intelectual. Para compreender a magnitude do sucesso, um dos mais fulgurantes do mundo, ao lado do próprio Google ou do Facebook, vamos pensar que em 2011 subiam-se por minuto cerca de 24 horas de arquivos de vídeo no YouTube. É um portal de imensa penetração social e um interessante suporte publicitário. De fato, em 2008 dizia-se que um anúncio em sua página principal poderia custar 175 mil dólares diários, com a obrigação, além de tudo, de pagar mais 50 mil dólares em outros serviços do Google.

Os problemas do YouTube foram uma constante e deram bastante dor de cabeça ao Google. Tanto que foram realizados grandes investimentos para tentar acalmar a indústria audiovisual no delicado assunto dos direitos de propriedade intelectual. Os problemas legais chegavam a ameaçar a viabilidade do modelo de negócio, assim como a continuidade do projeto.

O YouTube.com não é só mais um portal Web. Poderia chegar a ser o embrião da primeira estação de televisão global multi-idioma, além da maior videolocadora do mundo, coisa para a qual já estão fazendo testes nos Estados Unidos. Tudo isso e muitas outras coisas podem ser modelos de negócio lucrativos para o Google no futuro. Além disso, não se deve desprezar o respaldo que o YouTube dá a seu buscador. Que melhor respaldo para o Google.com que dispor do domínio da maior parte do conteúdo audiovisual na Internet? Ou, em outras palavras, dos mais de um bilhão de vídeos que há no YouTube, quem os busca, armazena e nos dá exatamente os vídeos de que necessitamos? Evidentemente, o YouTube, para decepção de seus rivais, que se sentem impotentes ao tentar competir.

O fato de dar respaldo a um buscador quando este já domina o mercado não é uma razão de peso suficiente para investir mais de 1,6 bilhão de dólares. O tráfego atual do YouTube é uma razão, *per se*, muito mais convincente. Lembro que em 2006, quando foi anunciada intempestivamente a compra do YouTube, alguns analistas acharam que o triunvirato composto por Larry, Sergey e Eric havia sido ludibriado, e que haviam pago uma quantia de dinheiro exorbitante por algo que não valia. Quando se efetivou a operação, um sócio meu me mandou por e-mail o vídeo gravado poucas horas antes, no qual dois dos jovens fundadores do YouTube, Chad Hurley e Steve Chen, faziam uma gravação caseira na frente de um restaurante da rede Friday's, nos Estados Unidos, explicando aos usuários do portal a venda ao Google. Mas eles não tinham muito mais explicação além de: "Enchemos o bolso de dinheiro! Como não íamos vender?". No vídeo só balbuciavam, entre ataques de riso, as razões da venda, que denominavam "união dos reis da busca e do vídeo". Durante os últimos segundos, vendo o riso nervoso de ambos, descobri com que cara você fica quando ganha, em menos de dois anos, mais de 1 bilhão de dólares. O vídeo é divertido e nos faz pensar um instante em como poderíamos reagir diante de algo assim. O que posso garantir é que eu escolheria outro tipo de restaurante para uma celebração desse calibre.

Hoje em dia, estima-se que o portal continua perdendo significativas somas de dinheiro por ano. No entanto, ninguém mais pensa que aquela quantia foi uma loucura, principalmente quando se analisam seus dados e se vê que se consolidou na Internet. Embora o Google não ofereça dados financeiros sobre o YouTube – que novidade! –, vários analistas calculam perdas entre 470 milhões de dólares anuais (estimados pelo Credit Suisse) e 200 milhões, que a revista *Forbes* calculava em 2008.

Afora os resultados financeiros, os demais números são espetaculares. Como amostra, em 2007, o YouTube.com consumia mais largura de banda que toda a Internet junta em 2000. Em maio de 2010, serviam dois bilhões de vídeos por dia. Dois anos depois, em maio de 2012, haviam crescido "um pouco mais" e o portal servia 4 bilhões de vídeos diários.

O crescimento e a popularidade dos vídeos do YouTube se mantiveram com base na exploração de conteúdos de terceiros sem autorização, o que gerou dezenas de milhares de pedidos de retirada de vídeos, bem como centenas de problemas judiciais. Cabe mencionar que a empresa fez alguns esforços, nos últimos anos, para chegar a acordos de exploração, e que aplicou ferramentas para o controle dos direitos.

Em 2007 foram obrigados a apresentar uma ferramenta denominada Content ID para tentar proteger o conteúdo sujeito a direitos autorais. Os produtores, artistas, redes de televisão etc. entregavam previamente cópias de seus áudios e vídeos, que eram analisados por um *software* específico que os armazenava em uma base de dados. Cada vídeo subido no YouTube era comparado com esses arquivos guardados. A companhia dizia que comparava tanto áudio quanto vídeo, e até pessoas. Se fosse detectado um conteúdo protegido pelo Content ID, o titular dos direitos podia proceder a várias ações, entre elas bloqueá-lo e eliminá-lo, deixá-lo ou monetizá-lo, ganhando assim parte dos benefícios que esse vídeo gerasse com a publicidade que o acompanhava.

Em 2010 havia sido reclamada a titularidade de mais de 100 milhões de vídeos protegidos por meio da ferramenta Content ID. Nesse momento, o YouTube tinha uma base de dados com mais de 300 mil horas de conteúdo passível de proteção. Trata-se, possivelmente, da maior fonte audiovisual desse tipo no mundo.

Essa ferramenta, que sofre de alguns problemas conceituais dos quais falarei mais adiante, implicou um investimento de mais de 10 milhões de dólares e um grande argumento legal perante juízes de todo o mundo, visto que permite alegar que se esforçam para limitar o uso indevido de conteúdos por meio do desenvolvimento de ferramentas que minimizam o que é um fato: a constante violação dos direitos autorais, coisa com que – convenhamos – a própria empresa lucra.

Em 2011 vazou a informação de que os vídeos protegidos representavam um terço das receitas com publicidade do portal, o que foi, sem dúvida, parte de um apelo publicitário da empresa. Pretendiam, com isso, passar uma mensagem do tipo: "estamos dividindo uma parte significativa do bolo, licencie seu conteúdo conosco, venha para a festa e ganhe dinheiro conosco".

Durante os últimos anos, cada vez que um usuário subia um vídeo no YouTube recebia uma mensagem que pedia: "Por favor, não suba vídeos protegidos por direitos autorais, como vídeos musicais e séries de televisão". Guardadas as devidas proporções, é a mesma coisa que pôr um cartaz em uma agência bancária com o seguinte convite: "por favor, não nos assaltem". A eficácia é equiparável. Sem dúvida alguma, a pessoa que tentar subir um vídeo com direitos – ou assaltar o banco – não vai se amedrontar com a simpática nota dissuasiva. Vai até lhe parecer engraçado e alegrar seu dia.

O sistema é maquiavélico. Se você, querido *Googlefan,* entrar na Internet, abrir o YouTube.com e subir o último videoclipe do Justin Bieber, além de ter um duvidoso gosto musical, está entrando em um jogo surreal no qual você não ganha nada, e as visitas – entendo que a maioria seja de adolescentes apaixonadas – chegarão às centenas ou milhares para ver o vídeo em questão. Enquanto isso, o Google esfrega as mãos e põe anúncios feito louco. Se, semanas depois, chegar um e-mail da gravadora Island Records, que possui os direitos do cantor, o Google, que já ganhou dinheiro com o tráfego gerado, vai lavar as mãos, retirar o vídeo e mandar um e-mail de desculpas alegando que não sabiam e que foi obra de um usuário malvado. Explicarão, ainda, que já tomaram providências e, para não ser muito duros com você, vão obrigá-lo a ver um vídeo educativo – no YouTube, evidentemente – que explica como funcionam os direitos autorais, bem como qual deveria ser seu comportamento cívico para estar no lado dos "bonzinhos".

É assim que acontece. Mandam que você veja um vídeo de desenho animado, talvez esperando que assim entenda melhor – como se você fosse bobo –, baseado em uma conhecida série digital de desenho intitulada *Happy Tree Friends*. Não é que o vídeo faça furor, exatamente. As opiniões dos próprios usuários não deixam sombra de dúvidas. Em agosto de 2011 apontavam o seguinte: "Gostei: 1.863. Não gostei: 9.724".

Deixe-me destacar uma mensagem curiosa do vídeo, que diz, literalmente: "[...] você pode enfrentar um processo, perder seus lucros e sua conta no YouTube". Independentemente de quão ridículo possa ser ver personagens de desenho animado nos dando lições de moral e nos ameaçando... Perder seus lucros? Se eu subo no YouTube algum conteúdo impróprio, não ganho nada com isso, nenhum lucro! O lucro, se por isso entendermos o dinheiro gerado irregularmente, quem ganha é sempre o YouTube, mesmo que tenha de retirar o vídeo. Parece evidente que depois eles não ligam para os anunciantes de quem cobrou para aparecer nessas páginas, para lhes devolver o dinheiro. E agora o capitão pirata nos dá lições de moral em seu esconderijo, sentado sobre o tesouro roubado!

Em conclusão, uns simpáticos bichinhos nos explicam o que são e como funcionam os direitos autorais. Dizem-nos que não devemos ser malvados nem subir conteúdo protegido no YouTube, visto que eles vão ganhar muito dinheiro, e isso não seria certo. Ao terminar, aplicam uma prova por meio de um formulário para ver se, pobre ignorante, você entendeu os belos ensinamentos do desenhinho e se, por fim, compreende a diferença que existe entre o que é e o que não é seu. Conforme o resultado que obtiver nessa prova, eles deixam você retomar sua conta. São quatro perguntas, aliás, seriíssimas, como: "Se criar conteúdo 100% original, poderá se proteger de reclamações por infração de direitos de *copyright*. Verdadeiro ou falso?"

Ainda assim, claro que há gente que não acerta a resposta. De fato, acho que, em meu peculiar senso de humor, é meio engraçado errar.

Pois bem, esse mecanismo de "reinserção social" para os violadores de direitos autorais, ou seja, esse negócio do vídeo para criancinhas e as quatro perguntinhas finais, chama-se pretensiosamente Google Copyright School, em uma tentativa de dar armas aos assessores legais da companhia para argumentar que até educam aqueles que não cumprem, e que além de tudo explicam como fazer direito. Em outras palavras, longe de permitir e fomentar a pirataria, cumprem uma função educacional e social. Uma grande consideração de sua parte após oito anos lucrando com isso!

A questão é que, se você desrespeita reiteradamente – pelo menos três vezes – as políticas de direitos autorais, eles têm direito a determinar que você é um caso grave e que é muito malvado. Se isso ocorrer, podem fechar sua conta no YouTube, com o enorme desgosto que isso lhe causaria, pois o obrigariam a abrir outra, possivelmente também no YouTube, minutos depois. Como diz o ditado, para grandes males, grandes remédios!

De qualquer maneira, existem dezenas de tutoriais na Internet que explicam como você pode burlar a ferramenta Content ID de maneira simples e em poucos passos, e subir todo tipo de vídeo sem ser detectado, para evitar ter de frequentar – nessa idade – a escola de *copyright* e, com isso, ter de ver esse terrível vídeo de cervos e gatinhos. Não é preciso ir muito longe. Esses tutoriais que explicam como burlar as normas não estão escondidos no cantinho mais recôndito e obscuro da rede. Estão todos no YouTube.com sob títulos sugestivos como "evitar bloqueios por *copyright* YouTube". Há de todos os tipos e em todos os idiomas, como eles gostam: a apenas um clique de distância. Curioso, não é?

No caso de outros serviços, critiquei o fato de o Google basear parte de seu sucesso em pegar tudo o que quer com o objetivo de dominar o mercado, e depois, quando chegam as queixas e as denúncias, gozar das vantagens de uma ilegítima posição dominante. No caso do

YouTube, podemos dizer quase a mesma coisa, com a ressalva de que não foram eles que começaram; mas depois não se importaram em continuar. Copiar de um site é plágio; de dois, documentação. O YouTube é a empresa mais documentada do mundo.

O Content ID é uma boa ferramenta. Apesar disso, como dizia antes, sofre de alguns problemas conceituais. Para evitar ser espoliada, uma empresa geradora de conteúdo deve, em primeiro lugar, entregar ao Google seu patrimônio, ou seja, todo o seu conteúdo. Isso é duro e especialmente cruel. É como ter de entregar ao Barba Azul o tesouro para que ele garanta nossa imunidade. A raposa se compromete a cuidar do galinheiro e dividir suas receitas. Para muitas empresas é um cenário duro de enfrentar. Em segundo lugar, de novo as empresas é que devem se mexer e evitar que seus direitos sejam violados. Isso é lógico?

Vamos falar sério. O sucesso desse enorme arquivo multimídia não se baseia nos vídeos gerados pelos usuários – tipo "férias na praia" –, e sim nos vídeos musicais, cenas de filmes ou séries de televisão, que geralmente estão sujeitos a direitos autorais. É verdade que há alguns casos extraordinários que se transformam em vídeos virais e dão a volta ao mundo, seja porque são divertidos, seja porque têm algo de excepcional. Por exemplo, um dos mais famosos é *Charlie bit my finger*, um vídeo de 2007 no qual um menino de uns quatro anos é mordido no dedo por Charlie, seu irmãozinho. À primeira vista não parece muito atraente. É simplesmente simpático e divertido se você tiver uns minutos livres, mesmo que seja só para ver a cara das crianças – a propósito, maldito seja o pai que permitia, adorando, as mordidas enquanto gravava, e que agora explora o fenômeno! Pois bem, esse vídeo tinha, em agosto de 2011, mais de 370 milhões de visualizações, com as quais, possivelmente, se assim solicitou, o orgulhoso pai do menino mordido está ganhando dinheiro devido à cobrança sobre os cliques na publicidade do vídeo. Tudo isso vai transformar essa mordida na coisa mais rentável da história, tanto por seus benefícios quanto por sua divulgação. Os pais, o menino mordedor e o mordido foram explicar o fenômeno em várias redes de televisão nos Estados Unidos, e em algumas ocasiões, de forma delirante, chegou-se a incentivar o menor a morder seu irmão ao vivo.

É um vídeo tão inocente quanto viral. Talvez essa seja a razão da patética tentativa dos pais das crianças de estender o fenômeno com outras mordidas gravadas em vídeo ao longo dos anos, com títulos tão elaborados como *Charlie bit my finger, again*. Como tudo isso só poderia acontecer nos Estados Unidos, é possível que daqui a alguns anos, ao chegar à maioridade, o agredido infante processe seus pais por perdas e danos, bem como pelos traumas psicológicos que, com toda certeza, vão ficar para o resto de sua vida.

Independentemente de casos excepcionais como esse, o sucesso se baseou no outro tipo de conteúdo – musical, televisivo e cinematográfico –, que geralmente era mostrado sem nenhuma permissão nem autorização. Quando o YouTube se tornou líder absoluto do mercado dos vídeos, e as alternativas, como o Vimeo ou o Metacafe, estavam a anos-luz de distância, o Google começou a regular o problema tentando efetivar acordos com os grandes gestores de conteúdo da indústria.

Hoje em dia, os problemas continuam, mas em menor medida. Acredito sinceramente que a tarefa de controle do conteúdo – que pelo menos uma vez estão tentando cumprir – é difícil e digna de elogio, mas, por sua vez, é uma clara amostra de que o Google não acredita em seus próprios argumentos legais baseados, como vimos, em uma interpretação criativa do DMCA[32] dos Estados Unidos. Em outras palavras, se suas teses fossem verdadeiras e o Google pudesse abrigar qualquer tipo de conteúdo, retirando-o só quando recebesse alguma reclamação, não teria sido necessário desenvolver ferramentas,

32. DMCA: *Digital Millenium Copyright Act*, normativa que rege os direitos autorais na Internet nos Estados Unidos.

cancelar contas ou "educar" os malvados usuários, não acha? A resposta é óbvia. O Google sabia que precisaria de argumentos de mais peso se não quisesse que chovessem processos em cada canto do planeta.

Um dos conflitos de maior repercussão começou em 2007, quando a Viacom entrou com uma ação milionária contra o YouTube. A empresa é dona, entre outras, da rede de televisão MTV e da produtora cinematográfica Paramount Pictures. Os demandantes informaram que queriam receber mais de um bilhão de dólares a título de perdas e danos por "violação maciça e internacional dos direitos autorais". Além disso, tentaram conseguir um mandato judicial que previsse outras "violações" futuras. Segundo os demandantes, havia pelo menos 160 mil vídeos não autorizados de sua programação com os quais o Google estava lucrando, já que haviam sido vistos mais de 1,5 milhão de vezes. A verdade é que após esse enorme problema legal com a Viacom, ainda em curso, a empresa correu para assinar acordos com meios de comunicação e companhias gravadoras e cinematográficas, como a BBC, a CBS e a NBC Universal.

Nessa batalha, que ainda dura, o YouTube acusou, em uma surpreendente virada dos acontecimentos, a Viacom por incorrer em práticas enganosas, dado que, enquanto interpunha a demanda para que fosse retirado o material com *copyright,* subia sigilosamente vídeos de sua propriedade no YouTube para que seus conteúdos fossem promovidos. Essas práticas se tornaram públicas por meio do assessor jurídico da empresa, que mostrava como a Viacom mandava seus funcionários subir vídeos de páginas que não podiam ser rastreadas, o que chegava quase a espionagem industrial. O Google mostrava que possuía documentos de origem interna da Viacom que haviam sido fornecidos a eles.

Finalmente, em junho de 2010 a justiça norte-americana se posicionou a favor do YouTube e determinou que agisse de acordo com o DMCA, uma vez que coopera com os autores para proteger seus direitos por meio de ferramentas *ad hoc* do serviço, bem como mediante a retirada do conteúdo após as queixas pelas infrações. Sempre achei muito curiosa essa interpretação dos direitos autorais. Tenho a sensação de que a estratégia legal empreendida pela Viacom não estava tão bem focada e que cometeram mais erros em sua ação legal. É evidente que, se houve um uso indevido, uma reprodução ilícita e um lucro por parte do Google, deveria haver uma indenização. Seja como for, o único país do mundo onde os direitos autorais têm esse limbo, que permite usar seu exército de advogados para uma interpretação tão criativa dos direitos de terceiros, são os Estados Unidos. Na Europa, a companhia não poderia se agarrar a argumentos tão duvidosos para lucrar com conteúdo que não lhe pertence. Ainda assim, a Viacom recorreu da sentença, e o assunto ainda não está totalmente encerrado.

Não é o primeiro caso, nem será o último, de violação maciça dos direitos autorais por parte do YouTube, mas este tem uma particularidade. Geralmente, há um ponto de inflexão no qual as empresas que processam o Google, e que são geradoras de conteúdos, chegam a acordos. Costumam retirar os processos quando há uma indenização e seguem em frente, sem rancores, dividindo as receitas. Isso ainda não aconteceu neste caso. Em minha opinião, se a Viacom continuar brigando, cedo ou tarde acabará chegando a um acordo.

Jeremy Zweig, vice-presidente de comunicações corporativas da Viacom, comentava comigo que

> os instrumentos para identificar e eliminar conteúdo que possa ter sofrido violação dos direitos autorais estiveram disponíveis durante anos. Eles tinham acesso às ferramentas de filtro, mas só as querem utilizar em benefício das empresas e dos artistas com quem haviam formalizado um contrato, e não conosco. Assim, esse é um dos nossos argumentos – sim, sabiam que era pirataria, e tinham

> as ferramentas para o controle, mas só as ofereceriam a nós se chegássemos a um acordo comercial com eles. Não achamos que fosse uma forma muito legal de agir.

O Google se defendeu, sempre se apoiando em dois argumentos. O primeiro, que eles não podem exercer uma censura prévia dos conteúdos que os usuários sobem. O segundo, que não são eles quem devem revisar todo o conteúdo armazenado no YouTube. Deve ser responsabilidade do titular dos direitos a tarefa de investigar, informar e apontar os conteúdos que, em seu entender, devem ser retirados.

Isso nos leva a um delirante cenário no qual o Google estaria nos ajudando a reduzir a falta de emprego na indústria cultural. Ou pelo menos nas companhias que não queiram ou não estejam interessadas em assinar acordos de distribuição com eles, visto que se quiserem proteger seus direitos e que seus conteúdos não sejam reproduzidos sem autorização, gerando benefícios para quem não participou de modo algum de sua elaboração, terão de contratar dezenas de investigadores especializados em YouTube.com para encontrá-los. Poderíamos até criar um cargo mais estrondoso, como "YouTube Detective Manager". Seriam necessários departamentos inteiros para patrulhar dia e noite a imensa rede procurando, identificando e finalmente denunciando qualquer irregularidade que encontrassem. Ou seja, para que as joias da sua avó não apareçam em minha casa, pague de seu bolso um policial que reviste quem entra e quem sai de minhas dependências. Surpreendente.

Na Espanha existe uma situação similar, nesse caso com o grupo Mediaset, proprietário da Telecinco, que abriu uma ação contra o YouTube. Segundo afirmou a própria rede, considera que o portal de vídeos age como um pirata industrial divulgando ilicitamente, sem autorização, os conteúdos da Telecinco, explorando-os comercialmente às custas do titular dos direitos. Paolo Vasile, CEO da Telecinco, declarava que antes se "identificava o pirata quando se conhecia o camelô", mas que agora "chegaram novos piratas que, além de tudo, são louvados". Diferente dos primeiros, "não são imigrantes clandestinos. Estes atuam na Bolsa!". A resposta dos porta-vozes foi se desvincular de qualquer problema culpando indiretamente seus usuários.

> Nós somos meros intermediários. Além disso, qualquer rede de televisão pode nos notificar quando houver um vídeo de sua propriedade em nosso portal, se considerarem que viola seu direito à propriedade intelectual. São os usuários quem sobem os arquivos, e não podemos tirá-los um a um. Por esse motivo, pusemos à disposição das redes de televisão um programa gratuito com o qual podem proteger seus conteúdos, evitando, assim, que sejam reproduzidos.

Fiz uma entrevista com Mario Rodríguez Valderas, diretor-geral corporativo da Telecinco, e ele insistia, de maneira muito acertada, no seguinte:

> De fato, o usuário sobe os vídeos, mas o benefício sempre é obtido pelas mesmas pessoas. O YouTube obtém benefícios com o trabalho dos outros. Os vídeos que são de propriedade de nossa rede não têm por que ser expostos em outro site que não o da própria rede, nem gerar rendimentos econômicos para terceiros.

Essa situação me faz lembrar de quando eu atuava, há quase 20 anos, no setor de casas noturnas. Recordo que abri minha segunda danceteria em Madri, no bairro de Salamanca, com um conhecido e rico empresário do setor, que tinha outras casas noturnas. Sempre me surpreendeu seu poder aquisitivo e sua qualidade de vida. Na Espanha, geralmente, esse ramo permite viver muito bem, mas não tanto quanto o que eu via nele, e isso me intrigava. Meses depois, cheguei à conclusão de que seus enormes rendimentos eram colaterais ao negócio, e que possivelmente os recebia da venda de todo tipo de substâncias ilegais em suas casas, visto que seus funcionários pareciam "não ver" determinadas atitudes dependendo de quem fosse. Ele, evidentemente, não cometia nenhum delito, mas sempre pensei que lucrava com eles e que, no mínimo, sua negligência no controle facilitava essas atividades. Quando a polícia aparecia, uma noite, para fazer uma blitz no local e realizava alguma revista ou detenção, ele permanecia impassível. Não era problema dele, ele não havia feito nada. Não lhe parece similar com o jeito como o Google administra os direitos autorais?

É a tênue linha que separa a moralidade da legalidade. Pode haver algum piratinha que pisa na linha constantemente, e que brinca com isso. Conheço alguns que assumem esse risco no negócio da tecnologia, e chegam ao limite. Mas uma das maiores empresas do mundo, que gera receitas de quase 30 bilhões de dólares ao ano, e que com o lema do *Don't be evil* fala de ganhar dinheiro de forma ética e respeitável, não deveria oferecer mais no terreno da moralidade? Não deveria ser, no mínimo, mais escrupulosa com determinadas atitudes?

No caso da Telecinco, após dois anos de litígio, o tribunal sentenciou em setembro de 2010 que "o YouTube é um intermediário, e compete a quem sobe o material a responsabilidade de infringir ou não os direitos da propriedade intelectual, e às terceiras partes de reclamar essa proteção. O YouTube não tem que aplicar uma censura prévia antes da publicação". Para minha surpresa, o Google ganhou o caso em primeira instância, e por isso a Telecinco recorreu da sentença. Segundo Mario Rodríguez Valderas, apesar da derrota inicial, a expectativa do recurso era muito positiva, pois "o tribunal viu indícios de delito, e por isso proibiu o YouTube de reproduzir nossos vídeos. Mas o tribunal achou muita coisa condenar o YouTube, por conta das repercussões que teria. Seria abrir um precedente, coisa que talvez devesse ser feita por um tribunal de hierarquia mais alta".

Em todo esse jogo de ações legais e pressões há uma dupla moral que não posso ignorar. A Telecinco também passa em sua programação vídeos do YouTube, em programas de *zapping*, humor ou similares. Embora o Google não seja titular desses vídeos, sua utilização faz com que seja um caso de dupla moral. Estão condenados a se entender, e é o que vai acabar acontecendo. A Telecinco tentará conseguir uma indenização, chegar a um acordo e negociar na posição mais vantajosa possível.

Eu aposto que isso vai acontecer. Nos dias de hoje, o diretor-geral corporativo da Telecinco nega isso categoricamente:

> Do modo como se desenrolam os fatos, eles é que devem dar o primeiro passo, e não o estão dando. Além disso, cedo ou tarde vão ceder. As coisas têm que mudar de qualquer maneira, é questão de tempo, e sei que vamos ganhar essa batalha.

Aposto que vamos acabar, um dia, gritando como em algumas lutas de boxe: "Beija, beija, beija!". Vamos dar tempo ao tempo.

5

O mundo contra mim

História de um conto chinês

A China é um mercado exótico e apaixonante que apresenta enormes diferenças culturais em relação ao Ocidente. Para uma empresa de tecnologia, sonhar com 1,5 bilhão de chineses como potenciais e futuros consumidores é muito atraente.

Em 2011, estimava-se que 400 milhões de chineses tinham acesso à rede. Espera-se que em 2013 o número alcance os 900 milhões de pessoas, com o que seria, de longe, o maior mercado de internautas do mundo.

Desde a criação do Google.com, os chineses o acessavam, e este lhes prestava o serviço sem que isso implicasse um lançamento na própria China. De fato, por suas especiais circunstâncias, esse país não foi um dos principais alvos de expansão quando o Google começou a abrir serviços e escritórios por todo o mundo. Na China, apareceu um buscador local chamado Baidu, que quer dizer "cem vezes", e que desde então é conhecido informalmente como o "Google chinês". O Baidu foi crescendo, até que em 2005 se posicionou como líder do mercado chinês, superando o Google.com.

Meses depois, o Baidu estreava na Bolsa Nasdaq colocando 12,5% de suas ações e obtendo uma das maiores revalorizações em um primeiro dia de cotação. Os títulos dispararam dos 27 dólares iniciais a 122 dólares em uma única sessão. Devemos entender essa extraordinária subida pelo "efeito Google", que ainda permanecia na retina dos analistas. Os diversos investidores que um ano antes não haviam adquirido por 85 dólares as ações do Google viam-nas perto dos 300 dólares, e não queriam deixar passar a oportunidade com o novo "Google chinês".

Todos sabemos que a China não é exatamente o paraíso da democracia. Como em outros países governados por regimes autoritários, as liberdades são interpretadas, por assim dizer, de uma forma um tanto especial por suas autoridades. O caso é que a China tem suas normas próprias, e para operar nesse país, com lógica ou sem ela, é preciso cumpri-las. Outros gigantes da Internet, como a Microsoft e o Yahoo!, cumpriam-nas aceitando as normas de licença chinesas. Essas normas implicavam um acordo com as autoridades para obter uma licença denominada ICP. Qualquer provedor de conteúdos que não obtenha essa licença pode ser bloqueado pelo Grande Firewall da China, e ninguém teria acesso a ele no país.

Um dos requisitos para a obtenção de tão prezada licença, que dá acesso a um mercado de 400 milhões de pessoas, consiste em subscrever a uma série de normas, entre as quais está a censura dos conteúdos que o governo chinês considera inadequados. Esse tipo de conteúdo inclui pornografia, atividades ilegais e o que o governo denomina rumorologia, que acaba sendo um pacotão no qual incluem todos os assuntos desconfortáveis, como os dissidentes políticos, o Tibete e os enfrentamentos com Taiwan. Qualquer companhia que opere na

China sabe, desde o primeiro momento, que as normas locais, sejam justas ou não, a impedem de armazenar e mostrar esse tipo de conteúdo em mandarim ou em qualquer outro idioma.

As empresas deveriam aceitar esse tipo de norma? Isso é ético? É extremamente difícil avaliar esse tipo de decisão empresarial, que busca maximizar o benefício dos acionistas, sob a ótica da ética. Isso deve ser decidido no seio de cada conselho de administração, e é complicado julgar. Eu não me atrevo a opinar sobre que decisão deve tomar cada um, mas penso que quem vai para a China sabe desde o primeiro momento que riscos corre e que contrato assina com o governo. Portanto, deve-se, no mínimo, intuir que quem descumprir as normas ali terá "probleminhas".

Muito bem, o caso é que o Google avaliou os prós e os contras e decidiu se instalar na China. Era uma decisão empresarial respeitável, como a que tomam muitas outras empresas a cada ano. Apesar disso, foi duramente criticada por analistas e bloggers, até mesmo por alguns fiéis *Googlefans* que até o momento acreditavam piamente na bela teoria da empresa *flower power*, que buscava o bem universal com um compromisso moral acima dos interesses econômicos e empresariais. Insisto em afirmar que ir para um país, seja qual for e do regime que for, é uma decisão da empresa, que, além de tudo, gera investimentos e agrega valor ao país receptor, de modo que podemos até considerar que é uma ajuda a cidadãos oprimidos pelo regime que os controla. Até aqui, nada a objetar, e nada a exigir do Google mais que de outros. São muitos os que acatam jogar com as cartas marcadas para se posicionar em um mercado emergente.

Os problemas com seus usuários, seus fãs e até com alguns acionistas começam quando todos eles levam muito a sério o *Don't be evil*. Isso acontece quando é imposto um nível moral muito alto, quando se dão lições ao mundo sobre como ganhar dinheiro de forma ética, ou por conta de seu decálogo público de boas práticas, que inclusive consta em uma carta de compromisso com os acionistas ao estrear na Bolsa. Insisto que a decisão de ir para a China me parece muito correta, mas milhares de pessoas, confusas pelo intenso marketing da companhia, acordaram de repente do sonho e perceberam que certos ideais são menos importantes que as possibilidades de negócio. E isso os decepcionou.

Ao chegar, criaram uma página local adaptada às novas normas. Assim nasceu o Google.cn, e optaram por suprimir as referências a assuntos considerados sensíveis por Pequim, tais como os enfrentamentos com Taiwan e Tibete ou a questão dos direitos humanos nesse país, condição que já era acatada naquela época por buscadores locais como o Ssohu.com e o Baidu.com, bem como por empresas norte-americanas como a Microsoft ou o Yahoo!. Cabe destacar que o governo chinês não aplicava a censura; era autoimposta, por determinação legal, pelas próprias empresas obrigadas a filtrar determinadas buscas dado o compromisso contratual adquirido.

Nas imagens seguintes podemos apreciar a diferença do conceito simbólico "Praça da Paz Celestial" na versão livre do Google e na versão censurada para os habitantes da China.[33] Ambas nos mostram duas dimensões antagônicas do conceito. A versão censurada nos mostra um lugar idílico para o turismo, sem referência alguma aos horríveis acontecimentos do massacre na Praça da Paz Celestial, em 1989, quando tanques do Exército de Libertação Popular atacaram centenas de estudantes e intelectuais chineses que protestavam contra o governo ditatorial. Segundo diversas fontes, o triste episódio acabou com 2 mil mortos, a maioria por rajadas de metralhadora.

33. A lista completa de buscas censuradas na China (em inglês) está disponível em www.desnudandoagoogle.com.

O fato de censurar as buscas em seu site suscitou críticas, visto que ia contra o exemplo de modernidade e progressismo de que a empresa se orgulhava. Além de muitos usuários, algumas ONGs, como a Repórteres sem Fronteiras, criticaram com dureza a entrada do Google na China, especialmente por sua hipocrisia. Apontavam que "o lançamento do Google.cn é um dia negro para a liberdade de expressão na China. A empresa defende os direitos dos usuários norte-americanos frente ao governo dos Estados Unidos, mas fracassa na hora de defender seus usuários chineses". A organização, que defende a liberdade de imprensa e de expressão no mundo, dizia que "as declarações do Google sobre o respeito à privacidade *on-line* são o cúmulo da hipocrisia em vista de suas estratégias na China". Em resumo, o governo chinês fazia o que se esperava dele: controlar e censurar. Não podemos levar as mãos à cabeça nem nos surpreender. O Google fazia o que se supunha que deveria fazer uma multinacional que quer conquistar o mercado chinês, mas isso surpreendeu milhões de pessoas.

Recordo que, após se estabelecer na China, Eric Schmidt fez uns comentários que me deixaram perplexo: "Se não obedecerem – em relação à censura –, nossos funcionários serão presos e torturados". Ah, jura? Claro que se você engana os maus, com quem acaba de assinar um contrato para fazer negócios, eles vão ficar bravos e aplicar represálias! São os malvados! Mesmo assim, isso não justifica fazer negócios com eles. Pessoalmente, eu não teria peso na consciência por trabalhar na China. O que nosso gigante norte-americano não pode pretender é limpar sua consciência perante a opinião pública com esse tipo de declaração. O Google deve assumir suas próprias decisões.

Curiosamente, apareceram – como em um passe de mágica – alguns estudos lamentáveis, como o da Universidade de Toronto, que pretendia nos explicar que, de todos os que censuravam a informação no país asiático, o Google era "o menos ruim", uma vez que "só censurava 15,2% das buscas, ao passo que a Microsoft censurava 15,7%, o Yahoo! 20% e o Baidu 26%". Utilizar um estudo para demonstrar quem é o menos ruim é, no mínimo, triste. É comum que quando alguém quer ter razão em algo encomende um estudo que o prove. Quando atacam sua marca com um estudo, basta você encomendar outro que desdiga o anterior. Não acho que seja o caso da Universidade de Toronto, mas medir quem censura um pouquinho mais ou um pouquinho menos para limpar consciências está à altura de medir, no âmbito da violência sexual, que abusador machuca mais ou menos com sua agressão. A finalidade é grotesca, e duvido que alguém possa se orgulhar disso.

Se eu fosse acionista, exigiria que o Google trabalhasse na China. Não se pode permitir que a concorrência conquiste esses 400 milhões de internautas enquanto eles ficam para trás! Mas precisa fazê-lo de forma consequente, sem uma dupla moral e sem se queixar pelo que não só sabe que vai acontecer, como também pelo contrato firmado para que assim seja.

Se amanhã eu mesmo fosse para o centro de Pequim proclamando aos gritos o direito à liberdade de expressão e de mercado ou convidando os cidadãos que passassem por mim a se levantar e se sublevar contra o governo chinês, poderia ser um herói ou um idiota – pessoalmente, inclino-me mais pelo segundo. O que não poderei fazer é me surpreender quando for preso e torturado ou quando me acontecer qualquer coisa feia, posto que eu já sei que estou na China!

Devido à polêmica suscitada entre seus próprios usuários pelo início das operações no país asiático, os fundadores da empresa se defendiam declarando que "a presença do Google na China aproximará a democracia e o modo de pensar ocidental, ajudando o cidadão médio chinês a se abrir para o mundo". Isso, evidentemente, derrete como um torrão de açúcar em um café. O que tem de especial uma empresa que não domina o mercado chinês e que oferece conhecimento e informação censurados, justamente como as outras? O que eles achavam ter de especial para poder mudar o sistema por meio de uma versão descafeinada da Internet? A sociedade está preparada para escutar a verdade tal como é: o Google está na China para garantir seu almoço. Por dinheiro. Em alguns anos, o chinês será o principal mercado do mundo. Se quiser defender os interesses dos seus acionistas, você deve estar lá. Se, além de tudo, isso representar um grãozinho de areia para estabelecer uma melhor condição de liberdade e acesso à informação, melhor ainda. Não se deve tentar tutelar a opinião pública. Tenho certeza de que se você falar claro e com sinceridade, as pessoas vão acabar entendendo.

Longe de um discurso sincero, tentaram fazer as pessoas acreditarem que a presença na China era quase uma ação humanitária que deveria nos encher de orgulho. Foi só em 2007, no Fórum Econômico de Davos, que pela primeira vez Larry Page e Sergey Brin reconheceram em público que sua decisão havia prejudicado a até então imaculada imagem da empresa.

O tempo passava. Para desespero dos mandachuvas de Mountain View, acostumados a chegar sem oposição aos mercados e conquistá-los rapidamente, os resultados eram ainda piores que os que tinham em 2005, antes de se estabelecer no país. O que acontecia com os chineses?

Por que não sucumbiam, como o resto da humanidade, aos encantos do Google?

No final de 2009, segundo artigo da revista *PC World*, o Google China mantinha apenas 12% das buscas, ao passo que o buscador chinês Baidu já tinha uma cota de mercado de 77%. Apesar do custo de se instalar no país, estavam desabando nas preferências dos cidadãos, ao contrário do que tradicionalmente acontecia em outros mercados, como os europeus, que foram imediatamente colonizados e onde foram recebidos de braços abertos. Enquanto isso, o Baidu havia passado de uma minúscula companhia que operava com base em um sórdido quarto de hotel de Pequim para se transformar na primeira empresa de Internet do país, instalada em um grande campus de quase 100 mil metros quadrados: seu próprio Googleplex.

Apesar dos esforços, o Google mal obtinha receitas no gigante asiático – estima-se que menos de 1% do faturamento da empresa em 2010 procedia da China. Então, aconteceu algo inesperado. Os porta-vozes do Google denunciaram sofisticados ataques contra contas do Gmail. Essas contas pertenciam majoritariamente a dissidentes chineses, ativistas políticos, executivos de empresas ocidentais, jornalistas e membros do governo dos Estados Unidos estabelecidos no país asiático. Ao que parece, os ataques provinham da universidade de elite Shangai Jiaotong. As declarações da empresa deixavam entrever que responsabilizavam, pelo alvo dos ataques e por sua sofisticação, altas esferas do governo chinês. O ataque para ter acesso às senhas do Gmail e manipular os correios eletrônicos foi realizado mediante *spear phishing*, que consiste em enganar os visitantes para que introduzam seu nome de usuário e sua senha em sites falsos que, neste caso, imitavam o serviço Gmail.

Após ter acesso à conta, os *hackers* configuravam a caixa de entrada para que todo o correio eletrônico que entrasse ou saísse fosse encaminhado a outro endereço. Portanto, o problema de segurança não afetava diretamente os sistemas da companhia, mas os atacantes conseguiam encaminhar as mensagens a outras contas de e-mail. O Google tomou medidas contatando os usuários e assegurando suas senhas.

É difícil saber, e na verdade nunca se conseguiu provar, se por trás desse ataque estava o próprio governo chinês, que, evidentemente, se mostrou indignado e negou qualquer envolvimento. Seriam eles os responsáveis? Com certeza, sim. E, se não foram, então serão no seguinte. Todos sabemos como se comporta o governo chinês! O excepcional do caso não é o ataque em si, visto que isso acontece todos os dias na China. O surpreendente é que a empresa o tornasse público, com insinuações contra o governo, com o que tudo isso implicava.

No dia seguinte, o próprio Google fez um comunicado afirmando rever a estratégia no país. Dava um ultimato ao governo para permitir sua atividade sem nenhum tipo de censura. Após aceitar a censura e conviver com ela durante anos, de repente essa situação parecia representar um problema. Aquilo não tinha precedentes imagináveis. Era difícil compreender o sentido do comunicado da empresa. Não tinham nenhuma posição de força, nem praticamente cota de mercado na China, para entrar num cabo de guerra com as autoridades. Obviamente sabiam, e nada parecia por acaso. O que estavam tramando? Que relação isso tinha com as insinuações do ataque sofrido no dia anterior? Ao desafiar publicamente um enorme poder político, a empresa se confirmava como um poder diferente. Baseava sua importância estratégica em uma rede global de servidores e em uma imagem pública renovada graças ao pulso com a ditadura chinesa. Para muitos, esse foi o dia em que o Google deixou de ser uma empresa de Internet para se transformar em um ator político a serviço dos Estados Unidos.

Cito literalmente o comunicado da empresa: "Decidimos que não queremos continuar com a censura dos nossos resultados no Google.cn e nos sentaremos com o governo para discutir as bases de um novo acordo a fim de continuar operando na China sem filtros". Curiosamente, diziam isso como se fosse um acordo comercial firmado com um terceiro, de igual para igual, e parecia que estavam tomando uma posição de força estratégica para renegociá-lo em melhores condições. Era delirante, visto que não correspondia com a situação real. Em poucas palavras, operavam em um país sob condições legais aceitas por eles mesmos livremente, que são exatamente as mesmas que cumprem todas as empresas que operam na China. Por meio de suas declarações, pareciam se colocar em uma posição de força para preparar uma negociação. E não se tratava de condições contratuais, e sim de uma imposição legal.

O Google não era a primeira empresa de Internet a ter problemas com o governo chinês. Em 2007, o Yahoo! foi obrigado, de forma vergonhosa, pelo governo desse país a oferecer os dados de alguns dissidentes chineses que foram posteriormente presos. A polêmica foi tanta que chegou a uma comissão especial da Câmara de Representantes dos Estados Unidos, e a atitude da empresa, apesar de se desculpar repetidas vezes, foi duramente criticada. Foi tamanho o conflito que Tom Lantos, presidente do comitê, declarou, referindo-se ao fundador do Yahoo!: "Embora tecnológica e financeiramente vocês sejam gigantes, moralmente são uns pigmeus".

Talvez o Google tenha considerado que era um bom momento para aparecer e salvar o mundo da ameaça comunista. Desse modo, eles se mostrariam como os defensores dos direitos humanos, da privacidade e da liberdade de informação. Opor-se ao temido e odiado governo chinês supunha um estímulo que arrancaria o aplauso fácil da opinião pública mundial. Mas do que estamos falando? Ora, se puséssemos em um lado da balança os direitos humanos e do outro uma campanha de marketing e relações públicas, na qual os governos norte-americano e chinês pareciam ser atores coadjuvantes, acho que o peso penderia com diferença no segundo. Em minha opinião, esse conflito tem mais a ver com marketing que com liberdade e censura. Não ponho em dúvida que os direitos humanos são uma preocupação tanto para a empresa quanto para seus fundadores, mas acho que esse foi um conflito de imagem em um momento em que as relações entre governos não atravessavam casualmente seus melhores dias, sobretudo por conta das diferenças sobre assuntos como o valor do yuan – moeda chinesa – ou a venda de armas norte-americanas a Taiwan.

O próprio presidente Barack Obama tomou partido apoiando a liberdade na Internet. No entanto, afirmou que os governos de Washington e Pequim não fariam do conflito do Google um enfrentamento político, pois as relações entre as duas potências são "suficientemente maduras para tolerar algumas diferenças". Essas declarações foram consideradas como um "sim, só que não", uma maneira de apoiar o Google *pro forma*, mas também de entender que era um problema que poderia pôr em risco assuntos mais importantes e que deveria ser resolvido pelo Google e pelas autoridades chinesas. Assim, com o passar dos meses, o governo de Obama foi relaxando o apoio inicial, que foi mais firme em um primeiro momento, chegando inclusive a enviar uma queixa diplomática. O ponto de inflexão se deu quando Hilary Clinton exigiu de Pequim uma investigação meticulosa sobre os ataques sofridos pela empresa. Enquanto isso, a imprensa chinesa acusava a companhia de Page e Brin de tentar impor seus valores com acusações sem provas contra o governo chinês.

No fim de março de 2010, o Google tomou a audaz decisão de desviar as buscas do Google.cn para sua página de Hong Kong, a Google.com.hk. Desse modo, os usuários chineses que acessavam o buscador recebiam os resultados deste último. A manobra fazia sentido, visto que Hong Kong, ex-colônia britânica, é uma das duas províncias chinesas que têm um regime legal especial com mais liberdade que o resto do país, e dali o Google não censurava seus resultados. Como consequência de tudo isso, o governo declarou que a empresa havia violado os contratos firmados e que cogitariam negar a renovação de sua licença para operar no país, ao mesmo tempo que bloqueavam certas buscas para os usuários.

Enquanto isso, o que acontecia na China? A maioria dos seus habitantes mal prestava atenção ao conflito. Quase não havia informação oficial, e a pouca disponível era dirigida pelos veículos de comunicação do regime. Longe de obter uma melhoria de resultados em comparação a seus concorrentes, estima-se que nesses meses o Google tenha perdido entre 5% e 7% de cota de mercado em comparação com o Baidu.

Devo reconhecer que pensei que os chineses fossem responder com alguma barbaridade à provocação um tanto petulante do Google de desviar as buscas para Hong Kong. Pensei que poderiam fechá-lo, bloqueá-lo totalmente ou até caçar sua licença e expulsá-lo do país. São coisas que podem acontecer na China! No entanto, nada disso aconteceu. Pouco a pouco, o assunto começou a esmorecer, até que no fim de 2010 anunciou-se, de forma surpreendente, que o Google havia renovado seu acordo com o governo chinês. Um exultante Eric Schmidt declarava: "Estamos muito contentes pelo fato de o governo ter renovado nossa licença, e queremos poder oferecer nossas buscas e produtos locais a nossos usuários chineses".

Ora, como se nada houvesse acontecido. Tão amigos! Parece que a obsessão pela liberdade passava de novo para segundo plano. Embora esse problema possa nos parecer muito distante, suas implicações políticas, e até mesmo econômicas e sociais, foram enormes, e houve uma grande repercussão em todo o mundo.

Em julho de 2011 eu me reuni em Madri com Scott Rubin, recém-chegado dos escritórios de Mountain View. Ele já sabia que esse seria um assunto sobre o qual conversaríamos. A verdade é que, em relação ao Google, sempre há dois assuntos constrangedores que devem ser abordados: a China e a privacidade. E, em se tratando do porta-voz oficial do Google, entendo que as referências a ambos os assuntos sejam um dos seus principais focos de atenção, e que está mais que acostumado a isso.

Recordo aquela tarde quente de verão. Introduzi o tema com certa astúcia quando a conversa estava se prolongando. Por algum motivo, achei que não deveríamos começar por aí nossa conversa, e que era melhor ir mais suave e entrar com sutileza em assuntos delicados. Scott, homem gentil e simpático, mostrou um entusiasmo especial. De início, mal falou e se limitou a perguntar minha opinião, como se quisesse que me retratasse. Eu disse com toda a franqueza que para mim não era um assunto do terreno moral, e sim um assunto empresarial, e que entendia que o Google fosse para a China – eu também o faria! Que entendia que fossem obrigados a cumprir a legislação local, assim como seus concorrentes, e que a decisão que se devia tomar era se haviam ou não haviam de estar ali. Ponto. Até aí, tudo perfeito. Eu também disse que o que não compartilhava, e que me parecia circense tudo o que veio depois, era a utilização pública de um conflito empresarial para se mostrar ao público como o benfeitor mundial. Do meu ponto de vista, não acho que você possa levar as mãos à cabeça por causa da censura após aplicá-la durante quatro anos, ainda mais se você aceitou fazê-lo por escrito. Teorizei que talvez esse empenho em lavar sua imagem em um enfrentamento contra os "maus" se devesse aos péssimos resultados colhidos no país, e que o que pretendiam era recuperar a imagem do "bonzinho", que ultimamente havia se deteriorado notavelmente. Olhei-o nos olhos e lhe perguntei se isso teria acontecido se o Google, em vez de 17%, tivesse uma posição de mercado dominante, como a que tem na Europa. Ele me olhava fixamente e não respondia. Continuei argumentando o que para mim representava uma dupla moral. E devo ter sido muito explícito em minhas opiniões – ou talvez os interlocutores dele costumem ser mais politicamente corretos –, porque, chegados a esse ponto, Scott, que havia permanecido gentil e em silêncio, começou a franzir o cenho e não aceitou bem a coisa.

> Você não tem ideia. A menor ideia! Está muito enganado, não é isso! Eu estava com Sergey nesses dias, e era um assunto muito

> pessoal para ele.[34] Enfrentar a China foi uma das decisões mais corajosas que uma companhia como a nossa podia ter tomado, e eu sinto muito orgulho de pertencer ao Google por coisas como essa.

E prosseguiu:

> O governo chinês não pode permitir que uma empresa estrangeira ganhe, e nós estávamos ganhando [?]. A companhia não pode apoiar uma ditadura nem seguir suas normas de censura. O YouTube, por exemplo, há dois anos e meio está bloqueado, e nunca nos disseram por quê. Mas o que não podíamos permitir é que os e-mails de ativistas e de pessoas que defendem a liberdade e os direitos humanos na China fossem espionados.

Scott me explicou, meio irritado e meio entusiasmado, seu ponto de vista, um tanto romântico a meu entender, que mostrava um conflito alheio a critérios empresariais e econômicos. Chegou a me dizer que "é melhor abrir a biblioteca com certos livros proibidos que não a abrir ao público". Ao terminar, não admitiu debate algum sobre o tema. De fato, quando terminou de expor seu ponto de vista, foi embora. Visivelmente incomodado, pediu desculpas e saiu da sala, deixando ali outros membros do Google, meus colaboradores e eu também.

Parece-me grave cometer a leviandade de pôr o plano moral acima de outros no âmbito empresarial. É romântico, idealista e bonito, mas também irreal no seio de uma multinacional que opera em dezenas de países e ganha bilhões de dólares por ano. Eu não acredito, e entendo que os acionistas da empresa também não. Costumo pensar que ter uma consciência totalmente limpa é só um sintoma de perda de

---

34. Fazendo referência à especial sensibilidade com a censura pelo passado familiar de Sergey Brin, de origem judaica, cuja família, sentindo-se desconfortável na Rússia pelo tratamento que recebia devido a suas crenças religiosas, imigrou para os Estados Unidos.

memória. No mundo empresarial, isso aumenta exponencialmente de acordo com seu tamanho, e o Google é enorme. Não tenho a menor dúvida de que os fundadores do Google são pessoas íntegras, e possivelmente devem ter, como todos nós, sentimentos contraditórios nesse assunto. No entanto, sabem que devem explicações a seus acionistas, e não a seus sentimentos. Assim como a eles, uma vez instalados na China, também devem explicações a seus funcionários, e não faz sentido, anos depois, sem que mudassem as regras do jogo, ameaçar sair de um país à custa de centenas ou milhares de empregos.

Para a China, a Internet é cada vez mais estratégica, e por esse motivo está cada vez mais controlada pelo governo, o qual está desenvolvendo seu próprio buscador, o Jike, para competir com o Google e com o Baidu. Trata-se de um buscador de propriedade do Estado, e existe a crença de que o único objetivo desse lançamento será controlar a população. Diversos meios de comunicação, como o *The Wall Street Journal*, criticam o projeto, afirmando que será "mais uma ferramenta de propaganda do Partido Comunista" que governa na China.

Como você vê, sou muito crítico em relação ao modo como o Google tenta manipular a opinião pública em seu benefício. E você pode ter certeza de que não sou o único.

Googolopoly: ponha um monopólio em sua vida

A posição dominante do Google no mercado, não mais só das buscas, e sim da Internet em geral, fez com que desde 2006 certas vozes começassem a se erguer, especialmente nos Estados Unidos e na Europa, se perguntando se essa situação não é similar à vivida há alguns anos com a Microsoft.

Como já comentei, a Microsoft sofreu, desde 1998, processos antimonopólio na Europa e nos Estados Unidos que minaram objetivamente sua capacidade de domínio no mercado. Sem ir muito além, na

Europa obrigaram a companhia a modificar seu principal produto, o Windows, e a pagar a maior indenização por práticas de limitação da concorrência da história da União Europeia. A soma dessas sanções chegou a mais de 1,7 milhão de euros.

Um *Googlefan* fiel diria o seguinte: “Por que essa obsessão em qualificar o Google como monopólio? Ele é, realmente? Para mim, é uma empresa que só faz produtos bons!”.

E não só bons. Alguns deles são excelentes e inovadores. Eu não saberia o que fazer, hoje, sem serviços como o Gmail, o Calendar ou o buscador do Google. Contudo, respondendo à primeira pergunta, em minha opinião a companhia exerce um inquestionável monopólio na Internet, muito especialmente na Europa, e em menor medida nos Estados Unidos. Agora vou explicar por quê.

Um monopólio é uma situação de privilégio legal, ou de deficiência de mercado, na qual existe um produtor – o monopolista – que possui um grande poder de mercado e é o único de seu setor que dispõe de um produto, recurso ou serviço determinado e diferenciado. Para que exista um monopólio é necessário que nesse mercado não existam produtos válidos como substitutos. Ou seja, não é possível substituir o produto determinado e, portanto, é a única alternativa do consumidor. Na Europa, a cota de mercado do buscador do Google, que representa a porta de entrada para muitos negócios, é superior a 90%. Nos Estados Unidos ronda os 65%. Mas o problema não é se o Google domina o mercado das buscas, algo que é óbvio em escala mundial, com poucas exceções como a Rússia e a China. O problema é como exerce esse domínio das buscas em relação à concorrência e a seus próprios serviços.

Para começar, há um problema de tamanho. O Google é tão grande e domina tanto a Internet que tem o poder de impor seus produtos e serviços a um volume de bilhões de usuários. O Google tem tantos interesses criados em tantos setores, da Internet à publicidade, da automação à eletricidade, da biotecnologia à aeronáutica, ou da telefonia à indústria de conteúdos, que é capaz de decidir ganhadores em muitos mercados nos quais é parte ativa. Como vimos, esse poder de informação e comunicação lhe permite até fazer política, relacionando-se com os principais governos do mundo.

Anteriormente mencionei o dilema do navegador Firefox. Inicialmente o Google o apoiou, colaborou com ele e o promoveu, não por bondade ou por seu interesse pelo *software* livre, nem em nome da inovação, mas porque isso limitava seu concorrente Microsoft, que tinha uma importante cota de mercado com o Internet Explorer. Além disso, fechou um acordo comercial publicitário – é o avassalador dominante desse mercado – que garantia ao Firefox mais de 95% de suas receitas. Enquanto isso acontecia, em silêncio, o Google desenvolvia seu próprio navegador, Chrome – aliás, excelente produto, verdade seja dita. O Firefox se vê na encruzilhada de competir com um parceiro que o ajudou a desenvolver seu produto e que, portanto, o conhece com perfeição, do qual depende economicamente e que, além de tudo, controla as buscas da Internet em escala mundial. O Firefox pode, nessas circunstâncias, chegar a cogitar a possibilidade de competir com o produto do Google? É difícil. Com toda a franqueza, eu não recomendaria. Isso não é próprio de um monopólio? O caso é especialmente cruel, visto que nem sequer têm a liberdade de que podem gozar outras companhias para denunciar o caso na União Europeia, ou à Comissão Federal de Comércio do governo norte-americano (FTC). Se fizessem isso, o mais normal seria que seu acordo publicitário, do qual vivem e que é renovado periodicamente, não fosse mais prorrogado.

Essa dependência aumenta por não existir uma concorrência real formada e em condições de oferecer o mesmo serviço. Alguém poderá pensar, e é uma das teses oficiais com que o Google procura nos convencer: "A concorrência está a um clique de distância, que trabalhem com outros!". Pois bem, é praticamente impossível. O setor da publicidade contextual e das buscas está tão claramente dominado pelo Google

– sobretudo na Europa – que as poucas alternativas que existem são ridículas. O problema não é onde o usuário faz as buscas, e sim que negócio se colhe com elas. Os anunciantes que compram publicidade no Yahoo! ou no Bing são residuais, muito afastados do enorme *long tail* de clientes do Google que lhe permite ter anunciantes na maioria das buscas.

Outros sinais distintivos de um monopólio é a capacidade de prejudicar a concorrência com sua simples presença. De fato, isso é algo que também acontece nos setores pelos quais o Google parece se interessar, mesmo que não tenham uma relação direta com a Internet.

Um exemplo. Isso ocorreu em 2009 com as ações da Garmin e da TomTom, as duas principais empresas dedicadas a geolocalização e navegação por GPS, com o simples anúncio do Google de que ia lançar um serviço de navegação GPS por meio do Google Maps. A resposta dos acionistas das duas empresas não se fez esperar. No mesmo dia do anúncio, as ações da Garmin desabaram, em poucos minutos, quase 15% na Nasdaq. As ações da TomTom tiveram pior sorte na Bolsa holandesa, com uma queda de mais de 40% em uma só sessão.

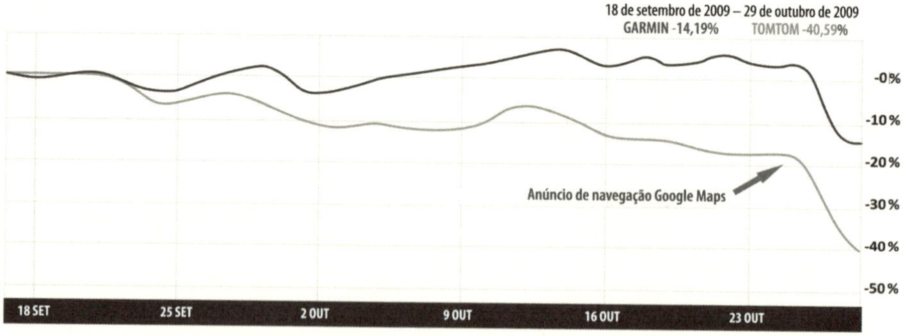

Sem dúvida alguma, esse é o sinal distintivo de um monopólio. A simples presença ou, melhor ainda, até mesmo a simples intenção de entrar em um mercado fazem a concorrência tremer. Alguns podem achar que é mais uma consequência do livre mercado. Devo destacar que em empresas como a Garmin ou a TomTom trabalham milhares de pessoas, e que não se deve permitir a uma companhia, como neste caso se permite ao Google, dispor de tanto poder, já que por essa regra de três poderia devorar qualquer mercado que atravessasse seu caminho. E, ainda, poderia gerar esse tipo de efeito em empresas com o objetivo de comprá-las no dia seguinte por quase metade do valor.

O índice do Google é a porta de acesso geral à informação na Internet. Dominar essa peça-chave é algo tão precioso que lhe permite, se depois você comprar o resto dos quesitos do *Trivial* – produtos, agências de publicidade, empresas de conteúdos –, ser juiz e parte. Em outras palavras, você pode ter tanto poder de decisão que a concorrência acaba sendo irrelevante para você. Para dar só um exemplo, vamos pensar que queremos ver um videoclipe da Lady Gaga. Vamos procurar no Google "vídeo Lady Gaga". Que resultados encontramos? Aqui temos a resposta:

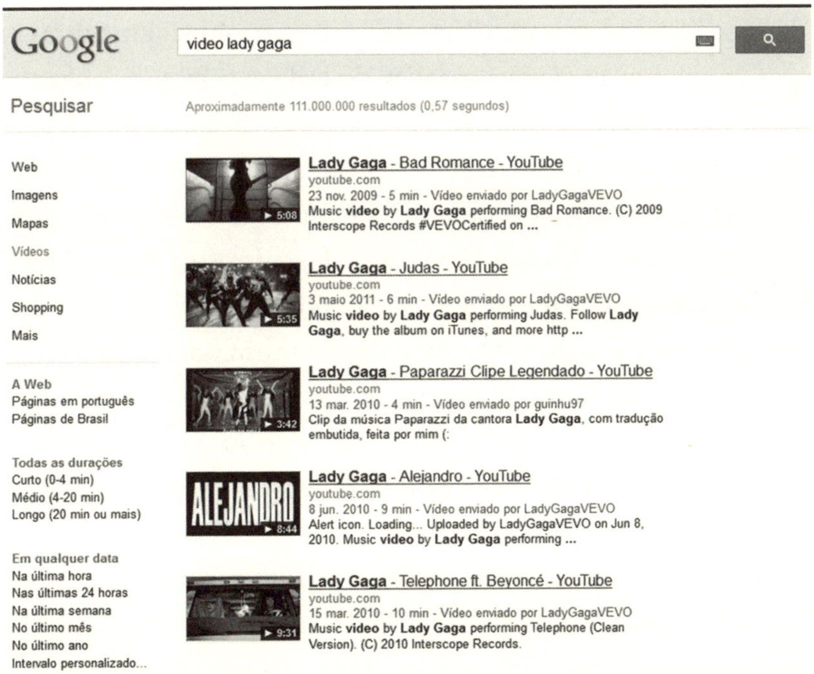

Fonte: Google.

A página completa do Google mostra cinco resultados. Nessa ocasião, como costuma fazer, dando um tratamento privilegiado ao YouTube, mostra-nos não só os primeiros, mas também coloca ao lado uma imagem para destacá-los mais ainda. Coincidência? Bem, qualquer site pode aparecer em primeiro lugar em uma determinada busca, mas jamais cinco vezes seguidas, e, além de tudo, com uma imagem que destaca o resultado. Desse modo eles garantem reter todo o tráfego. Se alguém consegue algo assim, avise-me, por favor, e eu compro o segredo. Os cinco resultados antes mencionados levam ao YouTube.com, seja clicando na URL ou na imagem do vídeo. A única concessão do buscador é, em alguns casos e discretamente, sem imagem e pouco perceptível, oferecer alternativas de consumo indicando "disponível também em...".

Assim são administrados centenas de milhões de cliques por dia. Quando o usuário chega ao site de vídeos de propriedade do Google, 100% da publicidade ali contida pertence à companhia. Em outras palavras, o Google envia a ele mesmo 95% do tráfego para que os benefícios publicitários acabem na empresa. Além disso, a cada dia estabelece mais diferença com quem quiser competir com seu produto YouTube.com, pois por ser quem "o empurra" a um site ou outro, tem a vantagem de deixar sempre a concorrência com um tráfego de usuários residual.

Se você conhecer alguém que queira criar um projeto de vídeo na Internet, suas opções de competir e de obter um pouco do tráfego do YouTube são irrelevantes. A maioria das empresas pode resolver isso "na marra"; como não podem vencer o inimigo, juntam-se a ele. Criam uma página no YouTube para explorar seus conteúdos, e assim têm opções reais de aparecer nas buscas.

Cabe dizer a favor do Google e de suas políticas que raras vezes eliminam a concorrência do índice do buscador. Quando o fazem, costuma ser porque a concorrência tentou melhorar resultados de uma forma que atenta contra suas políticas. A verdade é que não precisam fazer algo tão grosseiro. Para entender direito, é preciso ver o gráfico que denominamos "triângulo de ouro" da Internet. Trata-se de um mapa de calor que mede aonde vai a vista e os cliques dos usuários após ser feita uma busca. Como podemos observar facilmente, é nas zonas quentes que o Google mostra publicidade – e a cada clique que fazemos nos anúncios a empresa ganha dinheiro. Os primeiros resultados de busca orgânica, ou não paga, constituem um espaço cada vez mais restrito que ele geralmente tende a ocupar com seus próprios produtos e serviços – Images, News, Maps, YouTube etc. Em resumo, se realmente quiséssemos minar a concorrência – e não estou insinuando que queremos, ao contrário de algumas empresas que alegaram isso em sua denúncia ao Google perante a comissão europeia –, teríamos só que atrasar os rivais nas buscas sem precisar eliminá-los, algo que seria pouco estético e muito evidente.

Quantas vezes você abriu a página número dois de resultados do Google após uma busca? E a número três? Muito poucas, não é? Só em casos muito específicos. O que está na página número dois ou número três dos resultados praticamente não existe. Portanto, se o relegarem à página cinco, você está literalmente morto.

Então, o Google utiliza o buscador em seu próprio benefício posicionando e apoiando seus projetos? Em minha opinião, é evidente, e me parece até humano. Coisa diferente é que, dado seu tamanho e seus interesses, seja ético, justo ou legal.

Vou dar outro exemplo. As diretrizes do Google deixam claro que o conteúdo duplicado pode ser problemático, e que não se deve copiar conteúdo de outros sites. Isso parece razoável. Mas e quando o próprio Google faz isso? Então não se chama "copiar", e sim "agregar" conteúdo. Vamos imaginar, por um momento, que queremos jantar em um restaurante bem localizado e temos dúvidas. Uma simples busca no Google nos ajuda a resolvê-las por meio de um portal especializado, no qual podemos ver as avaliações dos usuários, um mapa, o endereço e o

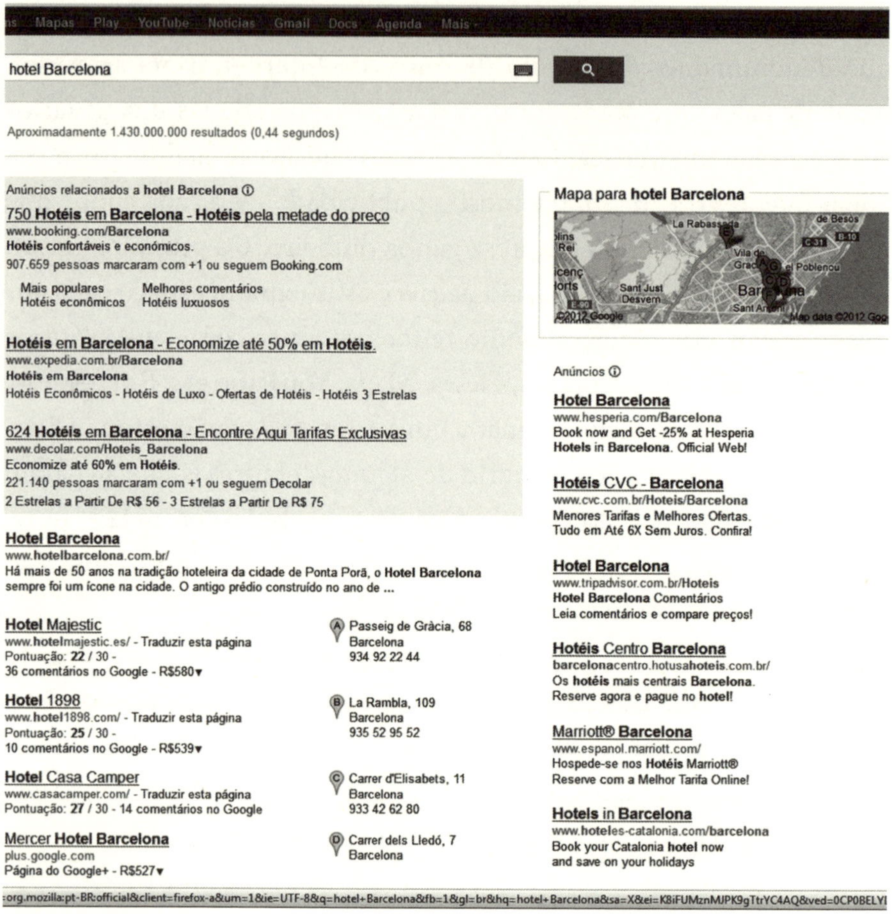

Fonte: Google.

telefone do estabelecimento. Esse portal será premiado com a visita do usuário que demanda a informação e será guardado nos favoritos. Se ficou satisfeito, o usuário vai voltar ao mesmo site quando precisar encontrar outros restaurantes similares. A maioria desses portais recebe suas receitas por publicidade ou por uma comissão das reservas administradas.

O que acontece, então, se o Google extrair essa informação tão valiosa e a mostrar como descrição indicando a avaliação do restaurante, o telefone, o tipo de culinária, o endereço completo e o mapa da região? O acesso ao site que realizou o trabalho deixa de fazer sentido. O Google extraiu e utilizou os dados contidos nessas páginas e o usuário não precisa visitá-las, visto que dispõe do que deseja poupando um clique. Utilizou o valor que esses sites aportam – neste caso, a base de dados da empresa e as opiniões sobre o estabelecimento que tem registradas – e, embora tenha servido eficientemente à pessoa que solicitava a informação, fez isso com um conteúdo que não é seu, evitando, assim, que uma empresa pudesse fazer negócio com seu patrimônio: o valor do seu conteúdo.

Na imagem seguinte, podemos ver como o Google indica que esse estabelecimento, segundo o site TripAdvisor, está classificado como o número 444 entre 3.788 restaurantes da cidade. Mais abaixo vemos o endereço, o telefone, o mapa... O buscador não só se transformou

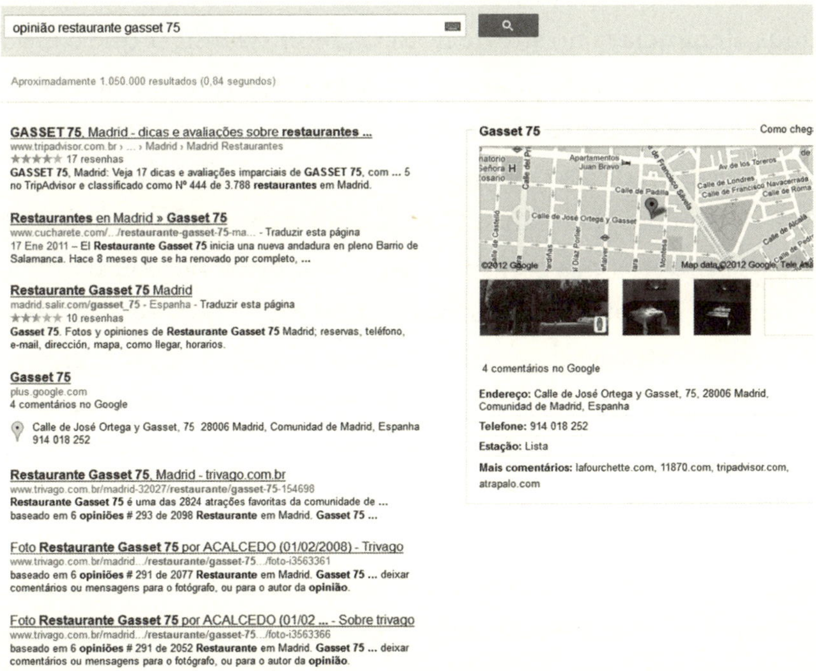

Fonte: Google.

em diretório de referências, como também no destino final do conteúdo – que não é seu! – utilizando o valor das empresas, que sempre saem prejudicadas.

Cada vez que exponho esses casos alguém me diz que não lhe importa que existam empresas que foram usadas, que isso é eficiência e que adora. Que o Google faz isso de uma maneira maravilhosa e que poupa alguns segundos de nosso precioso tempo. É verdade que economiza nosso tempo. Outra coisa diferente é se é ético que, para oferecer um serviço a milhões de usuários, posicione eficientemente sua marca e se apoie em terceiros, excluindo-os da festa. Por isso, o domínio do mercado do Google é imenso. Dispõe das buscas, administra-as a seu bel-prazer e decide onde e quando divulgamos nossos produtos.

Em setembro de 2011, Jeremy Stoppelman, CEO da Yelp, empresa que poderíamos definir como as páginas amarelas 2.0 nos Estados Unidos, denunciava no site de notícias *Business Insider* que o Google era um completo monopólio, que estava acabando com seu negócio e espoliando seu conteúdo. Solicitava ao governo norte-americano que tomasse medidas contra a posição dominante de mercado da empresa. Para Stoppelman, o Google rouba conteúdo, beneficia seus próprios produtos e as empresas participantes, e age como um "leão de chácara" na Internet. E ainda argumentou que, diante de suas queixas pela extração de conteúdo de suas bases de dados, disseram-lhe que se não gostasse deixaria de aparecer no índice de buscas. Com isso, sua empresa deixaria de receber o tráfego de 65% dos usuários nos Estados Unidos.

Nada de novo no front. É a mesma coisa que eu descrevia anteriormente, mas temos que avaliá-la no contexto adequado: o Google tentou comprar a Yelp durante anos e chegou a oferecer 550 milhões de dólares, que foram rejeitados pela empresa. Mais adiante adquiriram o guia de viagens Zagat por 125 milhões.

Em sua queixa pública, a Yelp ofereceu uma explicação detalhada, com inúmeras capturas de tela mostrando como seu conteúdo é apresentado e extraído para evitar que o tráfego acabe em seu portal. Eu me permiti reproduzir aqui uma dessas imagens, onde se aprecia claramente que os *links* selecionados para buscas locais pertencem sempre a "Google places".

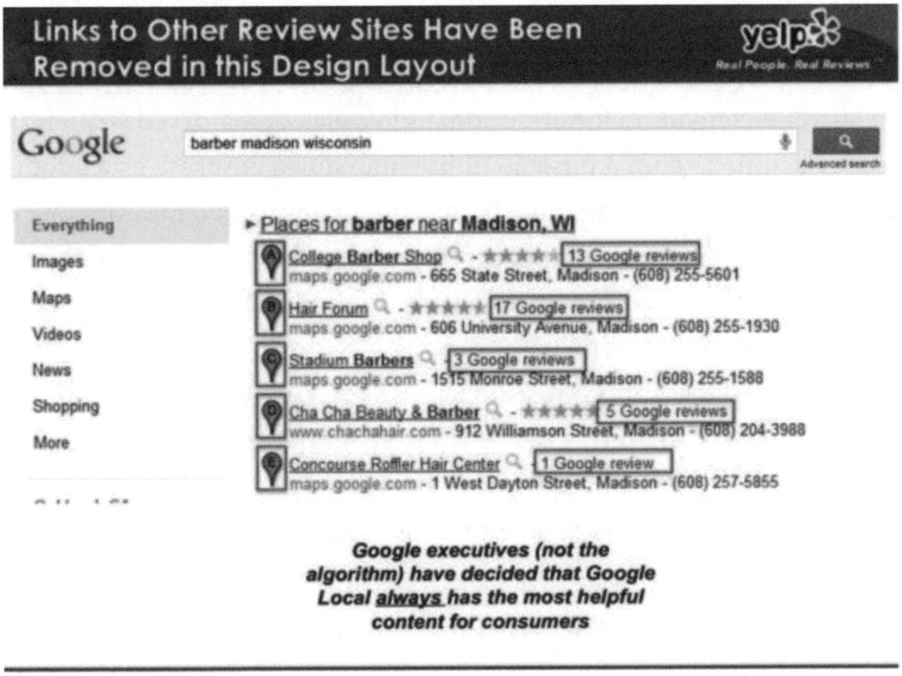

Fonte: Yelp.com.

Durante 2011, soube-se que havia ao menos nove reclamações por monopólio que foram estudadas pela Comissão da União Europeia. Acha pouco?

Eu gostaria de fazer uma reflexão. Se, além de ter o monopólio das buscas, você é o principal cliente e dominador do mercado publicitário na Internet, poucas companhias se atreverão a denunciá-lo visto que – isso é algo que muitas comentam em particular e não se atrevem a falar publicamente – existe um enorme medo de ficar atrás nas buscas, o que comprometeria enormemente as receitas publicitárias. Milhões de sites dependem do Google não só para que lhes envie visitantes, mas também para que administre suas vendas de publicidade. Que alternativas existem para uma coisa e outra? Na Europa, realmente poucas. Nos Estados Unidos um pouco mais, mas absolutamente insuficientes.

Segundo a Comissão da União Europeia, essas denúncias, que ficam circunscritas ao cumprimento do Tratado de Lisboa por posição dominante, provêm de pequenas empresas, mas, com o tempo, outras de maior envergadura foram se somando a elas. A maioria das queixas está relacionada com a posição dominante que a empresa está adquirindo. Isso não quer dizer que descumpre nenhuma lei, mas sim que é preciso investigar para ver se representa uma limitação para o desenvolvimento da concorrência, e se tudo é feito conforme estipulam as leis vigentes nos países da comunidade.

Algumas das empresas denunciantes são a Ciao – que foi adquirida em 2008 pela Microsoft, e desde então se sente prejudicada –, a Ejustice.fr, a Euro-cities, a Foundem, a Microsoft e um conglomerado que aglutina mais de 450 jornais e revistas europeus – BDZV e VDZ –, além de organismos reguladores de vários países.

Após a revelação de que era um dos impulsores da denúncia, um porta-voz da Foundem, comparador de preços de produtos eletrônicos no Reino Unido, declarou que "o Google sempre usou determinados filtros manuais para eliminar alguns sites das buscas, ou para posicioná-los nos resultados onde são simplesmente inacessíveis". Trata-se de uma insinuação sobre um Google desconhecido com algoritmos destinados a minimizar a importância dos rivais diretos em determinados setores, e com intervenção humana para manipular certos resultados em função de seu próprio interesse. É muito complicado provar que o Google manipula os resultados de seu buscador para prejudicar terceiros, visto que o algoritmo é, pelo menos teoricamente, secreto.

O que é óbvio, como vimos no caso do YouTube, é que no mínimo os "adapta" para que os seus apareçam de forma predominante, e isso necessariamente prejudica a distribuição de tráfego do resto.

O Google anunciou, em março de 2011, que estava disposto a chegar a um acordo com a Comissão da União Europeia na investigação sobre seu potencial abuso de posição dominante, segundo anunciou em Madri Joaquín Almunia, comissário de concorrência e vice-presidente da comissão, durante um café da manhã organizado pela *Europa Press*. De fato, o CEO do Google àquela época se reuniu com Joaquín Almunia para estimulá-lo a concluir a investigação "quanto antes", garantindo, além de tudo, que a empresa colaboraria no processo.

Com o tempo, veio à luz que pelo menos três reguladores nacionais de países membros da União Europeia aderiram às denúncias contra o Google. Não é de estranhar que os órgãos reguladores de outros países europeus acabem fazendo isso. A Microsoft já fez, somando-se à denúncia por monopólio. A companhia de Bill Gates sabe como ninguém o que pode esperar da Justiça europeia que, embora seja lentíssima, pode ser muito dura e estabelecer medidas e sanções econômicas significativas: até 10% do faturamento global da empresa, que em 2010 chegou a 29 bilhões de dólares.

A posição oficial do Google é que "as coisas sempre podem melhorar, e estamos dispostos a responder às objeções da Comissão". Ninguém pode dizer que não é verdade. Longe da atitude prepotente e petulante que a Microsoft declarou no início de seu processo sancionador na Europa, o Google não impõe obstáculos e garante seu apoio às investigações das autoridades. Isso foi reconhecido publicamente pelo próprio comissário Almunia em várias ocasiões diante do Parlamento europeu. É evidente que se trata do mesmo cachorro com coleira diferente. O Google exerce um domínio parecido com o da Microsoft, mas é menos arrogante, aprendeu com os erros dos outros e é muito mais inteligente.

Dada a preocupação crescente na Europa, durante 2011 a comissão enviou cartas a muitas empresas de Internet europeias com o objetivo de saber a opinião delas de forma confidencial. Perguntavam se sentiam sua posição de mercado limitada pelas práticas do Google. Sem intenção de revelar o conteúdo exato das cartas – algumas das quais se encontram em meu poder e incluem tanto partes públicas quanto confidenciais –, direi que visavam a determinar se existia um monopólio de fato nas buscas e na publicidade na Internet, bem como a esclarecer se as empresas tinham plena autoridade para realizar mudanças em seus sites e tomar decisões empresariais livres, ou se não o faziam por medo das possíveis represálias do Google. Em determinados campos, fiquei surpreso com o nível de detalhes de informação que a comissão havia solicitado. Pediam dados confidenciais, e-mails, contratos, em certos casos detalhes históricos de mais de oito anos, que podiam ser altamente confidenciais na relação do Google com as empresas. Minha percepção pessoal é que esta investigação é muito séria.

A comissão desejava saber se existiam alternativas reais à companhia norte-americana, e se havia um tratamento que favorecia certos clientes em função de seu investimento publicitário no Adwords. Em outras palavras, queriam saber se os representantes do Google ofereciam melhorias no *ranking* do buscador em troca de aumento do gasto em publicidade da companhia. Esse último ponto me chamou a atenção porque, até hoje, ninguém havia sequer me insinuado que algo assim pudesse acontecer. Francamente, eu me surpreenderia muito se fosse verdade.

Não podemos conhecer ainda o conteúdo das respostas. O que sabemos é que a comissão não esperava a alta porcentagem de colaboração. Até hoje, declaram ter recebido 500 respostas aos diversos questionários enviados.

Após as investigações da comissão, das análises dos dados coletados e das contribuições da empresa obteremos uma primeira resposta.

Ainda assim, a União Europeia afirma que garantirá com firmeza a eliminação de todo tipo de barreiras à concorrência, caso existam. Cabe mencionar, em defesa do Google, que se realmente ficar provado que é um monopólio, seria um monopólio que nós nos teríamos autoimposto ao longo de todos esses anos. A empresa faz produtos tão bons, tão úteis e tão inovadores que muitos de nós nos fechamos a alternativas. Eu mesmo, que sou crítico em relação às políticas da empresa, não me canso de dizer que o Gmail, o Chrome, o Google Maps, o Google.com e tantos outros são, para minha desgraça, insubstituíveis em minha vida. Sim, é perfeitamente compatível admirar profundamente a empresa que desenvolveu esses produtos e se espantar com algumas de suas práticas empresariais. Especialmente as que limitam a concorrência e desrespeitam direitos de propriedade intelectual e industrial de terceiros, ou quando se mostram curiosos pela privacidade das pessoas. Alguns preferem falar de monopólio gentil a falar de monopólio autoimposto. De fato, também é isso! Seus produtos são atraentes, poderosos e, às vezes – embora nos últimos anos tenham perdido um pouco dessa centelha –, tão inovadores que é difícil não ser feliz sob seus desígnios.

As plantas carnívoras como a papa-moscas, cujo nome científico é *Dionaea muscipula*, formam uma superfície imensamente atraente para insetos e outros animais. Quando um bicho ativa seus pelos disparadores, ela se fecha em menos de um segundo para prender a vítima entre seus espinhos dispostos na beira de suas folhas. O Google age da mesma forma. Devora dados. Como veremos ao falar da privacidade, é a maior concentração de informação jamais criada sobre tendências e comportamentos de pessoas, e não só da Internet, mas do mundo. Para continuar alimentando o monstro em seu interior, precisa, antes de mais nada, ser extremamente atraente.

Isso me faz lembrar de quando vemos na televisão a notícia de que prenderam um grupo de terroristas em um apartamento, e, logo a seguir, aparece a entrevista com o vizinho ou o padeiro da esquina, que dizem que pareciam "bons garotos". Mas claro! São terroristas, mas não imbecis! Se em vez de bons garotos parecessem cruéis e desapiedados assassinos, possivelmente teriam sido presos antes.

Percebemos que estamos diante de um monopólio quando é praticamente impossível que alguém o desbanque. Quem é capaz de desbancar o Google como buscador em escala mundial? É possível que, hoje em dia, qualquer outra companhia o supere no campo da publicidade?

No início deste livro fiz um comentário sobre a compra feita pelo Google da DoubleClick, principal expoente da publicidade gráfica, assumindo seu papel de dominador absoluto da publicidade de texto. Como você deve lembrar, eu falava com um pouco de má vontade e descrença do papel desempenhado pelas autoridades antimonopólio nos Estados Unidos, que por fim aprovaram a transação olhando para o outro lado, diante da incredulidade de analistas em todo o mundo. Nesse dia, criou-se o monopólio da publicidade *on-line*, que depois aumentou com a compra da maior companhia de publicidade móvel, a AdMob.

Scott Cleland publicou uma extensa análise, não isenta de certo sarcasmo, sobre a operação da DoubleClick antes de saber que a Comissão Federal de Comércio dos Estados Unidos (FTC) daria sinal verde à operação. Nesse documento, publicado no Googleopoly.net, calculava que autorizar a compra da DoubleClick seria, equiparando a mesma concentração de mercado no setor financeiro, como permitir ao maior banco dos Estados Unidos comprar os 14 restantes no *ranking*, e depois permitir que comprassem as bolsas de Nova York e Londres para mais tarde ficar também com os dois principais provedores de informação financeira do mundo – a Bloomberg e a Factset –, cerca de 60% de todos os *hedge funds* e *private equities*, dois dos três principais provedores norte-americanos de informação creditícia – a Equifax e a

Experian – e por volta de 60% dos dados completos de consumidores da Receita Federal e do Censo dos Estados Unidos. Delirante, não é?

É assim que o Google domina, de uma maneira insultante, o mercado publicitário global. Dispõe do Adwords e do AdSense, as ferramentas de publicidade na Internet mais perfeitas e com mais penetração de mercado. E possui a DoubleClick, que tem uma importante penetração na publicidade de *display*, ou gráfica. O quesito do *Trivial* que lhe faltava era o AdMob, a maior companhia de publicidade para telefonia móvel. O triângulo entre os três produtos faz sua cota de mercado ser insultante. Para dar um exemplo, segundo um estudo da International Advertising Bureau, em 2010, foram investidos na Espanha cerca de 789 milhões de euros em publicidade na Internet. Deles, calcula-se que 52,8% da publicidade é *Search*, ou seja, publicidade de busca. Nesse campo, o Google tem uma cota de mercado de 97%, de modo que pode ganhar cerca de 390 milhões de euros de forma direta. Embora seja difícil estimar, o Google leva, além de tudo, uma parte significativa dos restantes 399 milhões do mercado da publicidade gráfica e uma parte, mais significativa ainda, da publicidade em telefones celulares. Em poucas palavras, talvez – e digo "talvez" porque é impossível saber o faturamento da companhia na Espanha, o que mais tarde vou descrever com mais detalhes – o Google esteja ganhando entre 60% e 65% do tamanho do mercado publicitário espanhol. Espetacular, não é? Tenho razão, então, ao insinuar que a administração norte-americana talvez tenha um interesse limitado em evitar que o Google continue crescendo de maneira desmedida e acumulando novos setores? Parece-me que o governo norte-americano deve achar muito interessante uma empresa que está conquistando o mundo e que representa a maior fonte de informação de que se tem registro na história. Imagino mil benefícios e alegrias que uma empresa assim pode dar a seus governantes. Com o tempo, foi ficando claro que, às vezes, essas alegrias iam surgindo.

A FTC abriu várias investigações nas quais a empresa de Mountain View se deu bem. Atualmente, há um caso aberto por posição dominante na Internet e mercado publicitário com o Android. Tentarão determinar se o Google utiliza os resultados do buscador para canalizar seus produtos acima dos de seus rivais.

Gary Reback, um conhecido advogado especializado em assuntos de monopólio que participou do julgamento contra o Google Books, dizia que "o Google está em condições de escolher os ganhadores de quase todos os mercados e segmentos da Internet, e, além de tudo, pode fazer isso sem que ninguém fique sabendo". Essa é uma reflexão muito acertada, e eu acrescentaria que não só pode escolher o ganhador, como também, em muitas ocasiões, o ganhador é ele mesmo, visto que a empresa cresceu tanto que tem produtos para competir nos segmentos mais importantes. E mesmo que não os tivesse poderia ganhar indiretamente: quando não têm um interesse direto podem ter a motivação de não permitir que ganhem empresas que são seus rivais mais diretos em outros campos, o que limita seu desenvolvimento.

Na mesma linha se manifesta Chris Kelty, antropólogo e historiador da UCLA (Universidade da Califórnia em Los Angeles). Sua vocação pelo código livre é realmente interessante, e o levou a criar um apaixonante programa genético no qual os aficionados pesquisam em seus computadores de casa, independentemente dos interesses dos grandes laboratórios farmacêuticos. Chris insiste desde 2009 que nem tudo que reluz é ouro. Segundo ele, a empresa de Brin e Page utiliza o *software* livre para firmar uma posição dominante de mercado, não para enriquecer seu conteúdo. "Usam o código aberto, mas depois não põem todas as modificações que realizam à disposição de todo mundo; guardam-nas para si mesmos. O Google será o novo monopólio, e ninguém mais se preocupará com a Microsoft."

Se você acha que tenho uma mente suja, vou lhe dizer que há cada vez mais gente que pensa a mesma coisa. Em um interessante artigo publicado em outubro de 2009 por Jia Lynn Yang e Nina Easton na revista *Fortune* sob o título "Obama and Google (*a love story*)", explica-se como, em sua chegada ao poder em meio a uma intensa crise financeira, o presidente dos Estados Unidos, que era muito crítico com Wall Street, estabeleceu muita distância com as grandes corporações do país. Com todas? Bem, não. Com todas, não. Lá estava o Google para estender uma mão ao presidente.

Em sua visita em 2007 ao Googleplex, um Obama exultante declarava que "compartilhava a crença de que precisava mudar o mundo como o Google fazia, de baixo para cima, e não de cima para baixo". Essa simpatia parecia ser compartilhada, porque os funcionários do Google aparentam ser firmes partidários de Obama. De fato, segundo publicava o Opensecrets.org, o pessoal de Mountain View foi um dos seus mais firmes apoios para a campanha eleitoral. Funcionários e diretores doaram 803 mil dólares para sua campanha presidencial, número só superado pela doação do Goldman Sachs e da Microsoft.

Durante a campanha eleitoral de 2007, Eric Schmidt assessorou pessoalmente a equipe de Obama em assuntos econômicos. Quando os democratas ganharam as eleições, vazou que Schmidt e alguns outros altos cargos da empresa haviam doado 25 mil dólares cada um para a festa de eleição presidencial.

Desde que a administração de Obama chegou ao poder, o Google se transformou em uma das empresas mais influentes em Washington, a ponto de nesses últimos dois anos inúmeros *xgooglers* terem sido contratados pela administração norte-americana para ocupar cargos relevantes. Talvez o caso mais conhecido seja o de Andrew McLaughlin, ex-diretor de políticas públicas do Google, que foi nomeado diretor do gabinete de tecnologia dos Estados Unidos. Que brilhante paradoxo! Seu cargo consiste em controlar os desígnios não só de sua ex-companhia, mas também das que até poucos meses antes eram sua feroz concorrência.

Em janeiro de 2010, o Google selou uma inquietante aliança com a Agência Nacional de Segurança norte-americana (NSA). Esse acordo deixava claro que o governo dos Estados Unidos colaboraria estreitamente com a companhia para prevenir ciberataques.

Por que essa aliança é inquietante? Em primeiro lugar, porque representa um acordo entre a mais importante agência de informação e a maior fonte de informação do mundo. Poucas coisas que acontecem na Internet ficariam agora fora do alcance do governo norte-americano. Essa aliança ameaça cruzar a linha vermelha que a empresa se compromete a não ultrapassar, flertando com assuntos delicados sobre como equilibrar a privacidade individual, a inviolabilidade das comunicações pessoais e a segurança nacional.

Os resultados não tardariam a chegar. Em agosto de 2011, em virtude do Patriot Act norte-americano, o Google admitiu ao veículo alemão *Wirtschafts Woche* uma entrega sem autorização nem aviso aos usuários europeus amparando-se no cumprimento da solicitação de informação da inteligência norte-americana. Isso bate de frente com a legislação europeia e nos serve de exemplo para ver que o Google sempre prioriza o que considera seu dever – ou seja, as leis norte-americanas –, ao passo que o resto da legislação fica em segundo plano.

Os passos dados nos últimos anos pela administração norte-americana deixam entrever que não existe um especial interesse em controlar o desmedido crescimento da empresa, embora ela esteja, como na Europa, sendo investigada por monopólio. Ela costuma se dar bastante bem nas investigações das comissões desse lado do oceano. Por que será?

Por conta do que você acaba de ler, não tenho muita confiança no governo norte-americano nesse assunto, e menos ainda na FTC.

Acho que na Europa seremos bem menos benevolentes e, definitivamente, mais justos. O Google desempenha um papel útil para a administração norte-americana. É o "embaixador" do *American Way of Life*, e não vão ter muita vontade de intervir enquanto a situação não for insustentável.

Monopólio ou não, sempre nos resta a possibilidade de encarar tudo com certo senso de humor. Podemos jogar em casa uma adaptação de um jogo clássico, *Monopoly* (Banco Imobiliário), que na Internet foi rebatizado como *Googolopoly*. Há um tabuleiro disponível para baixar e imprimir no qual já não se compram casas nem hotéis. Isso está fora de moda. Estamos no século XXI! Compram-se e vendem-se empresas e serviços de Internet, como a Amazon, o eBay ou o YouTube, e é possível criar um império sem preocupação com a rápida atuação das autoridades anticoncorrência.

Um terno sob medida para os garotos do Google

A França foi um dos países mais críticos com a empresa, em parte pelo desenvolvimento imperialista de alguns dos seus serviços, e em parte por um sentimento muito arraigado no país, que se preocupa especialmente com a defesa de seu patrimônio cultural, considerado ameaçado pelo Google.

Já vimos como o projeto Google Books provocou um enorme alvoroço político na França alentado por Jean-Noël Jeanneney, diretor da Biblioteca Nacional. No entanto, os motivos de preocupação vão muito além. Em 2010, o país foi o primeiro a sugerir, em um relatório de seu governo, que fosse estabelecida uma "Taxa Google". Apesar do que o nome sugere, não oneraria somente as atividades dessa companhia, mas também as de outras grandes empresas de Internet norte-americanas, como o Facebook, o Yahoo!, a Microsoft ou a AOL. O relatório propunha que essas companhias pagassem uma taxa em compensação pela violação dos direitos autorais que provocavam. A ideia era que esse dinheiro pudesse ser aplicado ao fomento de alternativas legais para comprar livros, música ou filmes pela Internet. Ou seja, a denominada "Taxa Google" aumentaria o controle do governo francês sobre os conteúdos e as atividades dos grandes gigantes do mercado tecnológico, que teriam de pagar um pedágio para subvencionar a indústria audiovisual francesa. Com a intenção de apoiar o segmento musical, que sofreu muito com o avanço da tecnologia, o chamado relatório Telnik sugeria a criação de um cartão para jovens que seria 50% subvencionado para que pudessem adquirir música legal *on-line*.

Em janeiro de 2011, as duas câmaras parlamentares francesas aprovaram que a taxa fosse fixada em 1%. A resposta do Google, alinhada com o que havia argumentado em outras ocasiões, limitava-se a afirmar que esse tipo de taxa desaceleraria a inovação digital. Se você puser a mão no meu bolso, eu o acuso de prejudicar o mercado e a inovação!

A França é um país protecionista com sua cultura. Devemos contemplar esse tipo de proposta nesse contexto. Acredito firmemente que as indústrias não devem ser protegidas de forma artificial pelos governos, e que devem sobreviver por si mesmas. É verdade que a indústria cultural está ameaçada pela evolução tecnológica em todo o mundo. O mesmo acontece com a indústria musical, pois bilhões de músicas são baixadas sem que os detentores de seus direitos ganhem um centavo. Mas não é menos certo que se trata de uma indústria enrijecida em um suporte morto – o CD –, que não evoluiu e continua ancorada no passado, incapaz de oferecer uma alternativa racional de consumo de acordo com os novos tempos. Em minha opinião, muitos dos problemas que as indústrias dos conteúdos em geral têm com a Internet se devem a uma falta de adaptação àquilo que deveria ser uma oferta necessária. Mantê-la de forma artificial, penalizando por isso companhias que não têm relação direta com o problema – embora possam ter relações indiretas –, parece-me um absurdo que acabará fomentando a figura de alguns medíocres que fazem de seu ofício um benefício, e que criam produtos audiovisuais com o único objetivo de ganhar sua ração de fundos públicos. Parte desse cenário é contemplada hoje em dia em sistemas protecionistas, como os que defendem o cinema espanhol ou o francês, indústria que se firma habitualmente com cotas de tela ou taxas obrigatórias das televisões privadas. Sou da opinião de que não se devem manter indústrias artificiais, e que é necessário moldá-las para que se ajustem à demanda. Será preciso percorrer esse caminho cedo ou tarde, e quanto mais o dilatarmos no tempo, pior será sua situação. Premiar essas indústrias com fundos públicos por meio de taxas só fará que elas reajam mais tarde e que se atrase a solução do problema.

Em outros países também se falou de criar uma taxa, como se fosse um terno sob medida para os garotos do Google e companhia. Sem ir muito além, na Espanha, declarações polêmicas do presidente da

Telefónica, César Alierta, indicavam o caminho. Foi a primeira vez que o presidente de uma das principais operadoras do mundo abriu a caixa de Pandora ao afirmar que, se o Google e os demais buscadores quisessem fazer negócio, teriam que ceder uma parte às operadoras, que são quem põe à sua disposição as redes e seus milhões de clientes. As operadoras de telefonia e acesso à Internet estão há anos pensando em como dar uma dentada no negócio publicitário do Google, cujos milhões de usuários devem, necessariamente, utilizar suas infraestruturas.

Para as companhias de telefonia, é evidente que o Google já não é a empresa altruísta do início. Cobra por alguns dos seus serviços e produtos, digitaliza os conteúdos de outros e os oferece como se fossem seus. Usa toda a informação que flui por suas redes em seu próprio benefício e isso lhe permite armazenar gratuitamente em seus sistemas infraestruturas que não compartilha com terceiros. As operadoras estimam que o cabeamento das novas redes de banda larga fixa e móvel na Europa, necessário para suportar o crescente tráfego da Internet, e pelo qual os serviços de empresas como o Google, a Microsoft e o Yahoo! são responsáveis em boa medida, vai lhes custar mais de 300 bilhões de euros nos próximos anos. Acham que não é justo que assumam o total do custo enquanto as empresas antes mencionadas se beneficiam indiretamente desses investimentos.

A essas declarações somaram-se rapidamente as de outras operadoras, e até a do ministro da Indústria espanhol, Miguel Sebastián, que imediatamente advertiu que é "uma opção a discutir e cogitar, e muito possível". Com o apoio de parte do governo à iniciativa da Telefónica, durante fevereiro de 2010 apresentou-se na Europa a proposta de uma "Taxa Google" promovida pela administração espanhola, que ostentava nesse momento a presidência rotativa da União Europeia. Diferente do caso francês, a ideia era estabelecer um imposto para empresas de tecnologia pelo uso das redes. O dinheiro coletado podia ser empregado para garantir a manutenção das redes em toda a Europa, bem como para sua melhoria, e isso compensaria as grandes companhias de telecomunicação, que fazem enormes investimentos em infraestruturas que depois são utilizadas de forma gratuita por essas empresas.

O governo da Espanha argumentava na Comissão Europeia do seguinte modo: "O Google e outras empresas têm milhões de clientes em todo o mundo e, por isso, têm de pagar uma porcentagem do que ganham, visto que ocupam uma largura de banda que não pode ser utilizada para outra coisa". A lógica em que essa medida se baseia, apoiada por muitos sócios europeus, é que as operadoras de telecomunicações pagam para criar e manter as redes, que o usuário paga por seus serviços de ADSL, 3G ou cabo, mas que as grandes empresas de conteúdo, majoritariamente norte-americanas, não pagam por seu uso e as desfrutam aproveitando seu desenvolvimento. O que se pretende é que passem a pagar parte dessa conta.

A Espanha instou os sócios a pensar nisso e a estabelecer uma posição comum de estratégia digital para a Europa nos próximos 15 anos. Até hoje, ainda não foi fechado nenhum acordo.

Nos últimos anos, não só a Telefónica, mas também outras grandes companhias de telecomunicação, como a Vodafone, no Reino Unido, ou a Orange, na França, uniram suas vozes perante os provedores de serviços gratuitos que saturam as redes, o que obriga maiores investimentos. Essas companhias também alegam que eles deveriam pagar por isso.

Em setembro de 2011, Julio Linares, CEO da Telefónica, declarou – e isso passou bastante despercebido – que em sua opinião vamos rumo a um novo conceito de Internet, com diversos tipos de conexão em função da qualidade das redes. Em outras palavras, a rede das redes poderia ter uma dupla face, com dois tipos de serviço diferentes.

Eu tenho uma teoria muito pessoal sobre tudo isso. Vendo esses anúncios, que repercutiriam no custo das conexões, adivinho uma oposição muito tímida por parte do Google, o que me faz ler nas entrelinhas. Em fevereiro de 2011, durante encontros com jornalistas no Mobile World

Congress, o presidente da Telefónica comentou informalmente que "os mercados acham que não vamos ver um tostão disso [em referência à 'Taxa Google']. Eu acho que os mercados estão enganados. Além do mais, estamos em conversações cada vez mais intensas com empresas como a Apple e o Google, e chegaremos a um acordo".

De fato, pouco depois presenciei com preocupação o anúncio da Telefónica da criação de um serviço VIP na Espanha por meio da denominada Content Delivery Network (CDN). Em teoria, permitiria oferecer uma qualidade maior que a rede normal e serviços de valor agregado, principalmente aos provedores de conteúdos, que pagariam pela nova e melhorada versão. A Telefónica reconheceu negociar com o Google e já ter outros clientes em vista, como a Agencia Tributaria, a Red.es, a Tuenti e o Cabildo insular de La Palma. Digo que essa medida me preocupou porque poria em dúvida a neutralidade na rede e a igualdade de concorrência.

No plano político, algumas vozes defendem a gratuidade do uso das redes por parte das grandes empresas de conteúdos predizendo-se em preceitos de neutralidade. Assim, por exemplo, o Partido Pirata Sueco, liderado por Christian Engström, afirmou várias vezes em público que essa taxa é injusta, uma vez que penaliza as empresas de Internet em função de seu sucesso. As associações de usuários da Internet têm se mostrado, em geral, céticas. Temem que uma taxa assim repercuta sobre os já enormes cofres das empresas de telecomunicações, e que as promessas de melhora da rede e de maior qualidade da conexão mediante hipotéticos e gigantescos investimentos não cheguem a se tornar realidade.

É verdade que o investimento em redes deve vivenciar um enorme esforço nos próximos anos. O tráfego da Internet se multiplicará por seis até 2014, e só a Internet móvel crescerá 30%. Seguindo os critérios de neutralidade na rede, que deve ser garantida pelos governos, acho que esse tipo de taxa para empresas por utilizar as infraestruturas não são totalmente legítimas. As redes estão aí. As empresas podem utilizá-las e devem competir entre si. O beneficiário de tudo isso é o usuário dos serviços, que vê como a inovação é um elemento diferenciador nessas empresas e se aproveita disso. O fato de as maiores empresas terem uma taxa repercutirá, em maior ou menor medida, em sua inovação. Acho que uma taxa assim penaliza o sucesso e é injusta; permite às companhias de telecomunicações subvencionar o negócio, pois teriam seus investimentos subsidiados – uma mixaria – e, provavelmente, continuariam ofertando ao usuário final os mesmos serviços ao mesmo preço.

Além de tudo, eu acrescentaria que a resistência discreta diante desses movimentos por parte do Google, da Microsoft e da Apple deixa entrever que lhes seduz a possibilidade de ter uma rede de duas velocidades: a rede *premium*, para as empresas que pagam uma taxa e que, portanto, têm acordos especiais com as operadoras provedoras de serviços de maior velocidade e qualidade; e a rede de "segunda classe", que englobaria todas as demais. Se assim fosse, estas últimas não poderiam optar, de jeito nenhum, pela competição com as que já dominam o mercado, o que criaria uma situação que aumentaria sua posição dominante.

Extrapolando, tudo isso de "castigo" pelo uso – e abuso – em massa nos levaria a estabelecer ridículas taxas em todos os setores, e com isso se criaria uma indústria produtiva totalmente subvencionada. Seguindo essa lógica, poderíamos pedir ao grande fabricante The Coca-Cola Company que subvencionasse a produção de vidro, visto que seus refrigerantes usam necessariamente os vasilhames em que são consumidos. Os fabricantes de pneus pagam as redes viárias pelas quais transitam os veículos? Isso teria lógica? Enfim, tudo isso constitui um cenário dantesco que atenta contra o que, ao menos em tese, os governos se comprometem a garantir – e o que devemos exigir: liberdade e igualdade na Internet.

Esses alemães estão loucos

Não há normas ou impostos sob medida para os garotos de Mountain View só na França e na Espanha, ou no âmbito europeu. A preocupação com as atividades do Google se estende a muitos países. Em 2010, o governo alemão decidiu proibir a utilização da ferramenta de acompanhamento da empresa Google – o Google Analytics – por considerar que vai contra a privacidade do usuário quando navega pela Internet. Esse serviço é considerado um elemento fundamental no processo de análise do tráfego que se produz em um site determinado, pois permite estudar e constatar que os perfis dos usuários do nosso site se ajustam aos nossos objetivos.

O Google Analytics é uma ferramenta extraordinária, incrivelmente útil e poderosa, simples de usar e versátil. Nós a utilizamos em muitas das empresas em que invisto ou da qual participo. Para minha desgraça, dependemos dela. Sua utilidade principal está no fato de aumentar o conhecimento e a produtividade de quem a usa, mas reconheço que em várias ocasiões refleti com outros profissionais do setor se "deveria" ou não usá-la. Conheço cada vez mais casos de empresas, algumas delas muito conhecidas, que recorrem a alternativas analíticas, até de qualidade inferior, para medir os dados de tráfego e as oportunidades ocultas de seus sites. O motivo é óbvio: a ferramenta é boa – mais que isso, é excelente –, mas o Google sabe demais. É bom "demais" para ser verdade, e possivelmente o preço que pagamos por ela sem saber é muito alto. Mas não era gratuito? Esse é o engano em relação ao Google. Pensamos que é de graça e, no entanto, pagamos por ela. E como! Pagamos compartilhando e pondo a seu serviço a informação mais privada de nossas empresas. Talvez esse seja um preço muito alto, mas, hoje em dia, alguns ainda não compreendem. O fato de a mariposa se sentir atraída pela luz brilhante não faz que esta seja o paraíso. De fato, ela morreria de tanto se aproximar da luz. É comum que milhões de pessoas atraídas por esse tipo de serviço acabem se queimando quase sem saber.

O principal problema para buscar alternativas – já vimos que a falta de alternativas reais é um sintoma de monopólio – é que, quando se trata de um ou vários portais Web, tudo bem, é economicamente factível. Mas quando se quer aplicar a muitos portais, há poucas alternativas dessa qualidade e que não são muito caras. Em poucas palavras, a esse nível não há muitas alternativas reais no mercado. Coisa diferente é que as que existam possam nos servir de maneira pontual. Além disso, a integração desse produto a outras ferramentas do Google, como o AdSense ou o Adwords, é muito eficaz, e com outro provedor não seria possível. Isso limitaria muitos negócios e serviços que são imprescindíveis para milhões de empresas.

A questão é que o governo alemão foi um passo além. Preocupava-se com a compilação de dados dos usuários feita pelo serviço Google Analytics. Essa prática, segundo eles, poderia tornar vulnerável a privacidade de seus cidadãos. As explicações que o governo alemão recebeu da empresa Google não foram satisfatórias. O gigante garante que cumpre todas as leis europeias de privacidade, e que a ferramenta Google Analytics é utilizada por sites de autoridades europeias que cuidam da proteção de dados.

Acho que o governo alemão se excedeu com sua medida. Possivelmente teria feito mais sentido alertar os cidadãos sobre esse tipo de chamariz ensinando-lhes a avaliar que, apesar do que possam pensar em princípio, não é gratuito, como parece à primeira vista. Ninguém faz nada de graça. Acredite quando lhe digo que isso se aplica muito especialmente ao Google. Seria bom refletirmos sobre isso.

Outras frentes

Não só a legislação, os impostos ou os direitos de propriedade intelectual são motivos de conflito. Em muitos países, o império encontra outros tipos de problemas.

Nos primeiros anos da Internet na Espanha, emergiu com força um negócio baseado nos sistemas de tarifação adicional. O sistema, que era similar a se conectar a uma linha telefônica de tarifação especial (naquela época, números 906, agora 806, 807 etc.), foi implantado rapidamente como um lucrativo modelo de negócio. Consistia em oferecer determinados tipos de conteúdo ao usuário final por meio da conexão a esses números, graças a um *software* denominado *dialer*. Esse tipo de linha se encontrava, naquele momento, em uma situação de "alegalidade", visto que seu uso estava regulado apenas em sistemas de voz, e não de dados, pelo computador.

Os abusos não tardaram a aparecer. Muitos provedores desse tipo de produto abusavam da inexperiência do usuário deixando predeterminado em seu computador o kit de conexão. Sem que o usuário necessariamente soubesse, originavam muitas conexões à Internet de forma indevida por meio dessas linhas, o que acabava em dores de cabeça e enormes contas de telefone, às vezes de milhares de euros ao mês. À medida que essas notícias foram aparecendo nos meios de comunicação, originou-se uma enorme polêmica e pressionou-se a administração para que regulasse, ou até proibisse, esse novo e lucrativo negócio.

Os anúncios do Adwords do Google acabaram envolvidos nessa situação. Por meio de qualquer tipo de busca, ao clicar em um anúncio patrocinado, qualquer usuário podia acabar instalando esse *software*.

Jesús Encinar, um conhecido empresário de Internet, fundador do portal imobiliário líder na Espanha, Idealista.com, acompanhava com preocupação essa situação por conta de um possível prejuízo a seu negócio. Ele recorda que, durante aqueles anos, buscar no Google termos aparentemente inocentes como "aluguel de apartamento" podia acabar em um anunciante desapiedado que comprava as palavras, aproveitando o sistema publicitário do Google, e que instalava um *dialer* no computador do usuário.

Uma noite, em um restaurante, Jesús notou que em uma mesa próxima jantava um conhecido diretor do Google. Sem pensar duas vezes, e apesar de não conhecer pessoalmente seu interlocutor, Jesús o abordou com a intenção de informá-lo sobre a situação de abuso generalizado que algum desalmado anunciante realizava utilizando as ferramentas do Google. Aquilo tinha toda a lógica do mundo. Talvez todos ficaríamos agradecidos se alguém nos informasse de uma situação irregular ou de um abuso de nossa boa-fé e de nossas ferramentas, que, além de tudo, paralelamente, prejudicasse economicamente nossos próprios clientes ou usuários, independentemente das conotações legais que isso pudesse ter para nossa companhia. Jesús ficou muito surpreso com aquela breve conversa. Recorda que seu interlocutor, sem mostrar nenhum interesse, livrou-se dele rapidamente.

Anos depois, eu soube que, durante aqueles anos, até 50% das receitas da filial europeia do Google – não só na Espanha, mas também em países como Alemanha, Itália e outros – provinham desse tipo de publicidade, e que isso era perfeitamente conhecido pela companhia, que o permitia e tolerava, já que representava sua principal fonte de receitas. De fato, só nos meses anteriores à estreia do Google na Bolsa, e por medo das repercussões, inclusive legais, que isso poderia trazer consigo, a empresa decidiu pôr um fim nesse tipo de prática, após anos de um lucrativo negócio e de graves prejuízos para seus próprios usuários.

De fato, alguns empresários eram muito bem-conceituados nos escritórios da empresa, e recebiam um tratamento VIP por parte de seus diretores. Eram eles que compravam enormes quantidades de publicidade, de maneira recorrente, com números próximos a um milhão de euros ao mês para anunciar esses tipos de produto, tudo isso com a concordância da companhia. Esses empresários recorriam a eles como o parceiro estratégico ilegal para lucrar com as linhas de tarifação adicional. O Google aproveitava o momento e não fazia perguntas. Anos depois, a lei mudou e proibiu totalmente esse tipo de negócio. Alguns empresários da Internet até sofreram o escárnio público ao ser detidos, momento que foi interpretado como um sério aviso ao setor. Foram eles que viram sua imagem pública prejudicada quando apareceram algemados nos noticiários e sendo levados à delegacia por algumas daquelas práticas. O Google jamais foi afetado, e possivelmente foi quem mais lucrou com aquela situação irregular.

Naquela época, pelo menos na Europa, o decálogo moral da companhia, que insiste em trabalhar pelo e para o usuário sem prejudicá-lo de jeito nenhum e em fazer negócios de maneira ética, não parecia estar em vigor; ou, no mínimo, não havia muito interesse em pô-lo em prática.

Na Itália, alguns serviços da empresa sofreram episódios um tanto surreais após os quais a companhia saiu escaldada. Falei antes dos problemas do YouTube com os direitos autorais. Na Itália, os problemas desse serviço foram de natureza diferente, e tiveram consequências pessoais mais graves que as meramente econômicas. Corria o ano de 2008 quando foi apresentada uma ação judicial contra o Google. Seu serviço de vídeos abrigou durante vários meses um arquivo triste e vexatório, gravado em 2006, no qual três imbecis de Turim agrediam um jovem com síndrome de Down. Possivelmente orgulhosos de sua façanha, gravaram-na em vídeo e disponibilizaram-na no YouTube.com.

A queixa não tardou a chegar e foi apresentada pelo grupo italiano Vivi Down, que defende os direitos das pessoas com síndrome de Down, bem como pelo pai do menino. Em 2010, a justiça italiana condenou três diretores do Google a seis meses de prisão por consentir que aquele vídeo se tornasse público, já que violava o direito à intimidade do menor deficiente. O Google apelou dessa sentença, cuja pena envolve o vice-presidente sênior e máximo executivo da área jurídica, David Drummond, o ex-membro do conselho administrativo do Google Itália, George de los Reyes, e o assessor mundial de privacidade, Peter Fleischer. Segundo a legislação italiana, a sentença não os obriga a ir para a prisão, mas estabelecia um precedente complicado e impossível de assumir por prestadores de serviços na Internet.

Um representante da companhia disse que "o veredicto levanta uma dúvida crucial em relação à liberdade sobre a qual a Internet está construída", dado que nenhum dos funcionários teve nada a ver com o vídeo vexatório. Efetivamente, nessa ocasião, parece que o juiz italiano agiu de forma desproporcional e incoerente.

Os problemas se sucediam. Em 2008, a Turquia bloqueou o YouTube alegando que alguns vídeos insultavam o fundador do país, Mustafa Kemal Atatürk. O Brasil também tem queixas contra a empresa. Em 2008, o Google se sentou no banco dos réus. As autoridades brasileiras haviam denunciado o buscador por se negar a fornecer detalhes sobre as redes de pedófilos que exerciam sua atividade na rede social Orkut. Uma comissão especial do Senado que investigava a pedofilia na Internet chamou vários diretores da empresa para depor em Brasília. O Ministério Público detectou 3.261 álbuns do Orkut suspeitos de esconder imagens ilegais. O promotor Sérgio Suiama afirmava que o portal se esquivava de sua responsabilidade por supostos delitos no serviço Orkut, que, segundo o Google, tem no Brasil cerca de 27 milhões de usuários em diversas comunidades. Além disso, acusava o Google de manter "uma posição pouco negociável" em relação à divulgação de pornografia infantil.

O diretor-presidente do Google Brasil, Alexandre Hohagen, defendeu o portal, alegando que a empresa estudava levar ao Brasil uma nova ferramenta "capaz de resolver definitivamente o problema de divulgação de mensagens ilícitas por meio de comunidades do Orkut". A empresa argumentava que sua filial local só podia responder pelas operações comerciais, e que não podia atender a denúncias sobre delitos cometidos por usuários brasileiros. No entanto, segundo as autoridades, "quem se instala no Brasil ou publica páginas que são vistas a partir de computadores no Brasil tem de obedecer à lei brasileira". É evidente que os governos de meio mundo estão cansados das argúcias legais da empresa para evitar suas responsabilidades em diversos mercados. O presidente da comissão parlamentar que investiga o caso, o senador Magno Malta, foi taxativo ao afirmar: "Se o Google ganha dinheiro no Brasil, tem que cooperar na luta contra a pedofilia". Segundo a Promotoria, em caso de uma negativa, a empresa se expõe a um processo civil e criminal.

Também na Tailândia o buscador teve problemas, especificamente com seu serviço do YouTube. Em 2007, o YouTube ficou bloqueado, pois, segundo o Ministério da Informação tailandês, havia sido criado um programa que impedia que os provedores tailandeses de Internet tivessem acesso a vídeos sensíveis para a sociedade ou que violassem a lei do país, segundo o jornal *Bangkok Post*. Insultar ou questionar a imagem benfeitora do rei ou da família real é um delito grave na Tailândia, castigado com penas de até 15 anos de prisão. O vídeo, que cerca de 16 mil internautas viram, mostrava fotos do monarca pintadas ou desfiguradas, com uma suave música militar de fundo. Segundo anunciou o ministro de Tecnologia da Informação e Comunicações, Sitthichai Pookaiyaudom, o bloqueio foi suspenso quando o Google, proprietário do YouTube, instalou filtros para impedir que os tailandeses tivessem acesso a vídeos que insultavam seu monarca, de 79 anos de idade.

O maior turista do mundo

Duvido que a esta altura, querido leitor, você ainda pense que o Google é uma organização altruísta, apesar de haver de tudo neste mundo. Parece evidente que o Google, como empresa, com suas atitudes comerciais e empresariais, tem suas luzes, que brilham com força, e também suas sombras, que, como você está vendo, são de um negro intenso.

Governos de todo o mundo, desde as rídigas ditaduras de países como China ou Coreia do Norte até as democracias europeias ou os Estados Unidos, além de organizações públicas ou privadas, todos têm problemas com a companhia. E isso acontece enquanto as pessoas, lá fora, são felizes fazendo uso dos produtos dela. Poderíamos pensar que se trata apenas de uma questão de tamanho – "ficaram muito grandes" –, e é possível que seja isso mesmo. Mas o que dizem é que o próprio DNA da empresa, que se vangloria de fazer o bem com seu *Don't be evil,* não pode ser posto em segundo plano por uma mera questão de dimensões.

Um dos serviços que violou de forma mais grave a liberdade individual é o Google Street View. Cabe dizer, em primeiro lugar, que se trata de um produto apaixonante, útil e inovador. Mas isso não impede que seja invasivo, como veremos a seguir.

O serviço permite navegar, em qualquer computador, pelas ruas das principais cidades do mundo por meio de fotografias e com uma visão de 360 graus, de maneira que a perspectiva que oferece é muito detalhada. São centenas de milhões de fotografias feitas nas ruas por câmeras incorporadas a veículos especiais, metro a metro, rua a rua, nos principais núcleos urbanos de todo o mundo. Para dar um exemplo, o Google Street View começou a fotografar o Brasil, um dos países mais extensos do mundo, em setembro de 2010. O objetivo era ter fotografadas e armazenadas em sua base de dados as imagens de 90% das ruas brasileiras no fim de 2012.

Gostaria de fazer um aparte sobre esse serviço, embora isso represente jogar pedras em meu próprio telhado e não diga muito acerca de minha visão de negócio. Ocasionalmente, ajo como anjo investidor, especialmente no setor de tecnologia. Isso implica que me reúno a cada ano com centenas de empreendedores que procuram financiamento e ajuda com a intenção de avaliar se seus projetos são interessantes. Quando é o caso, tento garantir para mim uma participação mediante um investimento financeiro. Não faço caridade, nem pretendo. Alguns apoiam grandes empresas em mercados bursáteis investindo em suas ações. Do mesmo modo, eu gosto de apoiar empreendedores nas fases iniciais de seus projetos. Em ambos os casos, trata-se de investimentos financeiros realizados, mas sob diferentes pontos de vista. O que se busca com eles é gerar um rendimento econômico que, para que vamos nos enganar, como *business angel* acontece de forma pouco frequente. Ainda assim, quando ocorre é espetacular.

Se eu olhasse para alguns anos atrás e esquecesse por um instante que esse serviço existe, e se pensasse em um empreendedor sagaz que me houvesse proposto a participação em um projeto como o Street View, que implica milhares de carros nas ruas preparados com sofisticados equipamentos percorrendo as principais cidades do mundo – centenas de fotos por minuto – para depois armazenar "a cidade completa", eu teria pensado que o empreendedor era um louco idealista e que o projeto era inviável.

Para ser sincero, possivelmente tendo compaixão por ele, eu tentaria tirar aquela bobagem da cabeça dele. E talvez ainda houvesse dado umas boas risadas depois da reunião e teria incluído sua ideia na gaveta em que conservo as ideias e os projetos mais malucos que já me ofereceram – esse assunto renderia outro livro. E, se eu pudesse, antes de ir teria lhe receitado uns ansiolíticos para atenuar suas alucinações.

Mea culpa. Nunca pensei que algo de tamanha envergadura fosse viável. O Google está fotografando cidades e países inteiros. É muito difícil entender a dimensão do projeto sem um mapa do mundo que explique sua expansão passo a passo, quilômetro a quilômetro.

Então era viável! E hoje vemos isso como algo natural, sem pararmos para pensar na imensa estrutura que há por trás daquilo e que representa a maior sessão fotográfica do mundo. A potência e as possibilidades desse produto genial ainda são desconhecidas para uma parte significativa do grande público. Em poucas palavras, representam a compra e a digitalização de toda a informação visual disponível de países inteiros por parte de uma companhia privada. O mais surpreendente, do ponto de vista empresarial, é que o enorme investimento que implicou não tem por trás um modelo de negócio viável previamente definido. Ou seja, não se trata só de pôr centenas de pessoas e carros para fotografar o mundo, mas, segundo eles mesmos reconhecem, fazem isso sem ter definido como vão ganhar dinheiro com isso para rentabilizar o investimento. É que a empresa já se vangloriou, em mais

Cobertura do Street View

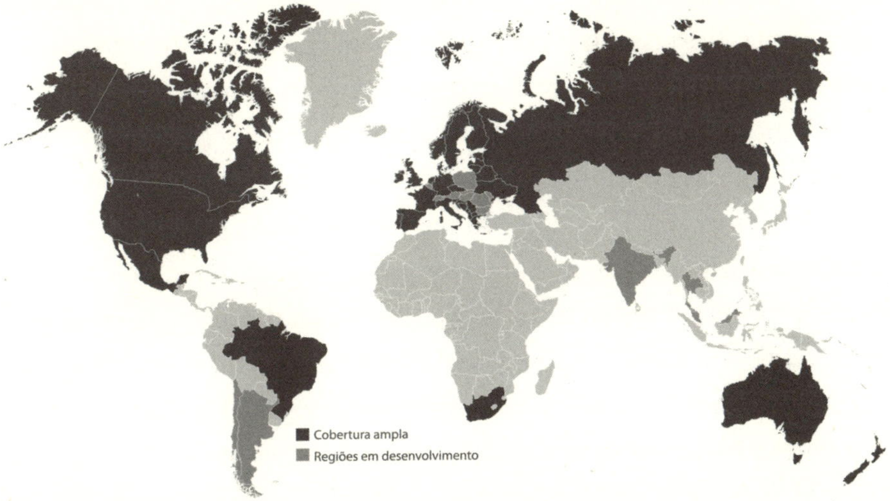

Fonte: Google.

de uma ocasião, de lançar produtos no mercado sem prever com antecedência como monetizá-los. Neste caso, o que já conseguiram é afirmar um pouco mais sua posição de monopólio no âmbito da informação. Com isso, já são "os únicos" que podem oferecer muitas coisas.

O serviço foi lançado em fase de testes em San Francisco em 2007 e se estendeu depois a outras cinco cidades dos Estados Unidos. Em julho de 2008, estreou na Europa, seguindo a rota do Tour da França. Em setembro de 2011, o Google havia fotografado 16 países europeus, três latino-americanos, quatro asiáticos, um africano e... a Antártida! Isso já representava o maior esforço fotográfico da história.

Uma enorme frota de veículos, desde carros até motos de neve, percorre países inteiros. Passam um pente-fino em cada rua e fazem fotografias sem parar, equipados com um suporte externo que chega a medir entre 2,5 e 8 metros de altura, coroado com nove câmeras que disparam em 360 graus. Todos os veículos estão equipados com conexões Wi-Fi e 3G para enviar os dados – falarei disso adiante – e para coletar informação que facilite outros serviços de geolocalização da companhia. Para isso, uma vez mais, e sem tirar um milímetro de seu mérito, não inventaram a roda. Apenas adaptaram suas necessidades à tecnologia disponível, baseando-se, neste caso, no *hardware* de código aberto das câmeras Elphel. E o projeto não para por aí. Essa voracidade de informação... Desculpe, eu me deixei levar. Quis dizer que esse "sonho que eles têm de nos oferecer gratuitamente a maior quantidade de informação possível" os leva até a utilizar veículos alternativos – bicicletas e triciclos – em áreas de difícil acesso como ruas estreitas ou calçadões, e até carrinhos adaptados para fotografar museus em todo o mundo. Dessa forma, o serviço oferece detalhes de fachadas, monumentos, paisagens, parques naturais, edifícios inteiros e outros objetos do mobiliário urbano que, em determinadas ocasiões, podem ser úteis para o usuário.

Vamos imaginar que estejamos procurando um apartamento. Podemos percorrer um bairro na tela do nosso computador, como se estivéssemos passeando por ele. E não só isso. Existe, ainda, certa utilidade turística, como fazer um passeio virtual por dentro do Coliseu de Roma com vista de 360 graus. É simplesmente apaixonante, mas também um exemplo de como o útil pode se opor ao legal. Para oferecer esse magnífico serviço, em muitos países estão sendo violados os direitos fundamentais dos cidadãos e das instituições.

A primeira queixa de que se tem registro proveio de uma nova-iorquina chamada Mary Kalin-Casey. Em uma entrevista que concedeu à publicação *on-line Boing-Boing*, ressaltou a inquietude que sentiu ao perceber que, enquanto procurava seu domicílio recentemente fotografado pelo Street View, havia visto e reconhecido, através da janela, seu gato Monty. A mulher explicou que a experiência a fez tremer e refletir sobre a invasão em sua privacidade, algo que ninguém, até esse momento, havia questionado publicamente. A propósito, se em vez de seu gato desse para ver pela janela o valioso quadro de sua avó, ou outros objetos de valor, o motivo de alarme e preocupação aumentaria. E assim foi. Após as queixas iniciais, a companhia decidiu eliminar ou *pixelizar* (um *pixel* é a menor unidade homogênea colorida que faz parte de uma imagem digital, seja uma fotografia, um fotograma de vídeo ou um gráfico; *pixelizar* significa distorcer os *pixels* da imagem, neste caso, para deixar uma parte borrada e não visível) as placas de carros, o rosto das pessoas e até mesmo algumas janelas cujo interior pudesse estar à vista de todo o mundo. No entanto, o sistema automático responsável pelo tratamento das imagens falha com frequência e sombreia elementos da imagem que não deve e, ao contrário, não detecta rostos de pessoas ou placas de carros. Eliminam, então, todos os elementos que podem ferir a sensibilidade do usuário ou a intimidade do fotografado? O Google tem direito de fotografar sua casa e oferecê-la ao público segundo as condições que ele mesmo estabelece? Tirar uma fotografia nos torna proprietários de seu conteúdo? O que podemos encontrar na rua se fotografarmos o mundo inteiro?

As câmeras do Google Street View capturaram em seus passeios por meio mundo situações como assaltos em plena rua, gente em roupa íntima captada acima dos muros de sua casa, roubos, brigas, acidentes, pessoas em prostíbulos ou com prostitutas em plena rua, cenas em praias nudistas, mulheres entrando em clínicas de aborto, pessoas nuas por trás do vidro de uma janela ou pessoas urinando no meio da rua. É o que está aí, é o que se pode ver. É nisso que o Google se ampara ao dizer que são imagens colhidas em plena rua. O que a companhia não diz é que são colhidas sem aviso nem autorização por parte das pessoas que aparecem nelas, e que são fotografias e situações que podem ter consequências, inclusive estar sujeitas a más interpretações. Para dar um exemplo, a fotografia de uma mulher urinando na rua publicada no Street View foi muito célebre e comentada nos círculos da Internet. É evidente que hoje em dia fazer isso não tem muita lógica, e que se você faz isso corre o risco de ser visto. Mas esse risco é muito diferente que o de ser imortalizado e ter a imagem reproduzida, para deleite de vizinhos e conhecidos, no site mais importante do mundo.

Vou dar outro exemplo. Um carro que circula por uma área frequentada por prostitutas pode estar de passagem e ser fotografado. Esteja ou não de passagem, gera-se uma situação desagradável que poderia ter consequências sociais, até familiares, graves. Evidentemente, você pode pensar, e não estar isento de toda lógica, que se não quer que ninguém o veja fazendo algo inapropriado, então não faça nada inapropriado! Disso não resta a menor dúvida. Mas, mesmo fazendo, na maioria dos países europeus você tem direito a sua privacidade. Não seria legal que um terceiro pegasse essas imagens e as distribuísse como bem entendesse. Na verdade, nem as autoridades podem fazer isso tão abertamente.

Se puxarmos pela memória, todos já devemos nos ter visto em plena rua em uma situação na qual não gostaríamos de ser retratados para a posteridade. Pois bem, azar. Alguns foram sorteados, porque coincidentemente passava por ali o carro do Google. Faz algum tempo, quando havia acabado de construir minha casa em um condomínio na periferia de Madri, decidi instalar câmeras de segurança equipadas com gravação e visão noturna em vários pontos estratégicos. Apesar de se tratar de um condomínio de acesso restrito, achei que era uma medida acertada e que, apesar de esperar não ter que jamais utilizar essas gravações, fazia sentido controlar o acesso à minha casa. A questão é que há uns dois anos recebi a visita de um amigo eletricista que estacionou seu carro na porta de casa. Ele ia fazer vários consertos e instalações. Quando terminou, já indo embora, ele me chamou, alarmado. Saí, e ele me mostrou seu carro riscado de cima a baixo. Quando digo "riscado" não me refiro a uma pequena encostadinha. Nem sequer me refiro a alguém que houvesse tido a simpática ideia de arranhar o carro. Quero dizer que haviam pegado uma pedra do chão e o haviam riscado de cima a baixo e de cabo a rabo. Definitivamente, o veículo estava destruído. Eu não podia acreditar e tive um desgosto terrível. Meu amigo teria de pintar o carro inteiro pela palhaçada de um vândalo na porta de minha casa. Como mencionei antes, o controle de segurança do condomínio é que autoriza todos os acessos. Em outras palavras, o responsável era um vizinho ou alguém com acesso a uma casa próxima, o que, longe de me tranquilizar, inquietava-me ainda mais. No entanto, além de vândalo, o indivíduo era imbecil. Havia feito aquilo no meio de duas câmeras claramente visíveis a quatro metros de altura que gravavam qualquer movimento na entrada, e isso não parecia exatamente uma ideia brilhante. Representa uma prova evidente de que até para ser um canalha é preciso ser um pouco esperto.

Liguei para a empresa de segurança e nessa mesma tarde alguém foi checar as gravações. Uma hora depois, enquanto viam as fitas em busca do momento crítico, saí à rua e fiquei estupefato ao ver igualmente destruído o Audi vermelho novinho do responsável pela empresa, que, dentro de minha casa e alheio a tudo, continuava analisando as gravações. Eu não podia acreditar! Nesse exato instante havíamos encontrado a gravação e descobrimos que um vizinho de 15 anos – pobre anjinho – não achou nada mais divertido para fazer nesse dia e resolveu pegar uma pedra do chão e destruir com ela os carros que estavam estacionados do lado de fora da minha casa, com a enorme audácia que ficava registrada nas gravações. Diante das evidências, a mãe, envergonhada, se comprometeu a pagar pelo conserto dos estragos dos dois veículos. No entanto, em um dado momento, após ver as imagens, hesitou um instante e disse: "Você está gravando de sua casa, certo, mas pega um metro da rua com as câmeras. Tem certeza de que isso é legal? Eu acho que essas gravações são ilegais, e talvez eu é que deva denunciá-lo por gravar um menor de idade em via pública". Francamente, temos umas leis às vezes tão surreais que me semeou dúvidas.

Lembro que dei uma enrolada. Ela não teve outra solução senão pagar pelo conserto dos estragos dos veículos e encerrar o caso antes que as gravações, legais ou não, fossem parar nas mãos da polícia. Mas a verdade é que a mãe do anjinho fez que eu questionasse se meu sistema de segurança, além de eficaz, era legal. Fiz uma consulta e descobri com surpresa que a mãe do demoníaco garoto não estava errada. E mesmo de minha propriedade eu não podia gravar nem armazenar imagens sem avisar com uma placa visível na rua onde constassem meus dados pessoais. E, além de tudo, tinha de registrar as câmeras na Agência Espanhola de Proteção de Dados, o que fiz imediatamente.

O episódio deixava claro como e até que ponto se protege a privacidade na Europa, e em que situação o Google pode estar incorrendo ao fotografar tudo sem autorização das pessoas que aparecem nas imagens, às vezes em situações tão inverossímeis, mas reais, como as mencionadas no início deste capítulo. É preciso advertir que se está gravando, e deve haver um claro responsável com um endereço onde se possa solicitar a eliminação dessas imagens. Não acho que dotar os carros do Street View com um alto-falante e uma gravação recorrente que emita por megafonia uma mensagem parecida com "estamos gravando você para o Google, por favor, sorria ou diga *xis*!" outorgue ao serviço os altos padrões de privacidade que vigoram em muitos países da Europa. Mas nada disso importa, porque nem sequer tentaram.

O Street View foi submetido a uma investigação e, algumas vezes, foi obrigado a modificar ou até a eliminar o serviço. Um dos motivos foi a violação de intimidade sofrida por alguns particulares. Boa prova disso foi quando no Brasil os carros percorreram bairros no Rio de Janeiro e captaram imagens de corpos mortos expostos na rua. As imagens, publicadas na Internet, foram retiradas após uma avalanche de queixas por parte dos usuários. A companhia pediu a colaboração do público para retirar as imagens inadequadas que pudessem aparecer na rede. Como você pode observar, o Google não estabeleceu seus próprios sistemas de controle. Uma vez mais, pediram aos internautas que o fizessem, evitando, assim, qualquer responsabilidade que derivasse de seus atos e buscando apoios anônimos, que, no fim das contas, são mais baratos.

A Alemanha é um dos países onde, independentemente da legislação, os cidadãos são mais zelosos de sua privacidade. Em uma pesquisa publicada no jornal *Bild Am Sonntag* em 2010, 52% dos pesquisados afirmavam que exigiriam a retirada da fotografia de sua casa desse serviço do Google. De fato, os tribunais alemães determinaram que qualquer cidadão contava com o direito de exigir que seu carro ou sua casa fosse retirado do sistema. Muitos alemães exerceram esse direito. As autoridades receberam exatamente 244.237 pedidos, o que representa 2,9% dos aproximadamente 8,5 milhões de lares que há nas 20 cidades que foram fotografadas. Dessa maneira, os alemães ganharam a batalha contra a companhia, que após constantes dores de cabeça, questionada por sua intromissão na privacidade, decidiu parar de fotografar as ruas alemãs e se limitou a colher informação para melhorar seus mapas.

Afora essa interrupção compulsória de atividades na Alemanha, o serviço teve muitas dificuldades em países como Canadá – onde os veículos com câmeras foram apreendidos em 2009 até se chegar a um acordo com o governo que conciliasse as exigências de privacidade com as intenções do Google; na Austrália – onde o serviço ficou suspenso por conta de uma investigação até maio de 2011; na Grécia – onde foi proibido em 2009, até que as autoridades locais recebessem garantias de privacidade; e na Índia – onde, em junho de 2011, puseram fim à atividade após receberem em Mountain View uma carta de preocupação por parte do governo indiano. Na Suíça, centenas de pessoas, empresas e inúmeras administrações públicas protestaram perante o encarregado federal de proteção de dados Hanspeter Thür. Por esse motivo, Thür exigiu a retirada imediata do serviço da Internet, alegando que "não respeita as normas de proteção da vida privada negociadas antes de sua estreia".

No entanto, a companhia afirmava ter recebido "muito poucas" queixas de internautas pedindo que seu rosto fosse distorcido. "Imaginem se uma pessoa pudesse ser reconhecida em um bairro quente – conflituoso ou de prostituição – ou na frente de um hospital psiquiátrico. Nesse caso, haveria claramente uma violação da vida privada", disse o segundo responsável federal pela proteção de dados, Jean-Philippe Walter. Uma vez mais, o Google punha no mercado um produto que podia prejudicar algum direito fundamental. Para que isso não ocorresse, o prejudicado é que deveria reagir, identificar-se, queixar-se, denunciar ou espernear. Atualmente, é possível solicitar a retirada de uma imagem do Street View em condições específicas, mas isso não é tão simples como pode parecer. Pior ainda, a queixa não garante a retirada final da imagem.

Neste livro, mencionei várias vezes o ex-CEO do império, Eric Schmidt. Não me dói afirmar reiteradamente que, para mim, ele é o verdadeiro gênio à sombra. Também destaquei, ao me referir a ele, que as relações públicas e a comunicação, às vezes, aprontam com ele. Tudo isso faz com que eu admire, ainda mais, o personagem, e não porque é membro do poderosíssimo Clube de Bilderberg, mas porque fala de maneira clara. Não sei se por soberba ou por nervosismo, quando se enche diz o que pensa de verdade, fazendo tremer os muros meticulosamente construídos pelo departamento de comunicação da empresa, que, salvo essas poucas exceções, costuma manipular com extremo acerto a imagem que envolve a companhia.

Em um programa da rede CNN, o próprio Schmidt, visivelmente farto das perguntas sobre a privacidade e o Street View, definiu a melhor solução possível para o problema. De forma categórica, com um maligno sorriso na boca, disse: "Se você não gosta que o Street View tire uma foto de sua casa, mude-se!". Reconheço que li a manchete em inúmeras ocasiões e gargalhei imaginando o suor frio da equipe de relações públicas do Google no dia seguinte enquanto tentavam apagar o incêndio. Diversos meios de comunicação abriram suas edições em papel com essas declarações. Insisto, eu acho divertido e muito ilustrativo do que possivelmente pensam da porta para dentro. Parecem-me declarações até diplomáticas. Eu os imagino em uma sala da Googlelândia pensando literalmente: "Se não gostam que sua casa saia no Street View, que se danem!".

A questão é que a esperada atividade reparadora começou no dia seguinte. O Google entrou em contato com os veículos que haviam reproduzido as declarações para dizer que "se tratava de uma brincadeira", e que assim deviam ser entendidas. De fato, Shane Richmond explicava no jornal *The Telegraph*, em sua coluna, que havia sido contatado no dia seguinte pela equipe de relações públicas do Google para explicar que se tratava "de uma brincadeira, e que as pessoas preocupadas com sua privacidade por conta do serviço Google Street View podiam solicitar que seu lar fosse eliminado". Ao mesmo tempo, pediam-lhe que esclarecesse isso a seus leitores. Nas mensagens que o Google lançava na mídia tentando apagar o fogo incluía-se uma nota do próprio Schmidt que explicava que essas declarações haviam sido feitas durante uma entrevista muito longa que havia girado em torno de temas de privacidade, e que ele havia claramente se equivocado. "Se você está preocupado com o Street View e quer que sua casa seja eliminada, por favor, entre em contato com o Google." Esse Schmidt é um sujeito genial e divertido, não acha?

Se você acha que esse serviço não poderia ter mais conflitos e problemas, está enganado. O mais cabeludo ainda estava por vir. A empresa dos nossos simpáticos Page e Brin não só tirou fotografias por todo o mundo, como também cometeu o que, segundo eles, foi um "erro" que representava um enorme escândalo, uma mudança em sua relação com quase todos os países. O Google perdeu de uma vez a pouca inocência que lhe restava e anunciou, no início de 2010, que havia compilado, "de modo acidental", dados pessoais – alguns analistas afirmaram que havia e-mails e senhas – por intermédio das redes Wi-Fi que seus carros haviam acessado enquanto fotografavam as ruas de meio mundo. No entanto, segundo palavras dos responsáveis do Google, "os únicos dados de usuários que foram compilados foram os das redes Wi-Fi abertas, ou seja, os que não tinham senha". Só o que faltava é que houvesse *hackeado* nossa rede e nossa senha! "Além disso – prosseguia o pessoal do Google –, nós mesmos reconhecemos nosso próprio erro. Estamos colaborando com as administrações e lhes fornecendo toda a informação necessária para esclarecer tudo." Ou seja, o Google havia acessado as linhas abertas e armazenado a informação pessoal de centenas de milhares, talvez de milhões, de usuários. Isso foi um erro? Quem programou e preparou os carros para cometer esse "erro"? Foi enforcado ao amanhecer, como mandam os cânones?

Esse escândalo deixou quase toda a Europa em pé de guerra. Foi considerado a gota d'água. Era possível terem compilado informação de terceiros em cada rua, cada cidade, cada aldeia da Europa "por engano"? As autoridades responsáveis pela proteção da privacidade têm muito a dizer ainda.

Em 2011, o Google foi sancionado na França por violar as leis de privacidade francesas. A Commission Nationale de l'Informatique et des Libertés (CNIL), organismo regulador da proteção de dados no país, multou-o em 100 mil euros. Segundo a CNIL, os dados obtidos ilegalmente incluíam "senhas e detalhes de operações bancárias *on-line*", bem como "receitas médicas, mensagens comprometedoras entre amantes adúlteros e inúmeras conexões a sites de encontros e pornografia". A CNIL apontou que o Google havia se comprometido a apagar todos os dados privados, mas que o organismo descobriu "que o Google não deixou de se servir dos dados de identificação dos pontos de acesso Wi-Fi das pessoas sem seu conhecimento".

Além de tudo, a pedido da autoridade de proteção de dados da Irlanda, o Google afirmou ter suprimido, em maio de 2010, os dados privados que haviam sido recolhidos nesse país.

Após o aviso do Google sobre o "erro" cometido com a compilação de dados, as autoridades italianas impuseram que se bloqueasse qualquer tipo de utilização dos dados recolhidos via Wi-Fi armazenados pelos carros. O regulador de privacidade italiano vai verificar se puderam fazer mau uso deles.

A Espanha tem uma das legislações de proteção de dados mais rigorosas do mundo. Evidentemente, lá também dispararam os alarmes. Durante anos, critiquei em vários artigos da imprensa escrita a algumas vezes excessiva proteção da privacidade da Espanha. Muitos negócios que funcionam sem problemas, como as redes sociais internacionais, não poderiam ter sido criados no país por violar a Lei Orgânica de Proteção de Dados. De fato, essa lei, conhecida como LOPD, é tão dura em suas sanções e tão restritiva que muitas empresas a estão violando todos os dias sem saber. Inúmeros projetos empresariais não são realizados por medo das exageradas implicações na privacidade. Isso é especialmente cruel no caso de empresas de Internet, situação em que agentes locais – por exemplo, a Tuenti – têm de cumprir uma legislação muito mais exigente que a de seus concorrentes internacionais, como o Facebook em seu desembarque europeu. Essas empresas estrangeiras, que agora procuram se adaptar à nova situação, andaram burlando a legislação espanhola durante esses anos, criando uma posição de indefensabilidade e de concorrência desleal.

Naquela época publiquei um artigo no jornal *Diario de Navarra* sob o título "proteção de dados, café para todos". Nele, eu argumentava sobre a necessidade de uma lei de proteção de dados menos restritiva, e que era preciso obrigar as empresas de outros países a jogar com as mesmas regras que as empresas espanholas. No artigo, eu citava expressamente o caso do Street View e a captação de dados pessoais nas redes

Wi-Fi da Espanha como epítome da violação da privacidade. É tamanha a preocupação que, às 9h30 da manhã do dia da publicação, eu ainda não havia chegado ao escritório e o pessoal do Google já havia me ligado para me "explicar seu ponto de vista".

Independentemente do escândalo do roubo de informação, o serviço, em si mesmo, continuava me gerando dúvidas. Por isso, pedi um relatório a meu bom amigo José Antonio Salaverri, advogado e sócio fundador do Grupo Integritas, acostumado a trabalhar com assuntos de propriedade intelectual e privacidade. Apresento um resumo de suas conclusões.

> Em muitas ocasiões, o que o Google faz com seus produtos Earth, Maps ou Street View pode representar uma violação ao direito à intimidade que, nas hipóteses mais benévolas, pode originar perdas e danos. Há que recordar que até para interceptar ligações ou entrar na casa de um suposto delinquente é necessária a autorização de um juiz, que será responsável por tal ação. Senão, a atuação é ilegal. O Google pode ocasionalmente entrar em nossa casa ou fotografar cenas de nossa vida e mostrá-las ao mundo sem pudor algum, e inclusive criar empecilhos para eliminar as imagens se alguém se considerar prejudicado e solicitar sua eliminação. Vamos fazer um teste: Você acha que o Google pode estar violando a intimidade de outro utilizando artifícios técnicos de transmissão, gravação ou reprodução da imagem? Se sua resposta for sim, saiba que esse texto é parte da descrição do delito contra a intimidade estabelecido no artigo 197.1 do Código Penal espanhol, e que os causadores "serão castigados com penas de prisão de um a quatro anos e multas de 12 a 24 meses".[35] Não vamos cair na armadilha de

35. Se estiver interessado no relatório completo, está disponível no site www.desnudandoagoogle.com.

> justificar uma ação ilegal apenas porque é socialmente aceita [...] Agora, pense nos milhares, talvez milhões de pessoas que podem ter passado por isso [...]

Na Espanha, o diretor da Agência Espanhola de Proteção de Dados, Artemi Rallo, foi o primeiro a ordenar uma investigação para determinar se o serviço, que estava ativo no país desde 2008, havia violado a lei espanhola de proteção de dados. A agência exigiu que o Google bloqueasse os dados de tráfego obtidos ilegalmente em redes Wi-Fi. Além disso, solicitou um relatório detalhado sobre que tipo de dados havia capturado e qual era sua finalidade. Desse modo, tiveram vários enfrentamentos, sendo acusados de cometer cinco infrações graves contra a legislação. Se confirmados, em sua sanção máxima chegariam a 2,4 milhões de euros de multa. Esses números representariam, de fato, a quebra de quase qualquer empresa espanhola. Como você sabe, para o Google isso não é mais que um simples trocado.

A Comissão Europeia interveio no assunto. Enviou uma carta ao Google recomendando que avisassem com antecedência os moradores que fossem retratados por suas câmeras. Também exigiram que guardassem as fotos originais – aquelas em que não distorceram o rosto dos transeuntes – por apenas seis meses, e não 12, como vêm fazendo. Pediu-lhes que evitassem fazer imagens "sensíveis e que contenham detalhes íntimos". A empresa afirmou que publica em sua página, como norma, a informação de que a área vai ser fotografada. Isso é simplesmente genial! Eles não têm por que lhe avisar que na semana que vem vai passar fotografando sua rua. Isso é problema SEU, e VOCÊ é quem deve se preocupar em verificar a agenda de seus percursos. Já vimos no caso do YouTube essa mania de evitar responsabilidades e atribuir aos outros o ônus que delas derivam. Agora está acontecendo a mesma coisa. Se você não quer aparecer no Street View, consulte todos os dias o trajeto dos carros. É problema seu!

Que papelão enfrenta todo dia o advogado e chefe do gabinete de privacidade do Google, Peter Fleischer! Espero que esse homem esteja sendo muito bem pago, visto que tem de defender o indefensável. Em um comunicado à Agência Bloomberg, chegou a afirmar que "guardar as imagens originais é legítimo e está justificado para garantir a qualidade e a confiabilidade dos mapas, e para retificar os erros que ocorram no processo de pixelização".

Eu mesmo quis ver até que ponto era simples eliminar uma imagem da base de dados do Google. Para isso, decidi solicitar que eliminassem a foto de satélite de minha casa do Google Earth. Por que eliminar uma nítida imagem aérea de sua casa? Em primeiro lugar, pode haver motivos de privacidade. Em meu caso, não estou a fim de que qualquer pessoa possa ver o tamanho de minha casa, meu terreno, se tenho piscina ou não, a distribuição dos espaços e as construções de que disponho, ou simplesmente o tamanho delas. Em segundo lugar, por segurança. As fotos, que foram melhorando de qualidade nos últimos anos, mostram de maneira nítida os acessos de minha moradia, e podem ser utilizadas pelos "amigos da onça" para determinar, em caso de roubo, de que lado se entra mais rápido ou se tem melhor acesso. Pois bem, fiquei sabendo que, se você tem um problema com uma imagem e quer reportá-lo, tem de entrar nela e usar uma ferramenta criada para isso clicando com o botão direito do mouse. Eu tentei, mas a opção – possivelmente por se tratar de uma foto de satélite – estava desabilitada e não me permitia usá-la. De modo que insisti e tentei fazer desaparecer aquela foto que expunha parte de minha intimidade, mas devo reconhecer que também sentia curiosidade de ver o que ia acontecer. Liguei várias vezes para os escritórios do Google. Engoli as gravações em inglês e espanhol incontáveis vezes até que consegui falar com alguém. A pessoa que me atendeu me encaminhou a um departamento de suporte na Internet. Armei-me de paciência, entrei e fucei durante horas procurando a opção, e encontrei a mesma coisa. Nada a fazer. Acabei em uns fóruns de suporte dos serviços Google Maps, Google Earth e Street View, onde supliquei ajuda aos responsáveis por eles, pois ali davam respostas aos usuários que apresentavam suas dúvidas. Então, abri uma consulta sob o título “Informação para eliminar foto de satélite de meu domicílio”. Semanas depois, ainda estou esperando que os responsáveis, muito ativos com outras perguntas, se dignem a responder. Conclusão: eliminar ou pixelizar uma imagem pode não ser tão simples. Se você perder a paciência, muito possivelmente vai ter de solicitar por via judicial, com os respectivos gastos que isso implicaria.

6

As empresas *cool* não pagam impostos

Se você era um leal e incondicional *Googlefan*, é possível que o que esteja lendo sobre determinadas atividades do Google lhe deixe um sabor agridoce na boca. É a mesma coisa que sinto depois de comprovar, durante muitos anos, como agem, depois de tê-los em minha mais alta estima. O que realmente me decepciona é ver que não são mais que outra voraz multinacional. Não são tão especiais como chegamos a acreditar em certo momento. E isso, quando me rendi à evidência, decepcionou-me bastante.

Por conta do meu trabalho, participei de muitos almoços e jantares com empresários e profissionais do setor de Internet, que, só depois de ter certeza de que suas opiniões não iam ser divulgadas, decidiram se posicionar e opinar abertamente sobre o Google. O poder econômico e até político da companhia é tão grande que existe, não direi medo, mas sim certo respeito a opinar e dizer em público algumas das coisas que estão declaradas neste livro. De fato, é possível que teria sido mais sensato silenciar algumas opiniões que você está lendo, ser mais discreto e mantê-las restritas a essas conversas informais. Você pode achar que estou exagerando, mas garanto que não. Vou lhe dar dois exemplos. O primeiro está em suas mãos. Muitos profissionais, analistas e empresários do setor receberam sempre a mesma mensagem de minha parte: "Acho interessante sua opinião. Pretendo escrever um livro sobre o Google e gostaria de contar com seu ponto de vista e seu testemunho". As respostas sempre eram entusiastas: "Mas claro!", "Um livro assim é necessário!", ou "Conte comigo!", dizia a maioria.

Durante os meses de redação desta obra, mandei a alguns deles um questionário por e-mail. Uns responderam com extraordinária mornidão, diferentemente das opiniões que expressavam em conversas privadas. Outros, no entanto, foram mais claros e sinceros, e lhes agradeço. Pelo bem de todos, diziam que se arrependiam, e até me pediam que narrasse suas opiniões "sem os identificar, para não prejudicar sua empresa ou futuros projetos". Não sei se tinham motivos reais para se preocupar ou para esconder uma postura crítica em relação ao Google. Para meu próprio bem, espero que não! Mas pressinto que meses depois da publicação deste livro vou ter uma opinião muito mais formada a respeito.

O segundo exemplo nos leva ao ano de 2009. Eu havia sido convidado a um café da manhã com um grupo de jornalistas. Em dado momento, um deles, com quem mantenho um bom relacionamento, pediu-me que lhe desse uma ideia sobre um assunto de tecnologia para uma próxima matéria. Eu sugeri que investigasse o que o Google faz na Espanha: que valor cria para o país e para os demais países da Europa onde se estabeleceu. Pedi a ele que olhasse além do óbvio, de seus fantásticos produtos e serviços, e que se informasse e mergulhasse fundo no assunto. Lembro que lhe expliquei brevemente a estrutura fiscal deles, seus investimentos e como operam em determinados países fora dos Estados Unidos. Ele ficou fascinado e prometeu estudar para uma matéria profunda.

Essa matéria jamais foi publicada. Não foi preciso que lhe perguntasse. Ele mesmo me explicou, dias depois, que seu chefe lhe havia dito que não autorizaria essa matéria de jeito nenhum, que seu grupo editorial tinha interesses suficientes na Internet, de maneira que isso poderia representar um problema. Não se morde a mão que alimenta!

A autocensura sem motivo aparente é algo muito espanhol. Pelo menos, até hoje, o Google tem a virtude de permitir a crítica, e talvez seja porque entende que faz parte do jogo. Na realidade, escorre por ele como chuva sobre uma enorme capa. Com um sorriso na boca, limita-se a dizer *no comments*, e assunto encerrado. A crítica não lhe faz nem cócegas. Goza do amor incondicional de milhões de pessoas que não querem ver além do superficial. Não conheço nenhum caso em que o Google tenha feito represálias com seu buscador, ou com seus sistemas de publicidade, contra pessoas ou organizações por conta de suas opiniões sobre a companhia. É justo ressaltar. Também é igualmente justo dizer que não deve se ver nessa situação com frequência. A maioria das pessoas, quando está diante de um *Tyrannosaurus rex*, corre para proteger sua vida em vez de ficar ali e atirar a primeira pedra. São poucos os suicidas, na verdade.

O Google opera fora dos Estados Unidos com uma estrutura fiscal própria de uma barraca de limonada: faturam mais de 90% de suas receitas para paraísos fiscais. Mas não importa. É a empresa da ética, dos simpáticos e brilhantes garotos inovadores, os mesmos que fizeram uma bandeira com o lema "não faça o mal" da porta para fora. Em dado momento, viram que esse negócio de não fazer o mal era pouco prático, pelo menos em termos financeiros e econômicos. De fato, viram que era muito caro.

Enquanto isso, imersos em uma cruel crise econômica mundial, os líderes políticos do mundo se comprometem a injetar ética no capitalismo e a acabar, entre outras coisas, com os paraísos fiscais. Não devemos ser hipócritas. Os paraísos fiscais existem e sempre existiram. Nossos líderes políticos podem nos contar a história que quiserem, mas vão continuar existindo. Vamos fazer um exercício típico de alquimistas. Escolha ao acaso o nome de qualquer banco espanhol, o que quiser. Com certeza, essa entidade tem dezenas de empresas em paraísos fiscais, e isso não parece preocupar ninguém. As autoridades toleram essas práticas; coisa diferente seria se esse banco – vamos usar como exemplo os grandes: Santander e BBVA – se servisse de estratégias de engenharia financeira para expatriar todas as suas receitas para lugares exóticos como a ilha de Man, as Bermudas ou as ilhas Cayman. Não seria tolerável, seria um escândalo. Bem, pois isso é o que faz o Google na maioria dos mercados onde opera, e, evidentemente, não é isso que fazem nos Estados Unidos. Lá, não se atreveriam.

O que o Google faz é ilegal? Provavelmente, não. Utilizam todas as brechas legais possíveis para não pagar o que deveriam nos países onde operam. É moralmente reprovável? Disso não há a menor dúvida. Utilizar subterfúgios legais para burlar o Fisco dos países onde você gera enormes quantidades de negócio, prejudicando os cidadãos que você tanto diz defender, e fazer que uma porcentagem do dinheiro gerado não reverta para o país, e sim para sua conta bancária em um paraíso fiscal, a mim parece moralmente reprovável.

Como acontece isso? O autor, que parece ter certa mania de perseguição em relação ao Google, não estaria exagerando essa situação? Acontece que não! Vamos analisar o que fazem, o que supera em muito os limites do escândalo.

Na sede de Mountain View, o que acontece fora dos Estados Unidos é considerado, de certo modo, como "segunda divisão". Já vimos que o respeito da companhia à legislação de cada país é relativo. Em alguns países levam isso a sério, justamente nos mesmos países onde tiveram inúmeros conflitos.

O Google tem sua matriz nos Estados Unidos e uma filial na Europa. A partir desta, opera e centraliza as demais sedes europeias e em vários países da Ásia e da África. A filial fica na Irlanda, país que oferece certas vantagens para a companhia. A primeira é estar na Europa e poder operar em euros. A segunda, o idioma e o nível formativo do país. Evidentemente, não são razões de peso suficiente para estabelecer ali uma base de operações em escala mundial. Há outras razões, como a baixíssima tributação exigida de empresas multinacionais que se estabelecem na Irlanda, que só pagam anualmente um imposto de sociedades de 12,5%, muito diferente da carga tributária que existe nos demais países da Europa, que oscila entre 20% e 30% dos lucros.

Desde os anos 1950, a Irlanda baseia nisso seu modelo de crescimento: atrair grandes empresas, principalmente norte-americanas, que se estabelecem na Europa com baixos impostos. Esse país não é um paraíso fiscal em si, e sim uma região dentro da Europa com uma baixa fiscalidade e, como veremos, com uma legislação muito permissiva com a barraquinha de limonada que o Google montou.

Durante décadas, a Irlanda viveu dos subsídios agrícolas e dos Fundos de Coesão Europeus, que chegavam a representar 4% do PIB do país. Desse modo, podia manter crescimentos sustentados de 4% mesmo com sua baixa fiscalidade. Assim, durante o período 2000-2007, era atraente trabalhar no país. As empresas ali instaladas podiam se permitir pagar altos salários a seus diretores. Seduzidas pelas vantagens fiscais, estabeleciam-se grandes corporações como a Johnson

& Johnson, a Diageo, o Citibank ou, mais agressivo, o Google. Quando, em novembro de 2010, o sistema financeiro irlandês entrou em colapso, em meio à crise econômica global, e o país reconheceu que precisava ser resgatado por seus sócios europeus, vários presidentes europeus, especialmente Angela Merkel e Nicholas Sarkozy, tentaram obrigar a capital Dublin a mudar essas bases financeiras, que além de tudo haviam contribuído para levá-los a uma situação delicada. Em outras palavras, prejudicavam os demais países europeus com uma concorrência desleal. Isso deve ter sido aparentemente impossível, e em dezembro de 2010 foi aprovada, sem essas modificações, uma ajuda em dinheiro e créditos, dos 27 países da União, de mais de 45 bilhões de euros a título de salva-vidas para as finanças públicas irlandesas.

Pois bem, o Google estabeleceu em Dublin sua principal sede de operações, independente das filiais nacionais. Estima-se que tenha pouco mais de 2 mil funcionários na Irlanda. O que faz é encaminhar quase todo o faturamento de grandes mercados como Reino Unido, França, Alemanha, Itália ou Espanha para sua filial irlandesa. Mas o objetivo não é esse. O Google não se conforma em ser tributado em 12,5% na Irlanda. Isso continuaria sendo caro! Espreme um pouquinho mais: o objetivo é não pagar. Ponto. Desse modo, o dinheiro que entra na filial irlandesa é mandado quase automaticamente para outra empresa do Google nos Países Baixos, que não tem funcionários e faz as vezes de *boutique* financeira, aproveitando uma lei irlandesa que exime alguns pagamentos de direitos em outros países da União Europeia. Na Irlanda, longe dos 12,5% de tipo impositivo, o Google paga apenas por 1% de suas receitas em toda a União Europeia. Dos Países Baixos, o dinheiro vai imediatamente para contas que a própria companhia controla nas Bermudas, um paraíso fiscal livre de tributação.

Essas técnicas tributárias, descobertas após uma investigação da Agência Bloomberg, são conhecidas como *Double Irish* e *Dutch Sandwich*. Assim, conseguem fazer com que a companhia praticamente não pague impostos. De fato, eles mesmos reconhecem que a taxa impositiva global, fora dos Estados Unidos, é de 2,4%, a mais baixa de todas as grandes companhias tecnológicas norte-americanas. Com essas manobras, que beiram a ilegalidade, a empresa evita pagar 98% dos impostos que deveria recolher em países europeus e asiáticos.

Em outras palavras, e em números redondos: em 2010, estimava-se que haviam deixado de pagar 3,1 milhões de dólares em impostos em países europeus de 2007 a 2009. Isso até fica contabilizado pomposamente nas contas do Google como "diferença na taxa de estrangeiro". Pois sim, amigos. Assim opera a companhia, que desvia praticamente todas as suas receitas na Europa para sua empresa Google Ireland Holdings, com sede nas Bermudas, onde, além de aproveitar o bom clima, não pagam impostos. Estamos falando de uma escandalosa quantia de dinheiro.

Os fundadores do Google e seus altos diretores – muitos dos quais usariam um jatinho particular até para ir ao dentista –, que enchem a boca para dar lições de moral ao mundo e se vangloriam de ganhar dinheiro de forma ética, agem assim. Pisam à vontade na lei fiscal de países estrangeiros e, em consequência, nos contribuintes, em seus amados usuários, ou seja, em você e em mim, as iscas.

Irrisória assim é a situação em alguns países. Vou dar dois exemplos: em 2009, o Google pagou no Reino Unido 672 mil euros de impostos. Não parece muito, não é? Efetivamente, não é, acima de tudo tendo em conta que as receitas estimadas da companhia nesse país – que tem um imposto de sociedades de 28% – foram, durante esse período, de 1,4 bilhão de euros. Portanto, a quantia que deveriam ter recolhido rondaria os 392 milhões de euros.

Não é de estranhar que o porta-voz de assuntos fiscais do Partido Liberal Democrata, Vincent Cable, declare indignado que "eles têm funcionários britânicos, utilizam nossos serviços, redes e infraestrutura, ganham bilhões diretamente da atividade de nossas empresas, e vão pagar impostos em outro lugar". Além disso, lançava um aviso aos cidadãos: "Quanto mais impostos são desviados por empresas como o Google, mais carga fiscal deve suportar o resto do público". O que Vincent Cable possivelmente não sabia então era que esse dinheiro não acaba sendo totalmente recolhido na Irlanda, mas que voa de primeira classe para as Bermudas. No velho continente só deixam uma quantia simbólica – e ridícula – de fundos.

A resposta do Google a essas acusações não mostra, como é habitual, qualquer sombra de arrependimento. A companhia declara: "Criamos emprego e fazemos uma substancial contribuição ao Fisco local e nacional. Geramos emprego em toda a Europa". Ora, o de sempre. Não estão nem aí!

Isso traz a minha mente uma frase de Eric Schmidt, que já mencionei no capítulo sobre trabalhar no Google. Dizia Eric, referindo-se aos engenheiros e talentos captados: "Eles vieram para o Google não para fazer dinheiro, mas para mudar o mundo". Claro! Para fazer dinheiro sem pagar impostos e guardá-lo em paraísos fiscais já bastam vocês! Pelo menos, divida um pouco dos seus lucros!

O caso espanhol é igualmente grave, e atinge a todos os habitantes do país. Acho que foi em 2009 que me pediram para dar uma palestra sobre o setor dos conteúdos digitais na sede do Partido Socialista Obrero Espanhol (PSOE), na rua Ferraz, em Madri. A palestra, a portas fechadas, fora organizada para que os deputados, senadores e membros do partido tivessem uma imagem mais real do setor digital na Espanha. Aceitei com certa curiosidade, e lembro que sob o formato de mesa-redonda participaram, entre outros, responsáveis pelo Google na Espanha.

Fiquei seduzido pela possibilidade de expor como as empresas espanholas competem em desigualdade de condições com as grandes empresas norte-americanas, que chegam à Espanha geralmente com enormes investimentos por trás e burlando certas leis sem problemas. E ainda algumas outras, fazendo o que bem querem, colaboram só o minimamente necessário com as autoridades – às vezes, nem isso –, e às vezes, como as anteriormente citadas, evitam com artimanhas que o dinheiro que geram aqui seja revertido no interesse geral. Queria mostrar esse ponto de vista com a esperança de que uma pulguinha se instalasse atrás da orelha dos deputados, senadores e altos cargos do PSOE, e que retransmitissem isso internamente a outras sedes do partido espalhadas por todo o país. Além disso, fazê-lo diante do responsável pelo Google tinha certo encanto. O fato é que falei, e recordo que se criou certo alvoroço. Infelizmente, não tive a satisfação de ver a cara do representante do Google enquanto explicava suas práticas, ou seja, as que sua empresa matriz realizava na Espanha. Assim que terminei de falar – fui o primeiro –, com uma atitude soberba ele pegou suas coisas e saiu, sem esperar nem escutar os outros. No fim da exposição formou-se uma rodinha ao meu redor e alguns presentes me pediam mais dados, intrigados e surpresos com a situação que eu havia exposto. Diante da gravidade do relato, até duvidavam de que as coisas fossem do modo como eu estava explicando, e concordavam comigo que representava um enorme agravo comparativo para as empresas espanholas.

Apenas um deles, um alto cargo do Ministério da Indústria, me rebateu, e talvez com certa razão, da seguinte forma: "Você tem razão, mas embora o sistema não seja perfeito, e evidentemente devamos fazê-lo mais justo e forçar esses gigantes a cumprir nossa legislação, não acha que é melhor que tenham presença na Espanha, mesmo que desse jeito?". Evidentemente, esse é outro ponto de vista, mas creio que não devemos pagar sua presença de forma escandalosa nem suportar mais injustiças.

Não se sabe com exatidão qual é o faturamento do Google na Espanha. De fato, se nos restringirmos às contas de 2009 de sua filial, o Google Spain SLU, segundo o registro mercantil, o volume de negócios foi de 18 milhões de euros, um milhão a mais que no ano anterior, declarando um benefício anual de pouco mais de 49.876 euros. Em conclusão, o Google Spain SLU pagou na Espanha, a título de imposto de sociedades de 2009, a "exorbitante" quantia de 26.419 euros. Evidentemente, é ridículo. Parece evidente que ter uma filial em um mercado estrangeiro para gerar mais de 25 mil euros anuais de benefício depois de impostos, apesar de faturar 18 milhões de euros, não faz nenhum sentido. Mas você, que está lendo, sabe também que a maioria das receitas do Google na Espanha é desviada para a Irlanda. Ninguém sabe exatamente de que quantidade se trata, dado que o Google se nega a fornecer qualquer tipo de dado. Algumas informações não são de interesse geral, especialmente as da própria empresa! O mais habitual nesses casos é fazer uso das estimativas de mercado da International Advertising Bureau (IAB). As grandes agências e os anunciantes do setor fornecem dados de investimento publicitário nessa associação. Dessa maneira, com a colaboração do auditor PriceWaterHouseCoopers, elabora-se todo ano um relatório do mercado publicitário digital na Espanha. Segundo o estudo de investimento publicitário de 2010[36] da IAB, o investimento em publicidade digital na Espanha foi de 798,8 milhões de euros. Dessa quantia, 417,15 milhões, ou seja 52,8%, correspondem a publicidade de texto

36. http://www.iabspain.net/descargas/descarga.php?id=155, em espanhol.

em buscadores – Search –, e o resto a *banners* gráficos. Tendo em conta que o Google tem uma cota de mercado de 97%, podemos estimar que teve pelo menos uma receita de 404,49 milhões de euros em 2009 – ano em que, recordemos, recolheu na Espanha tributos no valor de 49.876 euros. E a coisa não para por aí. O Google tem também receitas de sua filial para telefones celulares e da DoubleClick, e com isso mantém uma cota de mercado da publicidade gráfica, de modo que a quantia seria ainda maior. Sustento a teoria de que as estimativas da IAB ficam muito aquém, visto que se baseiam em grandes anunciantes e agências de mídia, ao passo que o patrimônio do Google se baseia justamente no contrário. Vou dar um exemplo. As grandes companhias aéreas anunciam na Internet, é verdade, e oferecem dados sobre qual foi seu investimento; mas, ao mesmo tempo, existem milhares de pequenas agências de viagens com orçamentos mais modestos que, em conjunto, representam um enorme investimento impossível de contabilizar, e que não é reportado. Dessa maneira, e se estiver certo, não acredito que seja um absurdo pensar que o faturamento do Google na Espanha, tendo em conta esses critérios, rondaria a extraordinária quantia de... 500-550 milhões de euros!

Alguns *Googlefans* comentam que embora as argúcias fiscais da empresa sejam pouco éticas, pelo menos são legais; são poucos, mas fazem bastante barulho. Os que defendem essa tese argumentam que o Google não tem servidores físicos na Espanha, de modo que não tem por que recolher impostos aqui. É uma falácia intelectualmente muito fraca que só pretende justificar o injustificável.

O Google aplica esse tipo de "fiscalidade criativa" com última parada nas Bermudas tanto em países do norte da Europa, onde tem servidores, como em outros, onde não os tem. A Espanha é um desses últimos. Nesse país, o Google tem suporte, vendas e equipamento comercial. Segmenta suas vendas publicitárias para que se dirijam a usuários espanhóis e até selecionam a cidade de destino da publicidade. São as empresas espanholas que contratam essas campanhas, e as pagam no país. Mas o Google emite as notas fiscais da Irlanda, escapando, em uma primeira fase, do fisco espanhol, e posteriormente do europeu.

Não estamos só diante de uma empresa que evita passar pelo caixa e que "sequestra" seus lucros em um paraíso fiscal. Estamos diante de algo muito mais sério. Encontramo-nos em uma situação na qual uma porcentagem muito significativa das receitas publicitárias de Internet na Espanha, que poderia ser de mais de 60-65% se considerarmos os dados expostos anteriormente, está saindo do país e não é revertida aos cidadãos, nem às empresas, nem aos cofres públicos. Por favor, não vá pensar que é um problema de fraude fiscal. Isso é espólio puro e simples.

Em minha opinião, a Receita Federal, tão diligente nesses períodos de crise por conta da queda de arrecadação para reavaliar os impostos de sociedades das pequenas e médias empresas espanholas, de quem durante 2011 chegou a reclamar quantias simbólicas de cerca de 300 euros de declarações do ano de 2007, deveria ser mais eficaz e mostrar mais interesse em resolver esse tipo de situação. De fato, consta-me que se reuniram com dirigentes da companhia nesse sentido. Eles, claro, não pareciam muito dispostos a colaborar.

Isso não é mais que o reflexo do pouco respeito que certas multinacionais do setor tecnológico, especialmente as norte-americanas, sentem pelas leis espanholas quando se estabelecem na Europa. Embora seja verdade que criam emprego – sem ir muito além, o Google gastou cerca de 9 milhões de euros durante 2009 em salários e seguridade social em nosso país –, não é menos verdade que isso sai "muito caro" por conta de tudo que escapa, sem controle e sem tributação, o que faz com que essa seja uma situação grave.

Na Espanha, o Google não fez investimentos significativos. Apenas criou valor, apesar de este ser o país com maior cota de mercado do mundo. Em outros países instalou centros de processamento de dados ou escritórios de desenvolvimento. Na Espanha, conformou-se com uma equipe humana que realiza ações comerciais. Em outras palavras: embora não sejam os únicos departamentos e haja alguns engenheiros, pessoal de comunicação e de representação institucional, o Google Espanha é, em essência, um escritório de vendas cujo objetivo é captar os investimentos que, uma vez canalizados, nos abandonam sigilosamente... Ou seja, a "fachada" é o Google Espanha, que paga algo de impostos – uma quantia ridiculamente simbólica –, que cuidadosamente ajeita seus balanços para repartir um pouco de lucro. Bom, se além de tudo declarassem perdas, a situação já seria kafkiana. O jeito de operar é similar ao de muitas casas de apostas esportivas ou cassinos *on-line*, que durante anos cresceram ao amparo de um inaceitável vazio legal. Normalmente operavam na Espanha com sede fiscal em Malta ou Gibraltar, e com isso evadiam capitais da Fazenda. Nesses casos específicos, o governo se apressou em regular o jogo *on-line* com o argumento de que, como estão operando em território espanhol, devem pelo menos pagar impostos por isso. O mínimo exigível a uma companhia como o Google, por conta de seu tamanho, seu volume e sua importância, é que assuma a legalidade vigente para operar em um país. Nesses acordos, deveria estar tipificada a proibição de se constituir como uma empresa que se aproveita de sua situação de monopólio de mercado para captar enormes receitas, não pagar impostos e, ainda por cima, como vimos ao longo deste livro, dar lições de moral, ética ou bondade universal.

Com o pouco que contribuem para os cofres públicos nesses momentos de crise, e com o que as enormes companhias multinacionais conseguem evadir, como vemos neste caso, o futuro da Espanha parece muito negro. Cedo ou tarde alguém vai ter que cortar as asinhas desse pessoal. E são os cidadãos que devem exigir isso.

O mal se propaga rapidamente. O Facebook, aprendiz do Google, prepara uma estrutura fiscal similar. Apenas se diferenciam no fato de que, após passar o dinheiro de metade da Europa pela Irlanda, este acaba nas ilhas Cayman em vez de nas Bermudas, talvez para não encontrar os diretores do Google no mesmo destino de férias.

Esse não é um problema específico da Europa. Países como a Turquia, a Índia, a China e mais alguns estão – ou estiveram – investigando o Google por fraude fiscal.

De fato, os próprios Estados Unidos são indiretamente afetados, visto que se o dinheiro do Google que está nas Bermudas fosse repatriado aos Estados Unidos, estaria sujeito a impostos. A empresa declarou que não tem intenção de repatriá-lo – "pelo menos por ora" –, de modo que não paga impostos pelas receitas de suas filiais. Se um dia repatriassem essa enorme quantia de dinheiro, veríamos uma situação peculiar: a empresa tributaria mais nos Estados Unidos que nos países onde se originaram esses lucros. Dá para acreditar?

Diante das perguntas de Bloomberg, dirigidas nesse sentido, a porta-voz de Mountain View, Jane Penner, negou-se a dar qualquer tipo de dado sobre o assunto, afirmando que "trabalham da mesma forma que outras companhias". Ora, é algo assim como: "não somos os únicos a passar a perna no Fisco!". A União Europeia deveria pôr um fim a esses excessos.

Você acha justo, além do dano patrimonial que essa situação provoca, que as empresas tenham de competir com alguém que as coloniza, que consegue enormes cotas de mercado, que tem uma posição de monopólio de fato, que arrasa a concorrência e não demonstra muito respeito pelos direitos de propriedade intelectual, que ultrapassa a linha vermelha da proteção de dados e que, além de tudo, não paga impostos?

É duro saber de coisas assim.

Eu tenho certeza tanto da minha posição quanto da minha resposta a essa pergunta. Acho que você pode adivinhar. Cada um – e isso também inclui você – deve definir a sua.

7

Só quem tem algo a esconder quer privacidade

Se, ao começar a leitura deste livro, você considerava o Google somente um buscador, aposto que, neste momento, você o percebe como algo diferente. Como pode lembrar – perdão pela "autocitação" –, na introdução mencionei que o Google é muito mais que um buscador. É, na realidade, uma das empresas mais ambiciosas, enormes e poderosas do mundo. É um gigante ocasionalmente descontrolado que não só domina a seu bel-prazer a rede das redes, como também tem interesses em muitos outros setores. Bem, continuo pensando a mesma coisa. Mas reconheço que naquele momento não lhe contei toda a verdade, pois talvez você não houvesse acreditado. Agora você está em condições de conhecê-la.

O Google é algo muito mais importante que tudo que mencionei antes. É a maior base de dados pessoais jamais criada na história. Inclui quem somos, nossos segredos, hobbies, gostos, tendências ou relações pessoais. Toda informação sobre nós está pronta para ser utilizada com dois fins diferentes, embora complementares. Primeiro, garantir o domínio da empresa como maior fonte de informação do mundo que se retroalimenta para conhecer ainda mais coisas sobre você. Segundo, e de forma evidente, explorar essa informação para obter enormes benefícios.

A empresa é o que é hoje não porque dispõe de um magnífico buscador, mas pelo conhecimento de que dispõe de cada um de nós e pelo uso que faz desses dados para seus serviços. Não é uma empresa de buscas nem de publicidade. Na realidade, o Google é muito mais que isso. Uma coisa é a atividade que você desempenha, e outra coisa bem diferente é quem você é.

O McDonald's não é uma empresa que só vende hambúrgueres. É a maior companhia imobiliária do mundo. Para isso, justamente vende hambúrgueres. O Google é a maior fonte de informação do mundo, e para conseguir isso nos oferece produtos atraentes que utilizamos frequentemente, com os quais compila os dados necessários para continuar nutrindo o monstro. Esse é o patrimônio da companhia, a maior fonte de informação do mundo. E é o que a faz tão atraente para os anunciantes, mas também para os *hackers*, *crackers*, ladrões e governos. Esse cenário faz que não só tenhamos de nos preocupar com as intenções da companhia de Page e Brin, como também com a segurança de nossa informação, que poderia ser cedida a terceiros ou, pior ainda, ser roubada em acessos não autorizados.

Há anos, era o músculo que lhe dava a capacidade de comercializar na Internet, ou seja, dispor de muitos milhões de usuários. Atualmente o número de usuários não é o importante, e sim a informação que podemos ter deles. O Google, nisso, é o verdadeiro rei Midas do mercado. Sob essa premissa, só uma companhia inquieta o gigante: o Facebook. E não só por conta de seu rápido crescimento – que faz lembrar o início do Google. O que realmente os inquieta é que está gerando uma enorme base de dados de informação pessoal de milhões de usuários dentro de um sistema fechado e, portanto, não passível de ser indexado pelo Google. A grande ameaça é que essa informação é passível de ser utilizada para oferecer publicidade baseada em pessoas e interesses de maneira muito eficaz. Pela primeira vez, essa informação não está sendo registrada na base de dados do Google. E há a possibilidade de que esses dados sejam ainda mais eficazes para o mercado publicitário.

O Google nos segue e armazena informação sobre nós com a ajuda dos *cookies*. Entendemos por *cookies* pequenos fragmentos de informação que se armazenam no disco rígido dos nossos computadores por meio do navegador Web a pedido do servidor da página. Esses arquivos guardam dados de navegação ou sobre as preferências. A informação fica armazenada em nosso perfil e pode ser recuperada pelo servidor em futuras visitas. Os *cookies* do Google, que nos seguem e monitoram, têm data de vencimento: o ano de 2038. Em outras palavras, o Google poderá compilar e armazenar nossos dados pessoais até essa data, o que lhe permitirá dispor de um completo histórico de nossa atividade *on-line*. Por que o ano de 2038? A resposta é curiosa. O ano de 2038 é o fim do mundo para muitos sistemas de informática. Trata-se de um fenômeno parecido ao conhecido "efeito 2000". Afeta o *software* que usa a representação do tempo baseada no sistema POSIX, que para medi-lo contabiliza os segundos transcorridos desde o dia 1º de janeiro de 1970. A maioria dos servidores da Internet baseados no sistema operacional de código livre UNIX usa esse sistema. A consequência disso é que, ao chegar a uma data específica, 19 de janeiro de 2038, onde está o último segundo registrável, os computadores vão achar que estão em 1970 ou 1901, dependendo de sua configuração. Dessa maneira, o *cookie* do Google está programado para poder nos seguir e acumular informação até "o fim do mundo" da Internet.

Diante de inúmeras críticas vertidas pelos defensores da privacidade, o Google aceitou reduzir essa faixa de medição primeiro para 18 meses. Após a avalanche de críticas que continuavam considerando esse intervalo muito amplo, reduziu-o finalmente a 12 meses. Isso parecia tranquilizar algumas organizações de defesa da privacidade, mas, na realidade, é uma enganação. O *cookie* do Google caduca aos 12 meses de sua última leitura, e é lido cada vez que acessamos qualquer serviço da empresa. Em outras palavras, quando fazemos uma busca, quando lemos um e-mail do Google, quando utilizamos o Google Maps ou assistimos a um vídeo no YouTube.com, renovamos o famoso *cookie* por mais 12 meses. Isso nos deixa um cenário real que mostra que o arquivo que nos controla e espiona não vai caducar nem ser eliminado jamais.

A Comissão Europeia está elaborando uma lei que regulará o uso dos *cookies*. Obrigará os provedores de serviços a cumprir uma lei mais clara e, mais importante ainda, a informar abertamente aos usuários que tipo de informação compila, e muito especialmente que uso fará dela.

Você acha que sabe o que o Google sabe de você? Multiplique isso por cem e estará certo. A maioria dos usuários não consegue compreender a quantidade de informação que podemos expor na rede, não só nas buscas, mas em muitos outros serviços. A esse respeito, vou citar um documento confidencial da companhia, de 2008, vazado ao *The Wall Street Journal* dois anos depois, em pleno debate sobre a privacidade dos dados. Sob o rótulo "interno e confidencial", o documento apresentava um relatório elaborado por um gerente de produtos sênior chamado Aitan Weinberg, em que se analisava até que ponto o Google deveria utilizar a informação que conhecia do usuário para aumentar o faturamento de seus produtos publicitários. Até esse momento, a empresa havia se abstido de usar a fundo os dados dos usuários cruzando-os entre os diferentes serviços. Foi o aparecimento da concorrência do Facebook que os fez repensar alguns desses princípios e tentar ser muito mais agressivos. Vislumbra-se no horizonte alguém com capacidade de segmentar os interesses pessoais com a exatidão de que só o Google dispunha até então. Após saber do vazamento, a empresa o qualificou como "documento de reflexão". Diminuiu-lhe a importância dizendo que "nem sequer chegou a ser apresentado a altos diretores". Mas o tempo mostrou que não era bem assim, visto que algumas das sugestões desse relatório foram aplicadas em 2009. O documento que veio à tona mostrava o Google tal como é, sem máscaras: "A maior e melhor fonte de informação de centenas de milhões de pessoas do mundo". Elabora ideias de como explorar essa informação da maneira mais lucrativa possível e as qualifica como *safe* – seguras – e *no safe* – não seguras –, em clara referência aos problemas que poderia ocasionar à empresa cada uma das medidas propostas.

As ideias mais agressivas haviam contado historicamente com o repúdio de Larry Page e Sergey Brin. No entanto, gradualmente ambos começaram a aceitar a exploração comercial dos dados que controlam com a intenção "oficial" de "melhorar a experiência do usuário". De fato, o grande obstáculo para os *cookies* que o buscador coleta foi, durante muitos anos, o próprio Larry Page, que se mostrava contrário a essas práticas para proteger a privacidade dos internautas. De fato, evitava-se inclusive que os grandes clientes pudessem utilizar *cookies* ao anunciar no Google. Durante o ano de 2006, vários engenheiros tentaram convencer Page da urgente necessidade de fazê-lo, visto que estavam perdendo uma significativa cota de mercado em publicidade gráfica para empresas como o Yahoo! ou a AOL. Page sempre se negou, para desespero dos engenheiros, que viam que estavam perdendo tempo em relação à concorrência. Ao comprar o DoubleClick, que poderia ser considerado o império dos *cookies*, muitos altos executivos viram com preocupação que se começava a trair o espírito da privacidade de que a empresa se orgulhava. Para outros, tratava-se de uma simples mudança de opinião.

Em 2008, um alto executivo deixou vazar uma reunião calorosa entre Larry Page e Sergey Brin que serviu para ampliar bastante o limite até onde devia evoluir a exploração dos dados pessoais com fins publicitários. As pessoas que ali estavam definiram a situação como "difícil, pois foi como ver seus pais brigarem, aos berros". Depois disso, a postura oficial da cúpula do Google mudou. Assim, entrava-se no jogo de cruzar dados pessoais entre serviços como o Google Checkout, o buscador ou o Gmail, entre outros, e de utilizar os dados compilados para perseguir o usuário com uma publicidade eficaz sob medida.

Para que possamos ter uma ideia da quantidade de sites que compilam direta ou indiretamente informação para o "Grande Irmão" que habita Mountain View, basta mencionar que, segundo uma pesquisa do *The Wall Street Journal*, dos 50 sites mais importantes dos Estados Unidos, 45 têm o código do Google que compila informação pessoal do usuário.[37]

É que o Google se adapta. Já não é suficiente gravar os padrões de busca dos indivíduos ou segui-los por meio de seus serviços. Os anunciantes desejam um volume maior, mas também querem afinar mais inteligentemente os objetivos. Querem conhecer nossos gostos, nossos interesses, a idade, o gênero, o endereço, nossa renda, amizades ou doenças. Quem conseguir ter acesso a essa informação ostentará o poder. E o Google não gosta de perdê-lo.

É assim que temos de interpretar a ideia de lançar o botão "+1" em sites, incluído no próprio índice de buscas. Esse botão, similar ao "Curtir" do Facebook, enriquece a base de dados de quem somos e o que queremos, informação que o Google, por conta de seu persistente fracasso nas redes sociais, não conseguia controlar. O objetivo é que lhes ofereçamos, em total confiança, um tipo de informação de que ele necessita e que, até hoje, não obtinha de nós.

Como você pode notar, nos últimos anos o Google foi se tornando mais agressivo no uso da informação, e isso lhe ocasionou um ou outro contratempo. Por esse motivo, prefere que outras companhias menores testem os limites da privacidade. Em função da experiência

37. http://online.wsj.com/public/page/what-they-know-digital-privacy.html.

delas e do que acontecer com elas, decidirão se o mercado – e os governos – estão preparados para dar um passo adiante.

Essas informações evidenciam como o Google se vê obrigado a se aproximar dos limites razoáveis que o próprio Eric Schmidt definia como a *creepy line*, que poderíamos traduzir como a "linha assustadora". Para o ex-CEO, oferecer imagens via satélite em tempo real poderia ser assustador para a privacidade. Ao oferecê-las em tempo não real, o Google se aproxima dessa linha vermelha, mas não a cruza. Quem define, decide e determina essas linhas imaginárias? Enquanto a legislação não estabelecer claramente quais são os limites que não devem ser ultrapassados, o próprio Google os estabelece. Em uma entrevista concedida à rede Fox, nos Estados Unidos, o diretor enfatizava que o Google, apesar de reconhecer que se aproximava, tentava não cruzar essa linha. É muito fácil para eles. Sempre fizeram isso ao longo de sua história. Quando a linha estiver perto e ainda tiverem que dar um passo a mais, só terão de mover a linha na direção necessária para poder agir tranquilos. Essas são as vantagens de ser seu principal guardião. Eles sabem que, pelo menos com a administração Obama, se não fizerem muito escândalo, não terão com o que se preocupar.

Se o que digo lhe parece exagerado, deixe-me citar os próprios Sergey Brin e Larry Page em sua tese *The Anatomy of a Large-Scale Hypertextual Web Search Engine* (1998) que, por fim, foi o que definiu o projeto inicial conhecido como BackRub, e depois como Google:

> O modelo de negócio dos buscadores baseia-se na publicidade, e isso não atende ao desejo de qualidade da busca por parte dos usuários.
>
> Vamos dar como demonstração a história dos meios de comunicação. Os buscadores financiados pela publicidade estarão, por natureza, desviados em detrimento das necessidades

> dos usuários [...], por isso, é crucial a existência de um motor de busca como este, competitivo e transparente, situado no mundo universitário.

Como você pode observar, não é que tenham cumprido seu compromisso muito ao pé da letra... Devem ter mudado de planos pelo caminho, ou pelo menos não acertaram muito na tentativa de manter seu motor de busca no âmbito universitário, o que o faria, segundo eles mesmos, muito mais puro que se fosse comercial. Não foi em vão que criaram, com seu projeto, uma das maiores empresas comerciais do mundo. Também não podemos dizer que tenham acertado os tiros negando a publicidade, a "grande pervertedora". Não podemos ignorar o pequeno detalhe de que acabaram criando a maior e mais complexa empresa de publicidade do mundo.

Parafraseando o grande Groucho Marx: "Estes são meus princípios. Se não gostar, tenho outros". Em Mountain View essa máxima se aplica com perfeição. Se for necessário para nossos interesses, vamos mover uns metros para a frente a linha que marca o limite da ética com que nos comprometemos. É muito cômodo e vantajoso poder redefinir os limites toda hora. Poucas empresas têm o poder e a capacidade de fazer o mesmo e, além de tudo, ser toleradas socialmente. Muito poucos se opõem a eles com ferocidade. Geralmente trata-se de pequenas organizações em defesa da neutralidade e da privacidade empenhadas em velar pelo interesse dos usuários. Muitas vezes são estes mesmos que, por desconhecimento, indiferença ou negligência, não defendem nem vigiam seus próprios interesses.

Talvez por subestimar esses pequenos resquícios de resistência, os representantes da empresa minimizaram durante anos a importância da privacidade na Internet. De fato, insistiram várias vezes em afirmar que quem defende sua privacidade têm "algo a esconder". Apesar de suas tentativas infantis de ridicularizar algo que deveria ser muito importante para nós com argumentos como "a privacidade é inimiga da inovação", ou representa um freio para serviços úteis e inovadores aos quais poderíamos ter acesso, devemos ter consciência, cada vez mais, de que constitui uma parte imprescindível de nossa vida *on-line*. Temos de aprender a geri-la e a expô-la da maneira que considerarmos mais adequada, conceder-lhe seu justo valor e entender as implicações de nossas decisões.

É que, tendo algo a esconder ou não, a privacidade é um direito fundamental. Não há motivo para renunciar a ela, por mais que minimizar o direito e depreciar seu valor seja a estratégia do grande devorador de informação.

Um dos grandes escândalos em relação à privacidade aconteceu com o lançamento do serviço Google Buzz. A empresa decidiu, sem autorização dos usuários, ter acesso a suas listas de endereços do Gmail, o que expôs publicamente os dados pessoais de seus conhecidos, amigos e contatos profissionais. Após um vendaval de denúncias, o Google foi obrigado a modificar o serviço e a pagar uma multa de 6,5 milhões de euros. A multa não é o importante do caso, nem mesmo o valor – o Google é multado em quantias milionárias com frequência. Também não é o fato de que deva modificar serviços – ele costuma fazer isso amparando-se nas versões beta ou de teste. O realmente impressionante é que tenham dado um passo tão agressivo como utilizar de maneira pública e notória a lista de endereços dos usuários tornando-a acessível a terceiros. Há centenas de coisas que eles poderiam fazer dia a dia com nossa informação que ultrapassariam a linha do permissível, e seria muito difícil que descobríssemos. Se fizeram algo tão tosco, óbvio e evidente, o que estará acontecendo com nossa informação longe do nosso controle?

O acordo com a Comissão Federal de Comércio dos Estados Unidos (FTC), por conta dos incidentes do Google Buzz, incluiu não só a multa, mas, além de tudo, a garantia de supervisão externa das políticas de privacidade da empresa durante um período de 20 anos. É engraçado ver que o acordo excluiu um "reconhecimento implícito de más práticas" por parte da empresa. Então, por que a sancionam, se os coitados não fizeram nada?

No fim, trata-se de uma medida estética que não implica mais que nomear um auditor que analise os compromissos de privacidade, ambíguos e vazios de conteúdo. Com isso, a administração norte-americana pretende livrar a cara sem derramar sangue, apesar da gravidade do assunto. Ainda assim, o presidente da FTC, Jon Leibowitz, deixou claro em um comunicado oficial que "as empresas devem cumprir os compromissos de privacidade que assumem com os usuários de seus serviços. A obrigação a essa auditoria garante que o Google o fará no futuro". Em outras palavras, reconhece-se implicitamente que, pelo menos até esse momento, não o estavam fazendo.

O Google não se preocupa muito com suas pisadas de bola. Tem ciência da frágil memória do internauta, a quem, em geral, pode oferecer algo interessante para que esqueça e volte a seu *status quo* anterior ao conflito. Em julho de 2011, o diretor global de privacidade da empresa, Peter Fleischer, reconhecia em uma entrevista concedida a Rosa Jiménez Cano no jornal *El País* que "cometemos erros, mas, se corrigir e pedir perdão, você ganha a confiança de novo". Parece fácil. A frágil memória coletiva de que se aproveitam é muito perigosa. Temos de aprender a ser mais cuidadosos e a não correr como insetos em direção à luz brilhante que nos oferecem, pelo menos não sem uma reflexão prévia alicerçada em uma avaliação objetiva e em nossa própria experiência.

Quanto à pergunta da jornalista sobre se o Google respeita na Espanha as regras do jogo determinadas pela Agência Espanhola de Proteção de Dados (AEPD), Fleischer deixava entrever o que habita sob a pele de cordeiro atrás da qual se escondem. "Nós tentamos, mas na Europa existem 27 países diferentes, com leis diferentes e formas diferentes de atuar."

Não lhe parece sarcástico? É assustador que o grande responsável por uma empresa multinacional com enormes receitas, que goza do domínio de nosso mercado e que controla a Internet como bem quer, fale de "tentar" cumprir a lei. É um verdadeiro deboche. Não podemos permitir que o Google "tente" cumprir a legislação espanhola. Eles são obrigados a isso! Não só na Espanha, mas também na maioria dos países da zona do euro, eles tratam os povos como se fossem colônias norte-americanas, onde o cumprimento da lei não é uma obrigação importante. Acham que dispõem de uma indulgência especial tolerada pelos governos na interpretação das normas que valem para a maioria das empresas com atividade em território nacional. Senhores do Google, vocês não são especiais. São apenas mais um. De fato, são o principal ator da Internet, de modo que devem se comportar como tal, cumprir a lei e dar o exemplo. Ponto.

É simplesmente demencial a demagógica posição: "muitos países, cada um com suas normas". Para ganhar dinheiro em todos e em cada um deles, se adaptam sem problemas a essas mesmas normas, particularidades e legislações. São como uma grande empresa petrolífera que vem para a Europa extrair o petróleo e não tem problemas em se adequar ao jeito de fazê-lo em cada país. No entanto, depois se queixam e se preocupam porque as alfândegas funcionam de maneira diferente, o que evita que cumpram suas obrigações. Vamos encarar: eles vêm, agem, oferecem serviço e levam os gordos lucros. Mas não cumprem a lei direito, utilizam desculpas esfarrapadas para fazer o que bem quiserem e é evidente que não tenham uma clara intenção de cumpri-la enquanto não os enfrentarmos. Nossas autoridades e legisladores devem impedir que façam o que querem em nossos mercados. Devem regular sua atividade e fazer com que respeitem a lei da mesma maneira que se exige das empresas nacionais.

Como nota sarcástica, eu gostaria de acrescentar que é bem verdade que na Europa não se costuma agir "todos por um", e que as legislações de cada país são diferentes. Mas uma das poucas coisas em que as autoridades de todo o mundo conseguiram entrar em acordo é na preocupação em relação aos abusos do Google. Por isso, as agências de proteção de dados de muitos países, entre os quais estão o Canadá, a Irlanda, o Reino Unido, a Itália, a Alemanha, a Nova Zelândia, a França, os Países Baixos, a Espanha e Israel, escreveram uma carta conjunta a Eric Schmidt mostrando-lhe "inquietude e mal-estar por conta dos problemas de privacidade do Google Buzz". Em outra carta remetida à empresa, mais de 1.500 especialistas em privacidade e autoridades de muitos países se mostravam "preocupados com as novas aplicações do Google e seu decepcionante desrespeito às normas mais elementares de privacidade". Somos diferentes em escala internacional, e, como diziam os representantes da empresa, é difícil entrar em acordo. Mas, se uma vez estamos, deve ser porque há motivos para isso.

Em janeiro de 2011, os advogados da Espanha determinaram que "o Google lucra com o rastreamento de dados pessoais", e reclamaram o direito dos usuários de serem "deixados em paz". Segundo os advogados, "a companhia armazena em suas pastas toda a informação que capta, possui *links* diretos aos servidores e lucra com o tratamento dos dados graças a sua posição dominante". Tudo isso surgiu por conta do caso de um médico imputado em 1991 por um delito do qual pouco depois foi absolvido. Quando seu nome era digitado no Google, aparecia a imputação, mas não sua posterior absolvição. Segundo os advogados do Google, se o Tribunal de Justiça aceitasse a proposta da AEPD de retirar essa informação, estaria "censurando a Internet". E esse não é mais que um dos quase cem casos abertos na Espanha pela AEPD contra a empresa.

A censura é um de seus argumentos recorrentes. Assim vimos antes em casos como o do YouTube. Eles se agarram a ele como a um ferro incandescente e argumentam habitualmente contra a censura para evitar a retirada de conteúdos. Às vezes, os pedidos dos usuários ou das administrações atingem seu objetivo – é lógico que assim seja – de fazer que se adaptem e cumpram a legislação local para operar em diversos mercados. Por exemplo, na Turquia, difamar o fundador do país – Mustafa Kemal Atatürk – está tipificado como delito. O mesmo ocorre com ridicularizar "o turco". Por essa razão, o Google restringe o acesso aos vídeos que o governo desse país considera ilegais no site Google.com.tr.

Na Alemanha, na França e na Polônia, é ilegal publicar material pró-nazista ou conteúdo que negue o Holocausto. Para cumprir essa lei, o Google não mostra resultados relacionados a isso nas buscas das páginas que o motor tem em cada país, Google.de, Google.fr ou Google.pl, respectivamente. Mas, claro, em outras ocasiões os retira sem que ninguém lhe peça e sem que a retirada esteja amparada por imperativos legais. Isso dá à empresa um preocupante caráter de censor, visto que, graças à sua sensacional cota de mercado, a censura do Google equivale praticamente à censura da Internet. De Mountain View nos explicam que, cientes desse poder, tentam exercê-lo de uma forma razoável, avaliando os casos um a um. Mas faz sentido que eles assumam esse papel? Estamos diante de uma biblioteca – monopólio da informação em escala mundial – onde certos livros são proibidos, escondidos ou difíceis de adquirir. Do meu ponto de vista, esse poder deveria ser supervisionado por organismos superiores. Independentemente de que esteja sendo bem ou mal empregado, uma única empresa privada não pode ter a capacidade de decidir a que tipo de informação se pode ter acesso e de que modo. Acho, de verdade, que fizeram um uso razoável de seu "poder", mas isso não evitou alguns casos polêmicos. Assim, não tiveram nenhum problema em censurar a publicidade do grupo ecologista Oceana 36 para evitar problemas com um dos seus grandes anunciantes, a Royal Caribbean Cruises Lines. O Oceana 36 havia feito publicidade contra essa empresa de cruzeiros. Mas, como era um dos grandes investidores do Google Adwords, parece que o Oceana 36 não foi muito bem recebido na sede central da empresa, que impediu que continuasse anunciando com palavras como *Cruise Vacation* ou *Cruise Ship*. Nesse caso, a liberdade de expressão na rede não parecia tão importante quanto evitar problemas para um bom cliente.

Em outra ocasião, os problemas chegaram por meio de um dos simpáticos *doodles*. Durante várias horas foi publicado um logotipo dedicado ao escritor Roald Dahl para celebrar o aniversário de seu nascimento. Muitos membros da comunidade judaica criticaram essa comemoração, posto que Dahl é considerado por alguns como antissemita. A companhia – não vamos esquecer que Sergey Brin e Larry Page são de origem judaica – retirou-o *ipso facto*.

Também foram acusados de eliminar de seu índice o site Xenu.net, crítico em relação à Igreja da Cientologia. Nessa página, os autores davam *links* de conteúdo que "desmascarava os segredos da Igreja da Cientologia". O império argumentou que, por haver um pedido oficial da citada igreja para retirada do conteúdo por uso não autorizado de sua marca, devia ser eliminado do índice, o que, em princípio, ia de encontro à mais elementar liberdade de expressão. Sob essa premissa, nenhuma marca do mundo seria criticável em público por conflito com seu *copyright*.

Durante o ano de 2007, o YouTube cancelou a conta de Wael Abbas, um ativista egípcio contrário à tortura, que havia subido um vídeo sobre a atuação violenta da polícia egípcia. Ao tentar acessar o vídeo, a mensagem não era muito explícita: "Esta conta está suspensa". Abbas declarou que "fecharam a conta e me mandaram um e-mail dizendo que seria suspensa porque havia muitas queixas sobre seu conteúdo, especialmente o conteúdo de tortura policial". Várias associações pró-direitos humanos se queixaram do cancelamento da conta de Abbas, visto que com ela se silenciava uma importante fonte de informação sobre o que estava acontecendo no Egito.

Há muitos outros exemplos similares. Salvo algumas exceções, como as anteriores, o Google costuma agir com prudência e de maneira coerente. Mas deveriam ter o poder de decidir sobre conteúdos e censurá-los para bilhões de pessoas? Isso nos coloca na situação de que qualquer mudança de lei interna, ou na equipe de direção da empresa, seria crítica para o acesso à informação mundial. A informação flui sem parar, e os direitos devem ser respeitados.

Alguns quiseram ver se o Google era capaz de provar seu próprio remédio. Em 2005, a revista americana *CNET* quis ver até que ponto a livre circulação da informação pesava mais que a privacidade, como afirmavam constantemente em Mountain View. Para isso, tiveram a feliz ideia de publicar em sua revista um *link* com o endereço do domicílio pessoal de Eric Schmidt, seu salário, alguns de seus *hobbies* e suas doações políticas, tudo isso obtido por meio de buscas no Google. Se nos basearmos na lógica da companhia, isso não devia ter muita importância. Era informação e, portanto, devia ser livre e acessível. Estava em um servidor da Internet, de modo que era aberta, e com toda a certeza o então CEO do Google não teria nada a esconder. Definitivamente, segundo seus próprios argumentos, a publicação de seus dados pessoais não o devia incomodar, já que em algumas ocasiões defendeu que resguarda sua privacidade quem tem algo a esconder!

Nada mais longe da realidade. Com certas coisas não se brinca! A resposta não demorou a chegar, e consistiu em incluir todos os repórteres da *CNET* em uma lista negra. Anunciaram que tomariam medidas pelo acontecido, entre elas a suspensão de um ano de qualquer colaboração com o veículo; não lhes dariam nenhuma informação nem concederiam entrevistas. Esse é um claro exemplo da dupla moral reinante. Nossos garotos podem ser muito românticos, mas não são imbecis!

Hoje em dia, uma das coisas com que mais deveríamos ter cuidado, e que representa a maior agressão contra a privacidade, está em nosso próprio bolso. Os telefones celulares inteligentes, como os modelos equipados com o Android – cuidado, o mesmo acontece com os iPhone da Apple, entre outros –, representam um risco que atenta diretamente contra nossa privacidade mais elementar. Evidentemente, são aparelhos atraentes que nos fornecem muitas opções, que aumentam nossa produtividade e nos permitem o uso de milhões de aplicativos, muitos deles gratuitos. Mas isso não quer dizer que sejam seguros. Jamais cometerei a estupidez de não recomendar o uso desse tipo de terminal. Isso seria ir contra o futuro. O que quero dizer é que esses telefones serão, com toda a certeza, regulados de forma estrita no futuro. Enquanto isso, cada um de nós deveria avaliar o que se pode permitir a nosso telefone. Para fazer isso corretamente, a maior deficiência é de informação. Escolha seu celular, o que quiser: iPhone, Android, Blackberry, ou os pouco versáteis telefones do século passado equipados com Windows Mobile. Depois de escolher, tome precauções. Todas as suas escolhas representam riscos que não devem ser menosprezados.

Eric Schmidt, que sabe bastante desse negócio de dominar a informação e os mercados, fez a seguinte declaração a uma jornalista do *The Wall Street Journal* – aliás, pouco sagaz – que lhe perguntava qual o sentido de o Android ser gratuito ao passo que a Apple ganhava quantidades enormes de dinheiro com seu iPhone: "Se você é dono da plataforma, sempre poderá monetizá-la. Você consegue que bilhões de pessoas façam algo e chegarão ideias sobre como tirar partido disso". É evidente que ele tem razão. Trata-se do Poder e do Controle, com letra maiúscula. O dinheiro vem depois, quando todos houvermos instalado o aparelhinho em casa. Esse é o cavalo de Troia que convidamos a entrar em nossa vida. O mesmo aconteceu com as buscas. Você morde a maçã, se acostuma a ela, depende dela, e depois eles a rentabilizam.

Um dos casos mais claros de falta de privacidade com o Android vem à tona graças a um estudo publicado em 2010 por cientistas da Intel Labs e da Universidade de Duke. Decidiram testar intensivamente 30 aplicativos com o Android e descobriram que muitos deles enviavam aos anunciantes informações sobre o titular sem que este percebesse nem autorizasse. Alguns até continuavam fazendo isso em intervalos de 30 segundos... depois de já o ter desligado! Outros chegaram a compartilhar informação sensível, como os identificadores de IMEI do cartão do celular, o número de telefone ou o número do cartão SIM.

Em resumo, o estudo concluía com uma queixa que instava o Google a controlar em Android os aplicativos de terceiros. A companhia respondeu com a ambiguidade habitual. Pediram aos usuários que "instalem somente aplicativos em que confiam". Nada a dizer. Entendo que devem achar que as 550 mil pessoas que habilitam a cada dia no mundo um terminal Android são experientes engenheiros com capacidade de monitorar e descobrir o que acontece de maneira oculta em nosso celular que possa nos pôr em risco.

Outro problema derivado do uso do Android está na segurança. Sem ir muito além, em maio de 2011 o próprio Google reconheceu uma grave falha de segurança que poderia ter permitido a certos *hackers* acesso ao telefone de qualquer indivíduo, ver e gerir sua agenda de contatos ou até saber onde se encontra a cada momento. Foram tomadas medidas para resolver isso, mas essa falha afetou 99,7% dos telefones com Android no mundo. A maioria jamais soube.

Temos que utilizar os *smartphones* com inteligência e ter ciência de que determinadas combinações são críticas.

a. Mediante o uso de GPS, o Android gera *cookies* de geoposicionamento.
b. Esses *cookies* poderiam ser lidos e utilizados por um aplicativo Web.
c. Todos os dados estão em seu Android. A + B + C = uma máquina perfeita de marketing em tempo real, e um enorme risco para sua privacidade.

Sendo seu celular um Android ou um iPhone, você pode baixar aplicativos gratuitos e pagos que o ajudarão a proteger sua intimidade. Enquanto esse campo não for regulado como deveria – e a julgar pela atitude dos "tubarões", não será logo –, é muito recomendável fazer isso.

Amit Singhal é um dos engenheiros mais conceituados no campo do desenvolvimento do algoritmo do buscador. Em uma recente palestra em Londres, explicou que os usuários ainda não sabem da informação que compartilharam com a empresa. O Google pode utilizá-la no futuro para "tornar sua vida mais fácil". Após esse posicionamento eminentemente filantrópico, devemos ler nas entrelinhas. O que ele quer dizer realmente é que utilizarão a informação para "ganhar mais dinheiro". Isso está claríssimo.

Na conversa, também explicava algumas situações desconcertantes que poderiam surgir ao abrir o computador. Por exemplo, o Google poderia nos avisar da proximidade de nosso aniversário de casamento e sugerir, já que conhecem nosso cônjuge, o presente mais interessante. Também poderia nos oferecer o *link* para reservá-lo na loja mais próxima, e até mediante interação e cruzamento de dados com redes sociais avisar-nos se devemos correr porque há pouco estoque, ou nos avisar com antecedência se há uma longa lista de espera para a aquisição do tal objeto.

O Google conhece você. Ponha isso na cabeça. Se você é um usuário habitual da rede, possivelmente eles já sabem de que comida você gosta, quais são seus hobbies, que programas de televisão assiste, que atividades desempenha habitualmente ou o que compra regularmente.

A base de dados que o Google guarda é tão detalhada que a própria companhia, ou algum funcionário sem escrúpulos com acesso aos dados críticos, pode procurar e localizar qualquer pessoa no mundo com base nos critérios que desejar.

Doug Edwards, um dos primeiros funcionários da empresa, reconhecia que o Google tinha, após os atentados de 11 de setembro, o objetivo de conquistar um papel determinante em um momento crucial da história. Dessa maneira, tentaram obter informação dos *cookies* e das buscas anteriores aos atentados para tentar achar possíveis vínculos de seus usuários com os fatos e identificar seus endereços de IP, e assim colaborar com a polícia. É possível que aquele momento justificasse isso, dado o estado de choque em que se encontrava metade do mundo, mas isso não deveria ser decisão da empresa – vai contra direitos fundamentais da liberdade de comunicação–, e sim resultado de um pedido judicial. Seja como for, é mais uma prova de que o Google, ou qualquer funcionário seu, tem a capacidade de nos rastrear, localizar e identificar. E também é evidência de que já fizeram isso no passado em determinadas circunstâncias fora do controle judicial.

Poderiam fazer coisas realmente extraordinárias. Por exemplo, se hoje em dia não lhe oferecem respostas para problemas que você mesmo ainda não expressou é, acima de tudo, por medo do repúdio que isso poderia provocar. Se nos mostrarem informação que não pedimos, ficará muito evidente tudo que sabem de nós, e ficaríamos de sobreaviso. E não estamos preparados para algo assim. Não por enquanto.

Amit Singhal denominou isso de SWS – *Searching Without Searching*. Declarou que era seu sonho de futuro: um buscador que resolvesse as dúvidas e os problemas que você ainda não sabe que tem, e que nem sequer enunciou. Levado ao extremo, se tudo evoluir nessa linha, será simplesmente aterrador.

Quando você utiliza um produto como o Google Checkout, expõe à companhia seu número de cartão de crédito e sua conta bancária. Quando usamos o Maps, Earth ou Street View, mostramos a ela onde moramos, onde trabalhamos ou que lugares pretendemos visitar. Quando usamos o Calendar, estamos compartilhando completamente nossos compromissos, contatos, horários, rotinas de comportamento etc. Uma completa pauta de vida que pode até especificar com quem nos encontramos e quando. Se essas pessoas, por sua vez, forem usuários do Google, poderão enriquecer a informação de maneira dramática.

Um dos ativistas mais reconhecidos na luta pela privacidade na Internet e contra o abuso que dela fazem empresas como o Google é Scott Cleland. Em seu livro *Busque e destrua* (Matrix, 2012) ele nos faz refletir, de maneira sugestiva, sobre a forma como utilizamos os produtos da empresa a cada dia. Segundo ele, "você pode até mudar de nome, mas ainda assim não vai confundir o Google". Se você utilizou o goog-411[38], em Mountain View eles podem associar o som de sua voz com sua verdadeira identidade antes de você desligar. O Google pode até detectar sua aparência por reconhecimento facial se você houver identificado alguma fotografia no Picasa.

---

38. Goog-411 (ou Google Voice Local Search). Serviço de telefonia com reconhecimento de voz lançado nos Estados Unidos e no Canadá em 2007. O serviço deixou de funcionar em novembro de 2010.

Se eles quiserem saber a cada momento onde você está, podem descobrir com serviços como o Google Latitude ou com seu terminal Android, mesmo que você prefira o iPhone. Cada vez que você faz uma busca predeterminada com o Google.com, ou vê um anúncio de AdMob em qualquer site ou aplicativo, eles sabem onde você está nesse momento.

Não se trata só da Internet. Eles também podem controlar o escritório onde fica seu computador como centro de operações mediante o Google Desktop Search; com ele, indexam e examinam todos os seus arquivos e informações pessoais. Se, além de tudo, você seleciona a opção "Melhorar Google Desktop", então vão coletar uma quantidade indeterminada dessas informações – segundo prometem, "de caráter não pessoal" – e as enviarão a seus servidores.

Se você ficar dependente do Google Docs, vai oferecer acesso de cara a seus documentos, cartas pessoais, folhas de cálculo e projetos colaborativos. E ainda – e isso pouca gente sabe – aos arquivos que estão em rascunhos e são esboços, ou os que você eliminou por qualquer motivo.

Se você gosta do iGoogle, ao personalizar o serviço, oferece dados sobre seus gostos e necessidades habituais de informação. Se usa o Google Alertas, eles sabem que informação lhe interessa em especial e a que temas é tão sensível que precisa estar informado. Se usa o Google Groups, informa sobre seu círculo de conhecidos e temas de interesse, tanto atuais quanto passados. Com o Google Reader, eles sabem que tipo de fontes de informação você consome habitualmente. O fantástico navegador Google Chrome é uma fonte inesgotável de dados sobre sua atividade na Internet. Inclui não só os sites que visita, mas também em que ordem o faz. Também ficam sabendo de algo muito importante: quanto tempo você fica em cada site, se depois clica na publicidade ou se prefere navegar de um a outro. A aparentemente útil *toolbar* do Google, que nos oferece informação interessante acerca dos lugares que visitamos, instala-se nos navegadores e envia todo tipo de informação sobre nosso consumo, mesmo que não usemos o Chrome e prefiramos o Firefox ou o Internet Explorer.

Se você é proprietário de um site e utiliza o Analytics, expõe-se e abre a porta de sua casa ao primeiro gestor de tráfego e publicidade do mundo, ficando à mercê das vontades deles se quiserem utilizar injustamente essa informação. Cada vez que você vê um vídeo no YouTube, seja no próprio portal, seja por meio de uma das milhões de páginas em todo o mundo, o Google registra o que você vê, durante quanto tempo, de que localização e seu endereço de IP. Vou lhe dar outro dado curioso: os sites do governo dos Estados Unidos proíbem o uso de *cookies* persistentes. Por esse motivo, você não vai ver vídeos do YouTube em sites oficiais da administração norte-americana.

O Google+ define seus círculos sociais, quem são os membros de sua família, seus amigos, seus colegas, como você os hierarquiza e até que grau de cumplicidade tem com cada um deles. Isso lhes permitirá, no futuro, segmentar a publicidade por grupos, aumentando as possibilidades de marketing até limites indefiníveis.

Se ao navegar pela Internet você clicar nos "+1" do Google, vai revelar o que está fazendo a cada momento, a que hora visitou cada site e com que tipo de conteúdos tem afinidade. Se você tem um perfil do Google ou Gmail, a companhia sabe seu nome e seu endereço.

Um dos produtos mais potentes para conhecê-lo é o Gmail. Trata-se de um produto excelente no qual reconheço estar totalmente viciado. Mas também é uma das maiores caixas de Pandora que um usuário pode abrir. Insisto, *mea culpa*. Sou "Gmaildependente" – um dia vou me desintoxicar, prometo. Cada e-mail que você escreve e recebe se transforma em uma conversa a três entre seu interlocutor, o Google e você. E, ainda, o que acha que é confidencial e decide eliminar depois de ler pode permanecer arquivado nos servidores do Google durante meses, visto que oferece informação muito útil sobre você. A empresa se reserva o direito de armazenar o conteúdo durante um tempo, tanto em seus sistemas conectados à Internet como *off-line*. Com essa ferramenta, sabem com quem você se relaciona com frequência, onde estão essas pessoas, seus correios eletrônicos, e até o que os une e têm em comum. Se você tem um(a) amante, pode esconder de seu cônjuge, mas não do império que, sem rubor, após analisar seu correio eletrônico automaticamente, poderá lhe oferecer em sua publicidade discretas escapadas de fim de semana. Se escreve para sua família e explica que quer comprar uma nova lavadora de roupas, o Google sabe disso e pode lhe mostrar, enquanto navega, publicidade dessa lavadora ou de um modelo da concorrência.

Evidentemente, todos esses brinquedos têm uma origem: o buscador. O Google.com representa uma Internet ainda vigente que murcha lentamente. A Internet na qual, mediante as buscas, o usuário elaborou seu próprio perfil durante anos e com isso gerou, sem saber, a maior base de dados pessoais do mundo.

Longe da versão oficial, cada um desses aplicativos existe não para tornar sua vida mais fácil, mas para atraí-lo, para obter seu bem mais precioso: sua informação. É o que lhes permitirá gerar receitas às suas custas, e não em um momento pontual; para sempre.

Agora você acredita que é só um número? Se pensar por um momento, é um número com foto. O Google sabe seu nome, idade, sexo, onde mora e passa as férias. E ainda tem a fotografia de sua casa. O Google o rastreia com fins publicitários e armazena seus correios eletrônicos e sua agenda. Reconheça: o Google é tudo. O Google sabe tudo. O Google sabe mais de você que sua própria esposa ou marido.

E isso, por menos que valorize sua privacidade, embora prometa fazer bom uso disso, deveria inquietá-lo.

Temos o compromisso público dele de que "fará o bem", "tomará as decisões corretas", só compartilhará "a informação que considere apropriada" – o Google decidirá a cada momento o que é apropriado. Criamos um monstro. Agrupamos 90% das usinas nucleares do mundo em um mesmo lugar. Daí depende a eletricidade do mundo conhecido. Temos a promessa de que a "administrarão direito" e que devemos viver como seus vassalos, com o medo e a inquietude de que a cada dia acordem com vontade de fazer o certo, ou que a segurança de nossa informação esteja a salvo dos milhares de ataques que seu sistema sofre diariamente. O panorama não é alentador. Comemos as maçãs. Não uma nem duas. Mas sim uma após outra. E agora uma parte de nós lhe pertence.

Quando comecei a escrever este livro, quis o tempo todo evitar a analogia típica e anódina do "Grande Irmão" de George Orwell. Primeiro, porque é um lugar-comum evidente. Segundo, porque desde que *1984* foi escrito já se passaram mais de 60 anos. O Google não é o "Grande Irmão" de Orwell. Este não chegaria nem aos seus pés. A imaginação de um autor visionário não era suficiente para sequer suspeitar, lá em 1949, que o que nos esperava chegaria em silêncio, e que o abraçaríamos encantados. Jamais poderíamos imaginar suas verdadeiras dimensões.

Talvez por minha tenra paixão pela pintura, desde muito jovem mantive a pouco objetiva ilusão de que um dia poderia encontrar o quadro genial de um mestre antigo em um esquecido antiquário. Sem dúvida, alentavam-me as dezenas de histórias dos anos 1960 e 1970 de Goyas ou Tizianos encontrados por acaso. À medida que perdemos a inocência, compreendemos que isso jamais acontecerá. E finalmente entendemos que o barato sai, geralmente, muito caro.

Essa mesma inocência é a que devemos perder no campo da tecnologia. As grandes corporações não se dividem em "boas e ruins". São o que são: máquinas de gerar dinheiro e espremer os clientes, para alegria de seus acionistas. O Google não é diferente. É mais um, nem pior nem melhor, embora eles queiram nos convencer do contrário.

Não se iluda. Seus produtos não são gratuitos. Você os paga com sua informação. Como usa muitos dos seus produtos, isso é eficaz. E pode sair muito caro.

Use o que considerar mais adequado a cada momento. Alguns dos serviços que eles oferecem são quase imprescindíveis. Não posso lhe dar nenhum conselho a respeito. Isso seria temerário. Apenas lhe ofereço a opinião que expresso neste livro.

Só a você, em cada momento – e às autoridades, um dia –, cabe decidir se o preço que pagamos ao Google é justo. Mas tenha certeza de uma coisa: você está pagando por cada serviço que usa. Não existe nada grátis, nem ninguém é inocente.

Moral da história: nem tudo que brilha é ouro, mesmo que à primeira vista pareça.

Bibliografia

Obras em inglês

CLELAND, Scott. *Search & Destroy, Why you can trust Google Inc.* Telescope Books, 2011. [*Busque e destrua.* São Paulo: Matrix, 2012.]

VAIDHYANATHAN, Siva. *The Googlization of Everything (and Why We Should Worry)*. University of California Press, 2011. [*A googlelização de tudo.* São Paulo: Cultrix, 2011.]

EDWARDS, Douglas. *I'm Feeling Lucky: The Confessions of Google Employee Number 59*. Houghton Mifflin Harcourt, 2011. [*Estou com sorte: confissões do funcionário número 59 do Google.* Ribeirão Preto: Novo Conceito, 2012.]

Obras em espanhol

IPPOLITA. *El lado Oscuro de Google: Historia y futuro de la industria de los metadatos*. Virus editorial, 2011.

REISCHL, Gerald. *El engaño de Google: una potencia mundial incontrolada en internet*. Medialive Content, 2009.

BOIXADOS BISBAL, Jordi. *Las dos caras de Google*. Viceversa editorial, 2010.

JARVIS, Jeff. *Y Google, ¿cómo lo haría?* Ediciones gestión 2000, 2010. [*O que a Google faria?* Barueri: Manole, 2010.]

JEANNELEY, Jean-Noël. *Google desafía a Europa: El mito del conocimiento universal*. Universitat de Valencia, 2007.

VISE, David A.; Malseed, Mark. *Historia de Google: Secretos del mayor éxito empresarial mediático y tecnológico de nuestros tiempo*. La esfera de los Libros, 2006. [*Google – A história do negócio de mídia de maior sucesso dos nossos tempos*. Rio de Janeiro: Rocco, 2007.]

Este livro foi composto em Arno Pro
para a Editora Planeta do Brasil
em janeiro de 2013.